重庆市高等教育重点建设教材

高校思想政治理论课实践教学实用教程

（第三版）

主　编　陈　钢

副主编　孔庆茵　吴　涯

顾　问　陈　洪

撰稿人（以姓氏笔画为序）

王映莲　孔庆茵　田方林

兰桂萍　吕振丽　吴　涯

陈　钢　邵二辉

中国教育出版传媒集团

高等教育出版社·北京

内容简介

　　本书是为我国普通高校开设的思想政治理论课实践教学课程而编著的专门教材。 教材围绕实践教学在高校思想政治理论课中的重要地位,高校思想政治理论课实践教学体系的构建,实践教学的基本流程,课堂实践教学形式举要,课外实践教学形式举要,实践教学的组织管理与保障体系,实践教学考核评价机制建设等七个方面进行了较系统的阐述。 教材体现了新时代党和国家对高校思想政治理论课实践教学的新要求,体现了思想政治理论课实践教学发展的新趋势,凝练了近年来实践教学改革创新的新成果和新形式。 简练、实用、规范、操作性强是本教材的突出特点。

　　本教材以大学本、专科学生为读者群,同时也可作为高校思想政治理论课教师及相关教师指导实践教学和指导其他社会实践育人工作的参考用书。

图书在版编目（ＣＩＰ）数据

　　高校思想政治理论课实践教学实用教程／陈钢主编; 孔庆茵,吴涯副主编. -- 3 版. -- 北京:高等教育出版社,2023.9
　　ISBN 978-7-04-061115-1

　　Ⅰ.①高… Ⅱ.①陈… ②孔… ③吴… Ⅲ.①思想政治教育-高等学校-教材 Ⅳ.①G641

　　中国国家版本馆 CIP 数据核字(2023)第 161976 号

GAOXIAO SIXIANG ZHENGZHI LILUNKE SHIJIAN JIAOXUE SHIYONG JIAOCHENG

| 策划编辑 | 王溪桥 | 责任编辑 | 王溪桥 | 封面设计 | 李小璐 | 责任绘图 | 马天驰 |
| 版式设计 | 于 婕 | 责任校对 | 窦丽娜 | 责任印制 | 高 峰 | | |

出版发行	高等教育出版社	网　　址	http://www.hep.edu.cn
社　　址	北京市西城区德外大街 4 号		http://www.hep.com.cn
邮政编码	100120	网上订购	http://www.hepmall.com.cn
印　　刷	固安县铭成印刷有限公司		http://www.hepmall.com
开　　本	787mm×960mm　1/16		http://www.hepmall.cn
印　　张	18	版　　次	2015 年 8 月第 1 版
字　　数	230 千字		2023 年 9 月第 3 版
购书热线	010-58581118	印　　次	2023 年 9 月第 1 次印刷
咨询电话	400-810-0598	定　　价	36.20 元

本书如有缺页、倒页、脱页等质量问题,请到所购图书销售部门联系调换
版权所有　侵权必究
物料号　61115-00

第三版前言

　　2020 年 12 月，重庆市教育委员会公布了高等教育重点建设教材评选结果，由重庆师范大学马克思主义学院教师编著的《高校思想政治理论课实践教学实用教程》（第二版）成功入选建设名单。这是大家长期以来在思想政治理论课实践教学中辛勤耕耘、不断探索、共同努力的结果，实属不易。在中国共产党成立 100 周年这个特殊而值得纪念的时间，本书第三版又与师生见面了，这的确是一件可喜可贺的事情。

　　党的十九大以来，党和国家更加重视马克思主义学院和思想政治理论课建设。特别是 2019 年 3 月，习近平总书记亲自主持召开学校思想政治理论课教师座谈会并发表重要讲话，提出要按照"八个相统一"推动思想政治理论课教学改革创新，其中在坚持理论性和实践性相统一中强调要"高度重视思政课的实践性，把思政小课堂同社会大课堂结合起来"。为贯彻落实习近平总书记重要讲话精神，党和国家出台了一系列关于新时代思政课教学改革创新的文件。2019 年 8 月，中共中央办公厅、国务院办公厅印发《关于深化新时代学校思想政治理论课改革创新的若干意见》，提出要"推动思政课实践教学与学生社会实践活动、志愿服务活动结合，思政小课堂和社会大课堂结合，鼓励党政机关、企事业单位等就近与高校对接，挂牌建立思政课实践教学基地，完善思政课实践教学机制"。2019 年 9 月，中共教育部党组印发《"新时代高校思想政治理论课创优行动"工作方案》，强调要"推动思政课教学与日常思想政治教育结合起来，思政课实践教学与学生社会实践活动统筹起来"。2020 年 12 月，中共中央宣传部、教育部印发《新时代学校思想政治理论课改革创新实施方案》，再次强调"各高校要规范实践教学，把思想政治教育有机融入社会实践、志愿服务、实习实训等活动中，切实提高实践教学实效"。2022 年 8 月，教育部等十部门印发《全面推进"大思政课"建设的工作方案》，不仅明确指出现在对实践教学重视不够的不足之处，还对"善用社会大课堂""构建实践教学工作体系""落实思政课实践教学学时学分""组织开展多样化的实践教学""建好用好实践教学基地"等作出进一步部署。因此，深入学习贯彻习近平总书记重要讲话精神，及时、准确地反映党和国家关于加强新时代思想政治理论课建设的新任务新要求，反映新时代中国特色社会主义建设的伟大实践和辉煌成就，以及探索思想政治理论课实践教学取得的最新成果，努力使教材做到与时俱进，就是我们再次修订本教材的初衷。

根据高校思想政治理论课教学改革创新的新形势新目标新要求，我校马克思主义学院组织精干力量，按照最新精神和思想政治理论课实践教学改革最新成果，对本教材再次进行了全面修订。新修订的《高校思想政治理论课实践教学实用教程》一书突出以下特点：一是政治性。坚持以习近平新时代中国特色社会主义思想为指导，高举中国特色社会主义伟大旗帜，深刻领悟"两个确立"的决定性意义，自觉树牢"四个意识"，坚定"四个自信"，做到"两个维护"，落实立德树人根本任务，突出为党育人、为国育才要求，努力把好教材的政治关。二是时代性。将习近平新时代中国特色社会主义思想、党和国家关于思政课建设的最新精神，以及党的十八大以来中国特色社会主义建设的鲜活实践有机融入教材，努力体现教材的时代性。三是科学性。遵循马克思主义基本原理，篇章布局、观点凝练、文献引用、材料选取等做到真实可信、正确精准，力求体现教材的科学性。四是可读性。努力将讲话用语、学术话语转化为教材用语，结合当代大学生的实际，增加鲜活生动案例，努力增强教材的通俗性、可读性。

毛泽东同志讲过："我们敢想、敢说、敢做、敢为的理论基础是马列主义。"中国共产党正是依靠马克思主义这一科学理论，将马克思主义基本原理同中国具体实际、同中华优秀传统文化相结合，创造了革命、建设、改革特别是新时代中国特色社会主义的伟大辉煌成就。在我国全面建成小康社会、顺利实现第一个百年奋斗目标，向着全面建成社会主义现代化强国、实现第二个百年奋斗目标迈进的新征程中，面对世界百年未有之大变局和中华民族伟大复兴的战略全局，思想政治理论课作为落实立德树人根本任务的关键课程，发挥着培养德智体美劳全面发展的社会主义建设者和接班人的主渠道作用。如何在新发展阶段推动思政课实践教学高质量发展，仍然需要我们锐意进取，不懈探索。我们坚信，有以习近平同志为核心的党中央的坚强领导和对思想政治理论课的高度重视，有中国特色社会主义建设伟大实践成就的有力支撑和深厚力量，有长期以来形成的一系列对思想政治理论课实践教学规律性的认识和成功经验，高校思想政治理论课实践教学一定会植根于新时代中国特色社会主义沃土，绽放出更加绚丽多彩的光芒。

重庆师范大学马克思主义学院原院长　陈洪教授

2022 年 10 月

第二版前言

　　《高校思想政治理论课实践教学实用教程》一书，自 2015 年 10 月由高等教育出版社出版以来，发行量已经超过 2 万余册，受到师生的普遍欢迎，很多学校也对该教材给予了充分肯定，对有效指导和开展高校思想政治理论课实践教学发挥了重要作用。更为可喜可贺的是，我们在思想政治理论课实践教学中提炼总结出来的"三维五步五课堂实践教学的改革与创新"成果于 2017 年入选教育部思想政治理论课建设优秀工作案例，进一步彰显了我校思想政治理论课实践教学改革创新的成效。

　　2016 年 12 月，习近平总书记在全国高校思想政治工作会议上指出，"要重视和加强第二课堂建设，重视实践育人，坚持教育同生产劳动和社会实践相结合，广泛开展各类社会实践，让学生在亲身参与中认识国情、了解社会，受教育、长才干"。充分肯定了实践育人在高校人才培养中不可替代的作用。2015 年以来，中共中央宣传部、教育部先后印发《高等学校思想政治理论课建设标准》《新时代高校思想政治理论课教学工作基本要求》等一系列文件，多次强调要强化社会实践育人，创新推动学生实践教学；要制定实践教学大纲，适度增加实践教学比重，落实实践教学学分学时；要整合思想政治理论课教师和辅导员队伍，共同参与组织指导实践教学等。这充分说明，尽管形势在不断变化，但实践教学在高校思想政治理论课中的重要地位和育人作用不仅始终没有变，还得到了进一步的强化。

　　党的十八大以来，中国特色社会主义进入新时代，习近平新时代中国特色社会主义思想是马克思主义中国化的最新成果。学习宣传贯彻党的十九大精神和习近平新时代中国特色社会主义思想，是当前和今后一个时期的一项重要政治任务。推进十九大精神特别是习近平新时代中国特色社会主义思想进教材、进课堂、进头脑更是一项十分紧迫的任务。新时代新形势对高校思想政治理论课改革创新提出了新任务新要求，我们唯有不断适应新形势新变化，坚持不懈地深入推进高校思想政治理论课改革创新，真正做到因事而化、因时而进、因势而新，高校思想政治理论课才能真正发挥好主渠道作用，才能迸发出无限生机与活力。为此，我们再次组织精干力量，紧紧围绕党的十九大精神和习近平新时代中国特色社会主义思想，围绕教育部最新文件精神和具体要求，对《高校思想政治理论课实践教学实用教程》一书进行了修订和完善。修订后的教材体系和结构没有大的改变，但内容体现了与时俱进的要求，特别是增添了近年来我校在改革探索实践教学方面的新经验新形式。我们希望并相信，这本再次修订和再版的《高校思想政治理论课实践教学实用教程》，一定能够对高校思想政治理论课实践教学起到很好的指导和帮助作用。

当前，党和国家高度重视高校思想政治理论课，高校思想政治理论课的改革发展面临前所未有的大好机遇。随着高校思想政治理论课教学改革创新的不断深化，理论教学成果越来越丰硕，但实践教学一直是高校思想政治理论课的短板和薄弱环节，还需要我们不断探索新形式、赋予新内容、谋求新发展、再上新台阶。新时代需要我们有新的作为、新的贡献。高校思想政治理论课能否发挥好立德树人的主渠道作用，能否不断增强大学生对中国特色社会主义的道路自信、理论自信、制度自信、文化自信，能否成为大学生真心喜爱和终身受用的课程，还需要我们做出不懈的奋斗和努力。

蓝图已经绘就，曙光就在前面。高校思想政治理论课改革创新一直在路上。只要我们齐心协力、锐意进取，勇于改革创新，高校思想政治理论课课堂教学和实践教学就一定会续写新的篇章，创造新的辉煌。

重庆师范大学马克思主义学院院长　　陈洪

2018 年 8 月

第一版前言

高校思想政治理论课承担着对大学生进行系统的马克思主义理论教育的任务，是对大学生进行思想政治教育的主渠道，在引导大学生坚定对马克思主义的信仰、对中国特色社会主义的信念，增强道路自信、理论自信和制度自信等方面，发挥了重要的作用。人才培养的质量始终是高校教育教学工作的主题。创新能力、实践能力、社会责任感，已经成为衡量高校人才培养质量的重要标尺。2012 年，教育部等 7 部委制定了《关于进一步加强高校实践育人工作的若干意见》，进一步明确了高校实践育人工作的重要性，实践育人已经与教书育人、管理育人、科研育人、服务育人一起，成为高校育人体系中不可或缺的重要组成部分。

坚持教育与生产劳动和社会实践相结合，是党的教育方针的重要内容。实践教学是高校思想政治理论课的重要组成部分，也是高校教学工作的重要组成部分，是深化课堂教学的重要环节，是实践育人的主要形式。自高校思想政治理论课"05 方案"实施以来，思想政治理论课实践教学受到前所未有的重视，在实际操作中也不断得到加强，在实践教学和实践育人工作方面成效显著。从现实情况看，实践教学已经从"依附"性的教学环节向单列的思想政治理论实践教学课程转变，由局限于课堂教学内的"小实践"形式向参与广泛社会活动的"大实践"形式转变。但是我们也应该清醒地看到，实践育人特别是实践教学依然是高校人才培养中的薄弱环节，与培养拔尖创新人才的要求还有差距。如何强化实践教学环节、深化实践教学改革、提高实践教学效果，依然是一个十分重要的研究课题。

为响应党和国家关于思想政治理论课实践教学改革的号召，我校马克思主义学院从 2008 年开始对思想政治理论课实践教学进行改革，将思想政治理论课实践教学设置为独立的必修课程，具体实施中又分为"思想政治理论实践课Ⅰ"和"思想政治理论实践课Ⅱ"。"思想政治理论实践课Ⅰ"主要由调研类和观读类实践活动构成。"思想政治理论实践课Ⅱ"则与学校规定的大学生社会实践活动要求相结合，使思想政治理论课实践教学展现出丰富的内容，形成个性和专业特点有机结合的思想政治理论课实践教学活动，建构起学时集中、内容互补的"双课程"实践教学体系。经过探索，我们逐步形成了思想政治理论课实践教学的"三维五步合作式"运作模式，并申报了教育部高校思想政治理论课教学方法改革项目择优推广计划。

在多年的改革实践中，我们也深深感到，要使思想政治理论课实践教学在高校实践育人工作中发挥更大更有效的作用，使思想政治理论课实践教学更加规范化和科学化，成为大学生真心喜爱、终身受益的优质课程，组织力量编著一本思想政治理论课实践教学的专门教材，显得十分必要和迫切。为此，我们组织长期从事思想政治理论课教育教学工作包括实践教学指导工作的部分教师编著了这本教材。该教材有以下特点：一是充分体现党中央对高校思想政治理论课实践教学的新要求。这种要求就是思想政治理论课实践教学要走出校门，到基层去，到工农群众中去，把实践教学与社会调查、志愿服务、公益活动和专业实习等结合起来。二是充分体现思想政治理论课实践教学发展的新趋势。思想政治理论课实践教学在实践中已演化为一门实践教学新课程，有单设的学分和学时，有专门的教学大纲和教学内容，有独特的教学过程和丰富的教学形式。三是充分突出思想政治理论课实践教学的实用性。本教材不就实践教学课程建设方面的理论问题和学术问题做过多探讨，而是更关注对实践教学的操作模式、合理流程和管理规范方面的梳理和规定。这也是我们在编写这本教材时力求达到的目标。

　　按照教育部等部委"思想政治理论课所有课程都要加强实践环节"的要求，这本教材适用于高校四门思想政治理论课开展实践教学的需要。但是，由于高校思想政治理论课实践教学课程是一门极具开放性的课程，各高校的区位环境、类别层次、学生素质等存在差异，在开展思想政治理论课实践教学中也会呈现出各自不同的特点。因此，我们编著的这本教材也是开放性的，在今后的实践教学中还需要不断完善。但不管怎样，由于思想政治理论课实践教学都在探索中，相关教材还不多见，因此，我们的尝试和探索应该是有意义的，它体现了我校思想政治理论课教师为提升思想政治理论课教学质量的责任担当。我们希望与全国其他高校思想政治理论课同仁一起，为思想政治理论课实践教学改革作出不懈努力，使思想政治理论课真正成为受大学生真心喜爱、使大学生终身受益的课程。

重庆师范大学马克思主义学院院长　　陈洪

2015 年 9 月

目　录

第一章
实践教学在高校思想政治理论课中的重要地位

高校思想政治理论课是对大学生系统开展马克思主义理论教育的主阵地，是对大学生进行思想政治教育的主渠道，也是落实立德树人根本任务的关键课程，对于培养德智体美劳全面发展的社会主义建设者和接班人具有特别重要的作用。

党和政府历来高度重视大学生思想政治工作和思想政治理论课教育教学。实践教学不仅是高校思想政治理论课教学体系的重要部分，也是高校实践育人工作体系的重要方面，是马克思主义理论与社会实践相结合的生动体现。怎样引导大学生将马克思主义理论，特别是如何将习近平新时代中国特色社会主义思想与社会实践结合起来？怎样使高校思想政治理论课教学更加"接地气"，更加具有吸引力、感染力和实效性？怎样促使大学生正确认识社会和适应社会，成长为符合社会需要的合格人才？科学合理地开展思想政治理论课实践教学无疑是解决这些问题的重要抓手。

一、高等教育中的实践教学概述

我国高等教育起步于19世纪末，随后逐步走上自己的探索与成长之路。实践教学历来是现代高等教育的重要组成部分。作为高校思想政治理论课的一种重要形式，实践教学近年来取得了长足进步。

(一) 实践教学是现代高等教育的重要组成部分

高等教育现代化是体现在教育理念、教育内容、教育目标、教学手段、教学方法、教育环境和教育评价等多方面的现代化。在传统教育中，高校通常在比较落后的教育条件下，运用常规的教育手段和方法，以相对不变的体系化知识为教育内容，传授专业知识，训练专业技能，培养专门人才。尤其是在人文社会科学类学科的教育教学中，课堂与社会相割裂、理论与实践相脱离的现象较为明显。当今社会，科技发展日新月异，经济全球化加速到来。显然，高等教育要实现现代化，必须在培养能满足社会发展需求的新型人才方面多下功夫。为此，加强理论运用于现实的力度、强化理论与实际相结合的实践教学，也就成为高等教育现代化中一个必不可少的方面，并具有越来越重要的地位。

其实，实践教学在现代高等教育中早已存在。理工类课程教学中的实践教学以科学实验为基本形式，包括实验室验证、实地勘探、数据测算、样本制作、标本解剖等教学活动。实践教学在理工类课程教学中占据相当大的比重。与此同时，一些人文社会科学类课程教学也包含着部分实践教学内容，例如历史学、考古学中的外出考察活动，社会学中的社会调查活动等，尤其是艺术类课程的教学更注重以实践操作为主，以理论学习为辅，以艺术创作或情景表演等实践能力的训练为重要教学内容。总体来看，现代高等教育中实践教学的突出特点是，以科学理论为指导，以动手操作为途径，以现象观察为基础，以数据采集为关键，以问题解决为契机，以能力提升为目标。正是通过各类实践教学活动，现代高等教育才训练了大学生的理论运用能力、动手操作能力、实践创新能力和问题解决能力。

长期以来，人们看到和想到的大多是理工类、艺术类课程中的实践教学，而常常忽视甚至遗忘了包括思想政治理论课在内的人文社科类课程中的实践教学。实际上，此类课程的教学内容有着广泛的社会观照面，其大多数理论都是源自社会现实，又关注社会现实的。特别是思想政治理论课，其理论常常是对社会现实做出的客观描述、深刻分析、科学推断和高度概括，它无不是源于社会实践又服务于社会实践的。从马克思主义诞生到习近平新时代中国特色社会主义思想的创立，这些理论都是在现实社会生活的沃土里萌芽、开花和结果的。因此，高校思想政治理论课教育教学活动理应也必须包含实践教学的内容与形式。

实践教学这一概念引入我国当代高等教育的时间虽然不长，但是坚持教育与生产劳动和社会实践相结合历来是党的教育方针的重要内容。近年来，实践教学愈来愈受到党和政府以及各高校的重视。2008年以来，中共中央宣传部、教育部多次发文强调实践育人工作的重要性，要求加强实践育人工作总体规划，系统设计实践育人教育教学体系，统筹推进实践育人工作。思想政治理论课实践教学已成为高校实践育人工作体系中极为重要的组成部分。

（二）高校思想政治理论课实践教学的基本内涵

马克思曾指出，"生产劳动同智育和体育相结合，它不仅是提高社会生产的一种方法，而且是造就全面发展的人的唯一方法"[①]。我们党和国家历来高度重视实践育人工作。坚持教育必须为社会主义现代化建设服务、为人民服务，必须与生产劳动和社会实践相结合，培养德智体美劳全面发展的社会主义建设者和接班人，是我们党长期坚持的教育方针。坚持理论学习、创新思维与社会实践相统一，坚持在实践中学习、向人民群众学习，是大学生成长成才的必由之路。就此而言，实践教学是我国高校思想政治理论课程中必不可少的组成部分，是当代大学生提升思想政治认识，加强思想政治修养，实现思想政治理论教育由知到信、由信到行之转化的必要途径。在我国高校的思想政治理论课课程体系中，实践教学较之于理论教学更加社会化、开放

---

① 《马克思恩格斯文集》第 5 卷，人民出版社 2009 年版，第 557 页。

化，也更加多样化。

从字面意思看，实践教学首先是一种教学活动，其目的仍在于教书育人。但与传统的理论教学活动不同，它是以实践的方式来完成教学目标的教学活动。传统的理论教学常以教师讲授为主，重在以课堂教学形式阐述理论，学生主要在课堂中相对被动地接受理论知识传授。与理论教学相比，实践教学将学生的主动性、积极性、参与性、创造性最大程度地调动起来，使其成为理论知识的运用者和反思者。在实践教学中，教师主要发挥组织和指导作用，学生则要参与、实施、完成一系列具体教学环节。

思想政治理论课实践教学有广义和狭义之分。广义的思政课实践教学①就是将学校小课堂与社会大课堂、理论学习与实际运用紧密联系起来，以培养学生理论联系实际的能力，使其能够思考、分析、解决社会实际问题，并通过不断实践与反思将所学知识转化成学生的观念与行为，体现学生主体性，促进其全面发展的一种教学方式。具体地讲，思政课实践教学是在思政课教师的指导下，为实现思政课的教育教学目标，根据既定教学计划，利用生动鲜活的社会现实，激发学生学习的主动性、积极性、创造性，使学生通过各类实践活动来参与并完成思想政治理论学习的教学形式。它的最终目标在于，让学生通过切身实践经历，促进其对马克思主义理论的真知、真懂、真信、真行并内化为自身的思想价值观，进而促进其自身的全面发展，使其成长为国家发展、民族复兴所需的可靠人才。广义的思政课实践教学，既包括让学生走出课堂，投身于社会各种实践活动，例如参观展览馆或纪念馆撰写观读心得、开展社会调查撰写调研报告、参加科技活动撰写科研论文、参加志愿服务和公益活动等，也包括课堂内的读书、

---

① 为了行文简便，在教材后续叙述中，"思想政治理论课实践教学"简称为"思政课实践教学"，有时简称为"实践教学"；"思想政治理论课"也简称为"思政课"，如"思想政治理论课教师"简称为"思政课教师"。

讨论、辩论、演讲、相关影音资料赏析等，还包括课堂上师生共同参与的案例教学、讨论教学及多媒体教学等。狭义的思政课实践教学，主要指学生在课堂之外所进行的各种社会实践活动。

根据实际操作特点，本教材主要从以下两个角度讨论思政课实践教学：一是从开展场域上将实践教学分为课堂实践教学和课外实践教学，二是依据其独立程度将实践教学分为作为课堂教学环节的实践教学和作为独立课程的实践教学。本教材重点介绍作为独立课程的思政课实践教学。

（三）思想政治理论课实践教学的基本特点

思政课实践教学与其他课程教学中的实践教学，如理工类课程或艺术类课程的实践教学相比较，既有共同点，也有不同之处。其共同点在于：在实践课程教学理念上都注重学生的主体性和教师的主导性，在实践课程学习方式上都注重操作性，在实践课程学习原则上都强调理论联系实际，在实践课程学习目的上都注重培养学生的自主实践操作能力等。其突出差异则表现为：其他课程的实践教学重在训练学生在特定领域的操作技能，培养学生专业性的动手能力，即侧重对学生在特定领域或行业做事能力的培养和训练；而思政课实践教学则重在训练学生运用知识理论，正确看待、分析和解决社会问题的普遍性能力，最终落脚点在于培养学生良好的思想道德修养和正确的政治观念，提高学生的思想政治素质，即侧重教育学生如何做人、做事，培养和磨炼其品性。总体来讲，思政课实践教学具有以下基本特点。

1. 教学组织上的课程性

我国高校思想政治理论课" 05 方案"[①] 实施十余年来，思政课实

践教学已逐步成为一门相对独立的课程。尽管作为教学环节的课堂实践教学仍然被保留着，但多数高校已将思政课实践教学作为一门单列课程予以设置、组织和实施。作为一门单列课程，思政课实践教学被列入大学生人才培养计划和思政课课程体系中，有单独的教学大纲和教学计划，有相应的教学内容和教学形式，有专门的学时学分，配备有专门的任课教师，也有独立的考核方式。这些基本要素使得思政课实践教学满足了课程教学的一般要求。因此，思政课实践教学具有与其他课程一样的地位和要求，一样需要有计划、有组织地加以建设和实施。

2. 课程属性上的思想政治性

与各专业课程的实践教学不同，思政课实践教学有着明确的思想政治属性，目的是要落实立德树人根本任务，要解决大学生对马克思主义理论真学、真懂、真信、真用问题。开展多种多样的实践教学活动是为使大学生在实践中学习领会马克思主义，特别是马克思主义中国化时代化的最新成果——习近平新时代中国特色社会主义思想的真谛，树立正确的世界观、人生观和价值观，形成良好的思想政治素质，在实践中不断增强服务国家的家国情怀和服务人民的社会责任感，增强运用马克思主义科学理论观察分析社会现象和解决问题的实际能力。

当然，高校中其他专业课程的实践教学也有着实践育人的基本功能，但思政课实践教学不仅有着一般意义上的思想政治教育功能，也对其他专业课程实践教学有着引领作用和促进作用。

3. 教学内容和形式上的多样性

首先，思政课实践教学要培养学生运用理论观察社会、认识社会和解决问题的实际能力。由于社会生活本身领域广泛，内容繁多，实践教学在具体教学内容上也就丰富多样，涉及范围也非常广泛。它常常涵盖政治经济、思想文化、生态环境等多方面、多领域的热点难点，同时涉及文史哲、经政法，甚至数理化、医地生、音体美等学科知识，以及计算机和网络技术的综合运用等问题。

其次，思政课实践教学的开展不像传统课程那样局限于课堂教学中。在教师的指导下，一切有利于学生对马克思主义理论的学习、理解、掌握、巩固、运用和发展的活动，都可归于广义思政课实践教学的范畴。因此，它既包括课堂理论教学中的各种实践性教学环节或形式，如课堂讨论、演讲辩论等，又包括学生在课堂之外的各种社会实践活动。与课堂实践教学相比，课外实践教学形式更加丰富多样，如社会调查、志愿服务、公益活动、科技发明、勤工助学、"三下乡"以及"青年马克思主义者培养工程"等。灵活多样的实践教学形式，可以提高教学活动的趣味性，激发学生的参与热情，培养学生的探索创新能力，最终使思政课实践教学取得明显成效。

4. 教学对象上的全员性和主体性

首先，思政课实践教学在教学对象上具有全员性，其教学对象是全体在校大学生。这既不同于大学生的专业性实践教学，一般只涉及相关专业的大学生群体，也不同于"青马工程"或"三下乡"等社会实践育人活动，只能接纳部分大学生参加。与之不同，思政课实践教学要面向全体大学生，是各个专业的所有学生都必须完成的一门必修课程。

其次，思政课实践教学更加突出大学生的主体地位。思政课实践教学虽然有助于大学生更深刻理解和系统把握理论知识，但其重点却是增强学生心系民族复兴的家国情怀和服务人民的社会责任感，培养其勇于探索、开拓创新的精神品质，增强其解决问题的实际能力。在实践教学中，教师对学生的实践活动不是严格管控，而主要是做引导和辅导工作。从实践计划的拟定到实践方案的设计，再到实践行动的实施，直至实践结果的总结和反思，都由大学生亲力亲为和独立完成。正是通过实践操作中的观察和了解、思考与反省，大学生逐步全面而正确地认识自我和社会，进而不断提升自己，完善自己。与理论教学课相比，实践教学课中的学生主体地位更加突出和鲜明。为此，实践教学要求充分尊重学生的主体性，充分发掘学生自我学习、自我教育和自我管理的潜能，着力培养学生的主动性、积极性和创造性。

5. 教学方式上的实践性

在教学方式上，思政课实践教学具有显著的实践性特征。虽然实践教学作为一门课程，也含有理论知识教学的内容和需在课堂上完成的学习任务，但其突出特点是要求师生都走出教室走出校门，走进社会深入基层，参与广泛的社会实践活动，并在社会实践中完成该课程的学习任务。大学生要在教师的指导下，将马克思主义基本立场、观点和方法与社会实际结合，或与专业学习结合，开展具体的社会调查、实地参访、志愿服务等实践活动，通过自己的亲身实践学活用活马克思主义理论，做到真学、真懂、真信、真用，不断增强"四个自信"，自觉成长为担当民族复兴大任的时代新人。因此，实践性是实践教学课程在教学方式上的一个鲜明特征。

6. 考核评价上的灵活性

思政课实践教学与其他课程一样，也有其必要的考核评价环节。鉴于实践教学在内容上的广泛性和形式上的多样性，学生对马克思主义理论的运用和对社会主义核心价值观的践行可以有多方面的体现，这就决定了对学生实践效果的考评方式也应该更加灵活多样。总体看来，实践教学可以侧重于考核学生对马克思主义理论的理性认知能力，或者侧重于考核学生运用该理论观察和分析社会问题的能力，或者侧重于考核学生在该理论方面的学术研究能力，或者侧重于考核学生对马克思主义理论、习近平新时代中国特色社会主义思想的情感态度，或者侧重于考核学生对社会主义核心价值观的践行效果，等等。因此，对学生的读书心得、调研报告、"三下乡"、志愿服务、勤工助学、参观访问等实践活动的开展情况和实际成效进行考核，都可以作为思政课实践教学的考评方式。

二、高校思想政治理论课实践教学的探索与发展

党和国家长期重视高等教育中的实践教学建设。党的教育方针在不同时期对实践教学的表述方式虽有些许差异，但强调理论联系实际，坚持教育与生产劳动和社会实践相结合却是一以贯之的基本原则和要求。我国高校思政课实践教学经历了一个曲折发展过程。"文化大革命"结束、恢复高考以来，高校思政课实践教学经历了从普遍要求大学生参加课外社会实践活动，到自觉将实践教学作为思政课的重要教学环节，再到被纳入思想政治理论课教育教学范畴并被设置为一门单列课程的发展历程。

（一）高校思想政治理论课实践教学的拨乱反正和改革探索

"文化大革命"结束后，党和国家在思想政治、文化教育等各领域中进行拨乱反正，高等教育中的许多错误做法得到逐步纠正，思想政治理论课及其实践教学也迎来了新的发展时期。

1. 思想政治理论课及其实践教学的拨乱反正

1978年4月，邓小平再次指出要将教育和生产劳动相结合作为我国教育事业繁荣和发展的方针，并要求在教育与生产劳动结合的内容、方法上不断有新发展。党的十一届三中全会后，党中央坚决批判和摒弃"以阶级斗争为纲"的错误政治路线，也就根本否定了长期以来把政治运动作为实践教学主要形式的错误做法。1981年，中宣部、教育部等多个部门联合发出《关于开展文明礼貌活动的通知》，要求大、中学校师生积极开展"学雷锋、创三好"和"'三堂、一馆、一舍'文明新风活动"。随后，各地高校把坚持四项基本原则的教育与形势教育、道德品质教育和"学雷锋、创三好""五讲四美"活动相结合，探索了开展思想政治教育和实践育人的多种形式。1981年，教育部召开的全国学校思想政治教育工作会议强调，必须把课堂教育、日常思想政治工作与实际锻炼恰当地结合起来，各科教学都要贯彻思想教育，

还要组织学生适当参加劳动、军训、社会调查等社会实践活动。实践教学发展逐步走上正轨。

2. 思想政治理论课及其实践教学的初步探索

随着党和国家工作重心的转移，我国进入了改革开放和社会主义现代化建设新时期，高校思想政治理论课和实践教学也在改革和创新中不断发展和完善。1983 年，共青团中央和全国学联共同发起全国大学生"社会实践周"活动，得到许多高校的积极响应。例如，辽宁省各高校组织大学生走出校门，开展"把知识献给人民"的为民服务活动，把突击性的活动发展成为向人民学习、为四化建设服务的长期性活动，使社会实践活动经常化、制度化。1987 年，中共中央《关于改进和加强高等学校思想政治工作的决定》强调：青年学生只有在学习科学文化知识的同时，积极参加社会实践，更多地了解国情，了解社会主义建设和改革的实际，了解人民群众的思想感情，才能树立起为社会主义祖国献身的信念，逐步锻炼成为有用的人才。自此，假期社会实践活动在全国各高校普遍组织开展起来。1994 年，中共中央印发《关于进一步加强和改进学校德育工作的若干意见》，明确指出，学校德育工作要加强实践环节，高中和高等学校要把社会实践纳入教育教学计划，组织学生参加社会调查、生产劳动、科技文化服务、军政训练、勤工俭学等活动。自 1996 年起，全国大规模开展起大中专学生文化、科技、卫生"三下乡"暑期社会实践活动，每年都有数以百万计的大中专学生参加。"三下乡"活动面向基层，针对现实问题，内容丰富，形式多样，不断总结完善了一套开展社会实践活动的基本程序和规范。至今，"三下乡"活动依然是大学生踊跃参加的一种极为重要的社会实践教学形式。

不过，这一时期大学生的社会实践活动可视为广义德育意义上的实践教学。它与思政课教学的结合度还较低，思政课教师的参与度更低，其组织实施者主要是高校的团委、学工部、院系团总支等部门的

"政工干部"。同一时期，广大思政课教师为使课堂教学生动活泼，增强思政课的感染力和实效性，也探索了许多新的教学形式，如课堂辩论、情景模拟、科研小论文等。然而，这些教学形式还是零星的和个别的，还没有被提升到作为独立教学环节的实践教学高度。

（二）高校思想政治理论课实践教学的纵深发展

2004 年，中共中央、国务院印发《关于进一步加强和改进大学生思想政治教育的意见》，随即中宣部、教育部颁布《关于进一步加强和改进高等学校思想政治理论课的意见》，我国高校由此开启了新一轮的包括思想政治理论课在内的思想政治教育教学改革，形成了思政课的"05 方案"。"05 方案"实施近二十年来，思政课实践教学改革取得了丰硕成果。

1. 实践教学明确纳入思政课教学范畴

"05 方案"不仅确定了更加完善、更加符合实际的思政课课程体系，并且首次明确将实践教学纳入思政课教学范畴，还强调思想政治理论所有课程都要加强实践教学环节，要围绕教学目标，制定大纲，规定学时，提供必要经费。为此，广大思政课教师积极探索实践教学的新形式新方法，如教学视频观看与讨论、课堂辩论、征文写作、主题演讲等。多种形式实践教学活动的开展，一定程度上活跃了课程教学氛围，调动了学生学习思政课的积极性和主动性，促进了学生对马克思主义理论的深入理解，增强了学生对中国特色社会主义美好发展前景的信念。"05 方案"还要求，要把实践教学与社会调查、志愿服务、公益活动、专业课实习等活动结合起来，引导大学生走出校门，到基层去，到工农群众中去，要通过形式多样的实践活动，努力提高学生思想政治素质和观察分析社会现象的能力。

在实际操作中，诸如社会调查、志愿服务、公益活动等课堂之外的实践教学活动，仍旧主要是由高校的团委、学工部等政工部门组织实施。思想政治理论课教学研究机构（马克思主义学院）和思政课专任教师的参与度仍然不高。总体而言，这一阶段的实践教学主要还是作为思政课的一个课堂教学环节而开展的。实践教学虽然更加受到重视，但实践教学的课程属性还不突出，课程要素建设还未跟上。如实践教学的学时分配、学分规定、考核方式等尚欠缺明确和统一的规范，各高校的具体做法存在较大差异，更谈不上有专门针对实践教学的经费预算、教师培训、组织保障和实践育人基地建设等方面的举措。

2. 思政课实践教学的新发展

2008 年 9 月，中宣部、教育部印发《关于进一步加强高等学校思想政治理论课教师队伍建设的意见》，再次明确提出完善实践教学制度，要从本科思想政治理论课现有学分中划出 2 个学分、从专科思想政治理论课现有学分中划出 1 个学分开展本专科思想政治理论课实践教学，并强调要探索实践育人的长效机制，提供制度、条件和环境保障，确保不流于形式。这不仅凸显了实践教学的重要地位，而且明确了实践教学在思政课课程体系中相对独立的课程属性。随后，许多高校开始探索把原来分散在各门思政课中的实践教学的学时学分进行集中管理和安排，以便于真正实现大学生走出课堂走出校门，走进社会深入基层，更加真实而完整地开展综合性的实践教学活动，从而使实践教学由一个教学环节逐步演变为思政课课程体系中的一门单列课程。

上述新的探索和改革，不仅使得"把实践教学与社会调查、志愿服务、公益活动、专业课实习等结合起来，引导大学生走出校门，到基层去，到工农群众中去"的要求得以落实，思政课专任教师也成为开展实践教学的主力军。这一时期，诸如实践教学基地建设、经费投入等实践教学保障机制也基本得到落实。2012 年 1 月，教育部等部门联合下发《关于进一步加强高校实践育人工作的若干意见》，标志着思政课实践教学成为我国高校实践育人体系中的一个重要组成部分。

3. 新时代翻开思政课实践教学发展新篇章

党的十八大以来，中国特色社会主义进入新时代，党和国家各方面事业取得历史性的伟大成就，对我国高等教育和思想政治理论课提出了更高要求。思政课实践教学也应因事而化、因时而进、因势而新。2019 年 3 月，习近平总书记亲自主持召开学校思想政治理论课教师座谈会并发表重要讲话，成为高校思政课教学改革创新、思政课教师队伍建设的根本遵循。近年来，党和国家为推动高校思想政治工作、思想政治理论课和实践育人的创新发展，先后颁发了一系列重要文件，推出一系列重要举措。

首先，进一步明确思政课实践教学的基本性质与重要地位。2015 年 7 月，中宣部、教育部印发《普通高校思想政治理论课建设体系创新计划》，强调要统筹课堂教学、实践教学、网络教学建设，创新思想政治理论课体系，充分发挥课堂教学的主渠道作用和实践教学、网络教学的有效补充作用。教育部研制的《新时代高校思想政治理论课教学工作基本要求》中，将思政课实践教学明确定位为"课堂教学的延伸拓展，重在帮助学生巩固课堂学习效果，深化对教学重点难点问题的理解和掌握"。

其次，思政课实践教学更加规范。教育部不仅再次提出要制定《思想政治理论课实践教学大纲》，分类制定实践教学标准，还制定颁布了《高等学校思想政治理论课建设标准》和《高等学校马克思主义学院建设标准》。全国多数高校都组建完成马克思主义学院这一教学科研机构，并积极将马克思主义学院作为重点学院，马克思主义理论学科作为重点学科，思想政治理论课作为重点课程加强建设。思政课实践教学由此走上标准化、规范化的建设发展道路。

再次，全面实践育人协同体系初步建成。根据中宣部、教育部颁布的多个文件要求，多数高校都将思想政治理论各门课程的实践教学学时和学分加以统筹使用，实践教学纳入教学计划。各高校也积极探索开门办思政课，探索建设思政课实践教学与学生社会实践结合、思政小课堂和社会大课堂结合的有效机制，积极完善思政课实践教学机制。一方面，整合思政课教师和辅导员队伍，共同参与组织指导实践教学，逐步形成思政课教学科研机构、宣传部、教务处、学工部、团委等部门协同配合的实践育人工作机制。另一方面，积极整合实践教学资源，拓展实践教学平台，创新实践形式，丰富实践内容。如各地高校积极争取社会各方面支持，建设了一批相对稳定的实践教学基地，政府、社会、学校协同联动的"实践育人共同体"；大学生"三下乡""青马工程""志愿服务""西部计划"等传统经典项目进一步巩固提升，在此基础上又组织实施了"牢记时代使命，书写人生华章""百万师生追寻习近平总书记成长足迹""百万师生重走复兴之路""百万师生'一带一路'社会实践专项行动"等新时代社会实践精品项目。通过对各类实践教学资源的整合利用，各高校提高了实践教学实效，提升了实践育人质量。

最后，全面推进"课程思政"建设成为思政课落实立德树人根本任务的又一重大举措。2017年，中共教育部党组印发《高校思想政治工作质量提升工程实施纲要》，首次提出大力推动以"课程思政"为目标的课程教学改革。"课程思政"的提出和推进表明：立德树人，培养担当民族复兴大任的时代新人，培养德智体美劳全面发展的社会主义建设者和接班人是我国所有高校、各类学科、各门课程教育教学的共同目标要求，也是全体高校教师的共同职责。当前，全国高校多数专业都申报了一门以上不同层级的"课程思政"教改项目，并积极探索专业课程融入思政教育内容的教学实践，已取得初步成效。2020年4月和5月，教育部等部门相继印发《关于加快构建高校思想政治工作体系的意见》和《高等学校课程思政建设指导纲要》，再次明确提出要统筹课程思政与思政课程建设，构建全面覆盖、类型丰富、层次递进、相互支撑的课程体系。文件还强调各类专业课程都要深入挖掘和渗透思政元素，尤其对实践类课程提出明确要求：专业实验实践课程，要注重学思结合、知行统一，增强学生勇于探索的创新精神、善于解决问题的实践能力；创新创业教育课程，要注重让学生"敢闯会创"，在亲身参与中增强创新精神、创造意识和创业能力；社会实践类课程，要注重教育和引导学生弘扬劳动精神，将"读万卷书"与"行万里路"相结合，扎根中国大地了解国情民情，在实践中增长智慧才干，在艰苦奋斗中锤炼意志品质。

2021年9月，中共中央办公厅印发《关于加强新时代马克思主义学院建设的意见》，强调要牢固树立全员、全程、全方位育人理念，建立协同育人机制，实现课程思政与思政课程同向同行，日常思政工作与思政课程同步同频，从而为高校思想政治工作和思想政治理论课教育教学指明了改革创新的方向。思政课实践教学由此掀开了创新发展的新篇章。

三、高校思想政治理论课强化实践教学的重要意义

实践教学逐步成为我国高校思想政治理论课和实践育人体系的重要组成部分，是中国特色社会主义高等教育改革发展的必然结果和突出优点。实践教学不仅能够促进大学生提高马克思主义理论认知，强化思想政治素养，而且可以促进大学生在实践中立大志、明大德、成大才、担大任。实践教学成为实现思想政治理论由真学、真懂到真信、真用的必然途径。

（一）思想政治理论课实践教学的必要性

1. 实践教学是实现中国梦的迫切需要

实现中华民族伟大复兴，是中华民族近代以来最伟大的梦想。实现中国梦需要广大人民群众的共同奋斗，尤其需要一代又一代青年才俊持续努力。青年是国家的未来，民族的希望。我国高等教育的根本

任务，就是要培养担当民族复兴大任的时代新人，培养德智体美劳全面发展的社会主义建设者和接班人。人才的培养首先是思想价值观念的引导，然后才是知识的传授和技能的训练。各类专业人才只有在积极、健康、向上的思想和价值观指引下，才能做出有益于社会发展与个体发展的行为。实践教学不仅能促进大学生更加系统深入地掌握马克思主义基本原理和马克思主义中国化理论成果，引导大学生了解党史、新中国史、改革开放史、社会主义发展史，认识世情、国情、党情、民情，更有利于提升大学生运用马克思主义立场观点方法分析和解决问题的能力，使其自觉践行社会主义核心价值观，成长为识大局、尊法治、修美德的时代新人。因此，开展思政课实践教学是促进青年大学生成长为中国特色社会主义建设事业所需人才的必然要求，是为实现中国梦贡献积极力量的迫切需要。

2. 实践教学适应新时代中国特色社会主义发展对人才素质的新要求

党的十八大以来，中国特色社会主义进入新时代。一方面，自2020年全面建成小康社会后，我国已经向着建成富强民主文明和谐美丽的社会主义现代化强国的第二个百年奋斗目标迈进；另一方面，当今世界各国在政治、经济、文化、科技等方面发展迅猛，国际竞争更趋激烈。面对百年未有之大变局和实现中华民族伟大复兴战略全局，中国特色社会主义的发展必须依靠创新，大力推动各个领域不断发展。社会需要创新，时代呼唤创新。创新能力成为新时代人才的一项重要素质。培养一大批具有创新精神与创造能力的高素质人才，成为新时代我国高等教育的重要任务。高校思想政治理论课实践教学是一门重在培养大学生应用能力、实践能力、应变能力与创新能力的重要课程，不仅是高校实践育人体系的重要组成部分，也引导和强化着大学生的专业技能，对于创新型高素质人才的培养具有十分重要的促进作用。

3. 实践教学是思政课联系国际国内社会现实的桥梁

马克思列宁主义、毛泽东思想和中国特色社会主义理论体系原本就来源于社会实践又服务于社会实践，是对社会现实及其历史发展规律和趋势的科学反映。然而，面对社会现实的具体性和多样性，任何理论都难免带有一定的抽象性和概括性，具有与现实社会和生活实践的某种距离感。在高校思政课教学中，简单的"纯"理论灌输的教学方式很难实现对马克思主义理论的真学、真懂、真信、真用。一方面，没有回到实践中去的理论是难以检验和发展的理论。马克思主义的科学世界观和方法论必须在运用于社会现实的过程中才能得到全面学习和深入把握。另一方面，没有科学理论指导的实践也是盲目的实践。正确的社会实践必须以马克思主义的科学世界观和方法论为指导。所以，思政课实践教学就成为马克思主义理论与国际国内社会现实相互联系的重要桥梁。这就是说，高校思政课既要通过各种实践教学活动来巩固提升大学生对马克思主义理论的学习和掌握程度，又要引导大学生在马克思主义理论的科学指导下开展有效的社会实践，将理论运用于实践，转化为实践，检验于实践，发展于实践。因此，将书本知识与社会现实、理论与实践紧密结合起来的实践教学，成为高校思政课教育教学发展的一条必由之路。

4. 实践教学是彰显当代大学生主体性的内在需要

当代大学生有着很强的自我意识。他们的主体性、主动性、探索性、自我选择性比之前任何一个时代的青年都要更加突出和鲜明，反映出他们在新时代中对于确证自我、彰显个性、实现价值的一种热切渴望。新时代的高等教育显然应当与时俱进，积极适应并合理利用大学生的这些特点。思政课实践教学跳出过于重视理论学习的枯燥怪圈，促使大学生走出教室跨出校门，走进社会深入实际，将学习同思考、观察同思考、实践同思考结合起来，更容易激发大学生的积极性、主动性和创造性，更易于促使大学生将马克思主义的世界观、人生观、价值观自觉转化为自身的理想信念和实际行动。

（二）思想政治理论课实践教学的重要性

思政课实践教学的设置和有效开展，具有以下几方面的重要意义。

1. 实践教学帮助大学生深化对马克思主义理论的认识和掌握

理论联系实际是马克思主义一贯倡导的优良学风，而推动形成理论联系实际学风的最佳途径就是实践教学。思政课实践教学有助于大学生更好地学习和掌握马克思主义理论。马克思主义理论本就是来源于社会实践又服务于社会实践的，对马克思主义理论的学习理解和深化认识也应在多种形式的实践活动中实现。一方面，实践教学有助于加深大学生对课堂中所学的那些具有高度抽象性、概括性的马克思主义理论的理解和掌握，并内化为坚定的政治立场和崇高的理想信念。另一方面，实践教学在一定程度上也有助于大学生提高理论思维能力、理论概括能力甚至理论表达能力，实现对社会实践经验的理论升华。

2. 实践教学促进大学生将理论知识转化成为人民服务的扎实本领

思政课实践教学可增进大学生运用理论去认识现实、分析现实和解决社会现实问题的应对能力，提高自觉弘扬社会主义核心价值观的践行能力。师生广泛参与社会实践育人活动，有利于大学生坚定中国特色社会主义道路自信、理论自信、制度自信、文化自信。与此同时，强化理论联系实际的学风建设，开展实践教学，也有助于大学生学习专业知识、提升专业技能。中国特色社会主义高等教育既要以立德树人为根本，以理想信念教育为核心，也要致力于造就具有扎实专业知识和较强专业技能的各类专业技术人才。思政课实践教学的独立设置和有效开展，有助于大学生深入学习掌握专业知识，并将专业知识应用于专业领域，进而有助于将专业知识和专业实践能力转化为服务人民、服务社会、服务国家的扎实本领。

3. 实践教学有助于提高大学生学习的主动性和积极性

大学生始终是学习的真正主体，教师在其学习过程中应发挥主导作用。无论对于大学生个人的成长与发展，还是对于高等教育质量的提升来说，大学生自身的学习态度和学习能力是最关键的影响因素。设置思政课实践教学，就是要让大学生亲自动手，身体力行，在丰富多样的实践活动中应用知识、检验理论，发现问题和解决问题，而不是完全被动地接受知识理论的灌输。因此，实践教学的设置和实施既遵循了教育规律，也遵循了人才成长规律，有助于提高大学生学习的主动性和积极性，并进一步体现大学生学习的主体地位。

4. 实践教学促进思政课教师思想政治素养和教研能力的提升

《礼记·学记》有言："是故学然后知不足，教然后知困。知不足然后能自反也，知困然后能自强也。故曰：教学相长也。"实践教学不仅关乎学生的成长成才，也关乎思政课教师自身素养和能力的发展提高。一方面，对大学生各类社会实践研修活动进行具体指导，有助于教师进一步了解国情、了解世界、开阔视野、丰富教学素材，进而提高自身的实践教学能力和实践育人水平，提升自身的思想政治素质，忠诚于党的教育事业，坚定思政课教师为党育人、为国育才的职业信念，成为真正的"大先生"和"四有好老师"。另一方面，以科研促教学是高等教育发展的必由之路。通过指导学生的各类社会实践活动，思政课教师能够提升自身观察新现象、发现新问题、提出新思路、探讨新对策的能力，进而系统深入地开展教学科研工作，进一步提升教学水平和科研能力。

四、高校思想政治理论课实践教学发展现状的反思

自"05方案"实施以来，在党和政府的高度重视、大力支持和有力保障下，思政课实践教学的实际成效不断凸显，在高校实践育人体系中的重要作用不断展现，在思政课课程体系中的重要地位已达成广

泛共识。但也应看到，相较于其他几门理论性较强的思政课程，实践教学课程的建设还存在一些短板，还有一些需要在改革探索中进一步完善的地方。

（一）对思政课实践教学的认识尚需进一步深化

当前，高校大多数师生对实践教学在思政课教学体系和高校实践育人体系中的重要性已有相当认识，但仍有部分师生甚至管理者对实践教学的认识不足，重视不够。

1. 提升对思政课实践教学地位和作用的认识

高等教育对人才的培养是一个全员、全程、全方位的育人体系。在"三全育人"体系中，思政课不仅包含讲授理论、识记理论、理解理论的理论教学部分，还包含运用理论、验证理论和发展理论的实践教学部分。思政课实践教学作为一门独立设置的课程，具有特定的教学目标和要求、特定的教学内容和形式，专门的学时和学分，特殊的考核和评价等要素，在高校实践育人协同体系中占有非常重要的地位。然而，当前部分高校师生仍习惯于将思政课片面等同于单纯的理论说教和灌输。为此，高校师生有必要统一思想，进一步认识实践教学在思想政治理论课课程体系中的重要作用和应有地位，正确处理好理论教学和实践教学之间的辩证关系。

实践教学属于高校思想政治理论课课程体系的一部分，也是高校实践育人协同体系、全方位育人体系的重要组成部分。显然，浓厚的思想导向性、正确的政治倾向性构成实践教学课程的鲜明特色。不仅如此，实践教学以实践活动为主要教学方式，符合实践育人和认知发展的规律性；其教学过程有利于激发学生的主动性，展现其注重发挥学生的主体性；其教学内容丰富，教学形式多样，又具有明显的生动性和趣味性。简言之，科学的课程设置、系统的组织实施、合理的实施过程，是实践教学成功的重要条件。因此，高校师生应当在进一步深刻认识思政课实践教学地位和作用的基础上，积极开展好具体的教学活动，实现预期的育人目标。

2. 全面把握思政课实践教学的课程属性

思政课实践教学不仅是一种教学方式，更是一门独立设置的课程。如果实践教学仅仅被视为实现教学目标的一种教学方式，那么它对于整个思政课而言就有其存在的偶然性，即是可有可无、可这样也可那样地开展的一种教学方式，更缺乏教学制度规定上的计划性、规范性和强制性。然而，作为独立设置的实践教学课程，它已具备相应的教学大纲、教学计划、教学内容、教学形式、教学过程、教学考评、教学时数和学分规定等诸多课程要素。

实践教学也不仅仅是思政课课堂教学的一个教学环节，而是一种完整系统的课程教学活动。尽管实践教学仍然是思政课课堂教学过程的一个环节，但作为一门课程的实践教学已形成相对完整独立的系统。它已具备一门课程所应有的基本要素，具有完整的表现形式，展现独立的存在地位，发挥重要的育人作用。因而，高校师生应当进一步重视和认真对待思政课实践教学，积极推进并保障实践教学正常有序地实施和开展。

（二）思政课实践教学的制度建设有待进一步完善

认识是行动的先导，制度则是行动的保障。在全面深入认识思政课实践教学重要地位和作用的基础上，各级教育行政主管部门和高校党委、有关职能部门还需要进一步细化完善相关制度。

1. 思政课实践教学的制度保障需进一步加强

对于思政课实践教学而言，没有制度做保障，就没有师生对之应有的重视，更没有操作实施上的规范性、计划性和完整性，也就难以取得应有的教学成效。制度建设不足，会给实践教学的具体实施带来诸多不便。例如，教学内容与任务、计划与实施方面的制度不完善，可能会使实践教学的开设与执行具有较大的偶然性和随意性；监督与考评机制的不完善，可能导致实践教学常常流于形式，名不副实；师资与经费的制度保障不足，可能会让实践教学，特别是课外实践教学的开展捉襟见肘。因此，在思想政治理论课实践教学的内容与任务、计划与实施、监督与考评、师资与经费以及平台建设等方面，各级教育行政主管部门、高校党委和有关职能部门还需要进一步加强和完善制度建设，用规范性文件对实践教学予以专门规定和明确安排。

2. 思政课实践教学的考评机制需进一步科学化

2020 年 10 月，中共中央、国务院印发《深化新时代教育评价改革总体方案》，强调指出，要遵循教育规律，针对不同主体和不同学段、不同类型教育特点，改进结果评价，强化过程评价，探索增值评价，健全综合评价。思政课实践教学是一门以实践活动为主的思想政治理论课，对学生的思想政治教育贯穿于实践活动的全过程。教师的指导和学生的实践对于实践教学课程目标的达成效果极其关键。因此，对实践教学课的教学评价不仅要注重结果评价，关注学生最后形成的实践成果，还应当重视过程评价，一方面要看学生是否真正实践、实践什么、怎么实践、实践得怎样，另一方面要看教师是否真正指导、怎么指导、指导得怎样；不仅要重视对书面性成果的评价，关注学生提交的实践证明材料，还要重视演示性成果的评价，了解学生具体的实践过程展示。显然，科学合理的考评机制对思政课实践教学活动具有重要的督促、检验、改进作用。

（三）思政课教师对学生实践活动的指导需进一步提升

不论是教书育人还是实践育人，都是高校教师的本职工作和使命担当。对思政课实践教学而言，首先是思政课教师认识要到位，能力要提升。在尊重和发挥学生主体作用的前提下，教师应充分发挥自身的主导作用，加强对学生实践活动的指导，以更好达成实践教学的育人目标。

1. 进一步指导学生在实践活动中将马克思主义理论与社会实际相结合

一方面，理论需要回到实践，没有付诸实践的理论是空洞的；另一方面，实践需要理论指导，没有理论指导的实践则是盲目的。在对马克思主义理论的理解把握、认同宣传、实践运用、完善发展中，不仅各门思政理论课之间应当相互补充、相互支持，理论课程与实践课程也应相辅相成、相得益彰。在实践教学中，师生必须认清并处理好这些辩证关系。特别是思政课教师，应当以自身较好的知识结构和较高的马克思主义理论素养，指导学生将马克思主义的基本立场观点方法与社会实际相结合，尤其注重以习近平新时代中国特色社会主义思想为指导，深入社会生活，在各项社会实践中增强观察问题、分析问题和解决问题的能力，促进大学生在德智体美劳各方面的全面发展。

2. 进一步指导学生将实践教学与专业学习相结合

思政课实践教学开展十余年来，积累了丰富的实践教学经验，并逐步向专业学习融合渗透。所以，在实践教学中，一方面，教师要指导学生与时俱进、丰富多样地开展好实践活动。例如实时更新实践活动主题和内容，利用新的实践活动平台和手段，展现新的实践活动形式和成果。另一方面，教师还要指导学生将实践教学与专业学习有机结合，不断拓展实践活动的范围。马克思主义是科学的世界观和方法论，不仅对一般性的社会实践活动具有指导意义，对大学生的专业性实践活动和具体科学的发展也具有指导意义。因此，教师要引导学生正确认识和处理思政课实践教学与专业学习的辩证关系，将实践教学与专业实践适当结合，促进全面的实践教学课程建设，构建立体化的实践育人协同体系。例如，学生可以将实践教学活动与专门性的发明创造相结合，或者与专业的艺术创作、舞台表演、研究探索相结合，等等。同专业学习相结合的实践教学，有助于提高学生的专业技能，培养高素质的专门人才，也能使学生从中深受思想政治教育，成长为服务于中国特色社会主义建设的可靠人才。

3. 进一步指导学生将实践教学与其他社会实践相结合

不论从实践育人的目的看还是从实践教学的内容看，思政课实践教学与大学生其他社会实践育人活动都具有本质上的相通性。思政课实践教学是国家实践育人体系的重要组成部分，实践教学、军事训练、社会实践活动是实践育人的主要形式，要把实践教学与社会调查、志愿服务、公益活动、专业课实习等结合起来，引导大学生走出校门，到基层去，到工农群众中去，这是思政课实践教学与大学生其他社会实践的共同要求。因此，马克思主义学院和校团委、学工部、教务处等部门之间要积极沟通、加强协作、整合资源，共同抓好大学生的思想政治教育工作，不仅要提高实践教学各种资源，如经费、师资、平台等的有效利用率，而且要提高实践育人的实效性。

（四）思政课实践教学的课程建设需进一步加强

作为思政课课程体系中的一门单列课程，思政课实践教学已经具备一门课程应有的基本要素，例如教学大纲、教学内容、教学形式、教学平台（包括网络实践教学平台）、学时学分、考评制度等。随着新时代对实践教学要求的不断提高和高素质人才培养需要的拓展提升，高校还需要进一步加强思政课实践教学的课程建设。

1. 进一步加强实践教学教师队伍建设

兴国必先强师，要高标准实现思政课的育人功能，离不开一支高素质的教师队伍。长期以来，在思政课专任教师队伍建设方面，一些高校还不同程度地存在着重视不够、数量不足、能力有限等问题，特别是能胜任实践教学指导任务且经验丰富、年富力强的教师数量不足。思政课教师能否能胜任实践教学指导工作，不仅需要具备良好的马克思主义理论素养，还要具有良好的综合能力，如组织管理能力、协调沟通能力等，更要善于走出课堂，与外界社会接触，愿意深入学生群体，悉心指导学生实践。近年来，在党和国家的重视与支持下，思政课教师队伍逐步壮大，但既擅长理论教学又善于实践指导的教师仍然相对不足。因此，高校应进一步强化思政课实践教学教师队伍建设，完善选拔、培养、激励机制，形成一支专职为主、专兼结合、素质优良、数量充足的思政课实践教学教师队伍。

2. 进一步加强实践教学教材建设

教材是课程教学得以开展和实施的重要保证。成熟的教材可以从教学理念、教学内容、教学形式、教学思路、教学程序、教学方法、教学考评、教学案例以及教学资源等方面，系统构建和组织课程教学，对课程实施给予有益参考和指导。近年来，许多高校都在不断探索和完善思政课实践教学，尤其是在实践教学的实施手册、制度规范建设方面有明显发展和进步，然而相对成熟和完善的思政课实践教学教材还不多见。为更好推动思政课实践教学良性发展，高校有必要加强思政课实践教学的教材建设，选好教材，用好教材，更主动积极地研发教材，充分发挥教材的指导作用。

第二章
高校思想政治理论课实践教学体系的构建

习近平总书记曾强调，"'大思政课'我们要善用之，思政课不仅应该在课堂上讲，也应该在社会生活中来讲"。实践教学是高校思想政治理论课课程体系和全面实践育人协同体系的重要组成部分。要切实提高实践教学的有效性，实现立德树人的教育根本任务，就必须构建和不断完善思政课实践教学体系。从基本结构来看，思政课实践教学体系主要包括实践教学的指导思想、目标要求、教学主体、教学内容、教学形式、物质平台等基本要件。同时，还必须将思政课实践教学纳入全校实践育人协同体系中做通盘考虑和统筹安排。

一、思想政治理论课实践教学的指导思想和目标要求

思政课实践教学本质上属于思想政治理论课教育教学范畴，与现行各门思政理论课程的指导思想和总体目标要求是一致的。

（一）思政课实践教学的指导思想

思政课实践教学以马克思列宁主义、毛泽东思想、邓小平理论、"三个代表"重要思想、科学发展观、习近平新时代中国特色社会主义思想为指导，贯彻落实教育必须为人民服务、为中国共产党治国理政服务、为巩固和发展中国特色社会主义制度服务、为改革开放和社会主义现代化建设服务，必须与生产劳动和社会实践相结合的教育方针。思政课实践教学以立德树人，培养担当民族复兴大任的时代新人，培养德智体美劳全面发展的社会主义建设者和接班人为根本任务。实

践教学要遵循科学实践观，坚持理论学习、创新思维与社会实践相统一，注重实践养成，实现实践育人。

实践教学是思想政治理论课课堂教学的延伸和重要载体，应充分体现"贴近生活、贴近社会、贴近学生"的三贴近原则，全面落实"全员育人、全过程育人、全方位育人"的"三全"育人理念，细化育人过程，优化育人环境，实现思政课"知情意信行"的有机统一。同时，实践教学还要体现时代特色，紧扣时代脉搏。当前，实践教学要引导大学生深刻领会和把握社会主义核心价值体系，自觉培育和践行"富强、民主、文明、和谐，自由、平等、公正、法治，爱国、敬业、诚信、友善"的社会主义核心价值观，坚定大学生对中国特色社会主义的道路自信、理论自信、制度自信、文化自信，增强实现中华民族伟大复兴的信心和使命感。

（二）思政课实践教学的目标要求

思政课实践教学目标即学生通过实践教学活动，在理解和掌握思想政治理论知识，塑造和提升自身的思想政治素质和践行能力方面应该达到的标准或者水平，教学目标在整个实践教学过程中起着定向作用。作为思政课组成部分的实践教学，其教学目标不能偏离思政课的教育教学目标，而是要服务于思政课的总体目标，并与其协调一致。

思想政治理论课的总体目标是通过学习马克思主义基本理论和马克思主义中国化时代化理论成果，特别是学习习近平新时代中国特色社会主义思想，学会运用马克思主义立场、观点、方法认识问题、分析问题和解决问题，结合国际国内的复杂形势，正确认识中国国情和人类社会发展的一般规律，坚定走中国特色社会主义道路，深刻领会实现中华民族伟大复兴的中国梦的历史使命，树立正确的世界观、人生观、价值观、道德观和法治观，最终实现自身德智体美劳全面发展，成为中国特色社会主义建设者和接班人。因此，围绕思政课总体目标，实践教学更要注重针对思政课学习重点、难点以及社会热点，结合大学生的兴趣和关注点，把课堂讲授的思想政治理论和大学生的学习实践、生活实践、校园实践、与课程内容相关的校外实践结合起来，形成针对性和操作性强、具有多层性和多维性的思政课实践教学的具体目标体系。

1. 思政课实践教学的情感态度价值观目标

思政课实践教学是显性的德育课程，政治认同、理性精神、法治意识和公共参与是思政学科的核心素养。因此，实践教学尤其要注重社会实践的育人价值，最核心的教学目标就是育人目标，即情感态度价值观目标。具体而言，就是要"教育引导学生树立正确的世界观、人生观、价值观，正确认识世界和中国发展大势，正确认识中国特色和国际比较，正确认识时代责任和历史使命，正确认识远大抱负和脚踏实地，坚定对马克思主义的信仰，坚定对社会主义和共产主义的信念，坚定对实现中华民族伟大复兴中国梦的信心，增强中国特色社会主义道路自信、理论自信、制度自信、文化自信，打牢成长成才的科学思想基础。"① 实践教学的有效开展，为大学生提供了接触社会、直面社会的机会；使大学生更多地了解社会生活，自觉砥砺品行、完善人格、塑造能力；使所学所得内化为科学的世界观和方法论，进而转化为对党和国家的路线、方针、政策的认同，增强对国家、民族、人民的认同和热爱；坚定为共产主义事业奋斗终身的理想和信念，学会把个人的前途命运和自我价值的实现与国家的发展联系起来，坚定中国特色社会主义共同理想，坚定"四个自信"，树立家国情怀，自觉肩负起实现中华民族伟大复兴的重要使命；将课堂理论与社会实践紧密结合，通过实践的检验和充实，做到真学、真懂、真信、真用，自

---

① 教育部：《普通高等学校马克思主义学院建设标准（2019年本）》（教社科函〔2019〕9号）。

觉用科学理论指导自身的实践行为。

2. 思政课实践教学的知识目标

坚持实践对认识的检验和深化作用，是中国传统"知行观"的重要观点，同时也是马克思主义认识论的一个基本观点。实践教学一方面以思政课教学内容为主题，选择适当的实践方式，让学生在调查、参与、思考、互动的过程中理论联系实际，加深对马克思主义基本理论和中国特色社会主义理论的认识、理解和认同，巩固和检验所学的思想政治理论知识；另一方面，通过实践教学，依托教材而又超越教材，引导学生进一步了解世情、国情、党情、民情，从而拓展思想政治理论知识范围，这是思政课实践教学最基本的目标，即知识目标。

思政课实践教学的知识目标主要包括两个方面：一是通过实践教学帮助学生更深入系统地理解和掌握各门思想政治理论课中的主要理论、知识和科学思维方法。如增进对马克思主义基本原理，伦理知识法律知识，毛泽东思想和中国特色社会主义理论体系基本知识以及中国近现代历史知识的学习和掌握。当前，实践教学尤其要帮助学生增进对习近平新时代中国特色社会主义思想的学习，增进对党史、新中国史、改革开放史、社会主义发展史的认识。二是通过实践教学帮助学生拓展社会知识和生活知识，特别是对世情、国情、党情、民情的认识。另外，学生还应初步掌握实践教学课程的基础知识，如实践教学的重要意义，实践教学的主要教学形式，拟制社会调查计划、撰写调研报告、观读心得或科研论文的基本方法和技巧等。

3. 思政课实践教学的能力目标

通过实践教学增强学生对教材知识内容和经典著作的阅读理解力以及对知识的融会贯通能力，尤其是提高学生运用马克思主义立场、观点、方法思考问题、分析问题和解决问题的能力，也提升学生的历史思维能力、底线思维能力等，这是思政课实践教学首要的能力目标要求。同时，实践教学的能力目标还包括：通过实践教学锻炼学生的创新思维能力、探索研究能力和"敢闯会创"创业能力，训练学生在社会生活实践中的自我管理、人际交往、协调沟通能力，提升学生的科研学术论文的撰写能力和语言文字的表达能力，等等。

综上所述，实践教学目标具有多维性和多层次要求，总体来讲是为了达到实践育人、立德树人的总体目标。思政课实践教学应在传授基础理论的基础上，突出锻炼大学生实践能力，培养大学生社会情感，完善大学生人格修养，促进其自由全面发展，彰显思政课作为立德树人关键课程的重要作用。

二、思想政治理论课实践教学的主体

思政课实践教学是一个复杂的系统，由众多相互联系、相互影响、相互制约的要素构成，这些要素具体包括实践教学主体、实践教学教育目标、实践教学内容和形式、实践教学方法和技术、实践教学过程与管理等。实践教学中的主体是思政课实践教学系统中最基本也是最重要的要素。尽管实践教学主体构成复杂，但大学生和思政课教师无疑是最主要的主体。师生之间可谓互为主体的关系，在互动教学中有效地实现教学相长，促进师生的共同进步。大学生是实践教学的首要主体，是实践教学活动的直接参与者和受益者；教师则是实践教学的又一重要主体，是实践教学的主导者、引导者。广义上，高校里的各类"政工"部门及其工作人员也是思政课实践教学的主体，担负着管理和指导实践教学的特定职能和职责。

（一）大学生是思政课实践教学的首要主体

大学生是思政课实践教学的首要主体，是实践教学的实施者、承担者和受益者。当然从更广泛意义上讲，大学生也是实践教学的客体，是受教育者、被塑造者。强调学生的主体地位，是实践教学的突出特征之一。学生的主体地位既体现在他们的主体性接受意识和主体性实践活动上，也体现在他们参与实践活动的能动性和创造性上。学生在教师的指导和帮助下，通过践行思想政治理论课的教学内容，使知到行的转化成为可能，由真信到真行，实现知行统一，不断提高自身的思想政治素质和道德素质。确认学生的主体地位，发挥和尊重学生的主体性，是对其独立自主性、能动创造性的尊重、肯定与承认，是现代思想政治理论课教育教学的基本理念，也是实践教学体系能够良性运行的关键所在。特别是，只有大学生对自身在实践教学中的主体地位有了充分认识，才能真正激发其在参与实践教学活动时内在的学习主动性、积极性和创造性，才能由被动的价值引导转向主动的自主建构，从教学输入转化为教学生成，从而最大化地实现实践教学的价值目标和实效性。

增强实践意识和主体意识是思政课实践教学的重要目标之一。首先，实践意识意味着大学生应该从实践的观点去学习理论知识，观察、分析、研究社会现象，而不要把理论知识和社会现象仅仅当作外在于己的"纯粹"客体。其次，权利意识与义务意识则是主体意识最重要的两个方面。它们既具有认识论的含义，又具有伦理学的意义。从认识论的含义来看，权利与义务是主体认识世界和改造世界的条件和保证；从伦理学的意义来看，权利与义务是主体以人的存在之价值规定作为前提，在认识世界的过程中不断实现对自我的改造和对世界的改造。社会实践对于培养和提升主体意识具有不可替代的作用。参加实践教学活动，既是大学生的权利也是其义务。从权利方面讲，教师应在实践教学中尊重和维护学生作为实践主体的权利；大学生要自觉主动地行使自己作为实践教学主体的权利，在实践教学中逐渐地成长和全面发展。从义务方面讲，教师要充分赋予大学生在实践教学中恰当的责任和合理的学习任务，培养大学生在实践教学活动中的责任承担意识，促使大学生主动而非被动，积极而非消极地参加实践教学活动，从而让大学生明确而深刻地认识到在实践中学习的重要性，积极主动、自愿自觉、执着专一地投身于实践教学的学习中。

思政课实践教学应当充分尊重和激发大学生的积极性、主动性和创造性，注重大学生的主动思考、主动参与、主动探索和主动体验。落实学生的主体地位，就要为学生创造并提供自我教育、自我管理、自我服务的平台、路径和方法。从实践课题的选定、相关资料的收集、实践方案的设计和完善、实践过程的展开、实践方案的调整到实践结束后的总结反思升华，都离不开大学生主动性、积极性、创造性的发挥，都体现着大学生在实践教学中的主体地位。

（二）教师是思政课实践教学的主导主体

思政课教师是实践教学的主导主体，对此可以从两个方面理解。一方面，教师在整个实践教学活动中，始终发挥着掌握和调控的作用，是实践教学活动的驱动者、指导者、组织者、调控者和参与者。思政课教师在理论传授、策划准备、组织管理、总结提升等多方面均处于主导地位。如在实践活动实际开展前，指导教师要讲解实践教学的目的、意义，实践教学的基本方法，实践教学中应注意的事项等；在实践活动过程中要引导学生分析问题，解决遇到的困难，把握实践活动的正确方向和途径，及时调整实践活动进度；实践活动后要引导学生进行总结、交流，形成和展出实践成果。"教师不能只做传授书本知识的教书匠，而要成为塑造学生品格、品行、品位的'大先生'。"[1]有了思想政治理论课教师的参与和指导，才能真正引导学生把社会的要求转化为个体的思想政治和品德要求，实现大学生个体对社会要求的认同、内化，并以此指导自身行为。因此，教师的主导地位对于避免实践活动的盲目性和随意性，把握实践课程的思想导向，引导学生理论联系实际，提高实践课程质量，最终实现实践教学预期目标具有

---

① 《习近平首次点评"95后"大学生》，《人民日报》2017年1月3日。

重要的意义。

另一方面，教师是思政课实践教学的主导主体，体现在教师在向学生灌输实践教学基本理论知识的过程中，自己也在不断地按照社会要求和教学要求规范自身的行为，在指导学生开展实践教学的过程中同样也在受着教育和锻炼。"教育者本人一定是受教育的"[①]，"教师要成为学生做人的镜子，以身作则、率先垂范，以高尚的人格魅力赢得学生敬仰，以模范的言行举止为学生树立榜样，把真善美的种子不断播撒到学生心中"[②]。教师实施教育的过程也正是进行自我教育和接受再教育的过程。从这一层面上讲，教师也是实践教学的又一重要的主体。

需要指出的是，由于思政课实践教学的系统性和复杂性，高校团委、学工部、教务处、图书馆等职能部门及其工作人员以及各院系辅导员也是思政课实践教学实施的辅助主体，应与马克思主义学院形成合力，共同担负起对学生实践教学的指导责任。在更广泛的意义上，各专业课教师同样肩负实践育人的重任，在"课程思政"积极推行的当下，专业课教师也是思政课实践教学的辅助主体。教师主导作用的发挥是整个思政课实践教学活动有效和顺利开展的关键和保证。

三、思想政治理论课实践教学的主要内容和基本形式

思政课实践教学有着丰富的教学内容和多样的教学形式，是教学内容和教学形式的统一。实践教学内容首先源于对各门思政课的主要内容如主要知识、主要理论和基本原理的梳理、整合和归纳。其次，实践教学还要结合国内外社会热点和大学生的学习兴趣，甚至结合专业课学习来开展教学活动，因而有着丰富的实践教学内容。实践教学形式是为实践教学内容服务的，实践教学内容的丰富性决定了实践教

---

① 《马克思恩格斯选集》第 1 卷，人民出版社 1995 年版，第 55 页。
② 《中国教育，把答卷写在人民的心上（砥砺奋进的五年）——党的十八大以来我国教育事业改革发展成就综述》，《人民日报》2017 年 9 月 9 日。

学形式的多样性。整合各门思想政治理论课的主要内容，形成思政课实践教学完整的内容体系，进而探索和提炼灵活多样的实践教学形式，对于提高思政课实践教学的实效性具有重要的意义。

（一）思政课实践教学的主要内容

1. 思政课实践教学内容的特点

思政课实践教学属于思想政治理论课课程体系，是显性的德育课程，以立德树人为根本任务。思政课实践教学内容具有以下特点：

第一，实践教学内容具有思想性。思政课实践教学不仅要帮助学生更深刻理解书本中的理论知识，还要引导学生学会深入观察和体会中国特色社会主义建设的伟大历程和巨大成就，形成爱国爱党爱社会主义的自觉意识，践行崇德向善的价值追求。思想性是实践教学内容的首要特点。

第二，实践教学内容具有时代性。思政课实践教学要随时关注马克思主义中国化时代化的最新理论成果，关注社会变迁带来的种种问题，因时而变、因势而新，适时更新实践教学的主要内容。如适时更新社会调查主题，适时调整创新创业项目等。

第三，实践教学内容具有生活性。思政课实践教学与生活携手，与社会同行，贴近学生的实际，让学生能在学习中更好地体验生活、感悟生活、回馈生活。

第四，实践教学内容具有区分性。思政课实践教学是高校全体学生的一门必修课程，虽有统一的教学目标和教学要求，但在具体的教学内容的选择上要有所区别，应紧扣专业特点和学生的不同层次，有针对性地确定实践教学主题，尽可能满足不同专业、不同类型、不同层次大学生的实际需要。

2. 思政课实践教学的主要内容

思政课实践教学的主要内容来源于对现行各门思政理论课主要知

识、主要理论和基本原理的梳理和归纳，同时还要结合国家大势、社会大潮以及生活实践中的鲜活素材、历史故事等，经梳理和整合后，形成实践教学完整的内容体系。具体来看包括以下内容：

（1）有关马克思主义基本原理的实践教学。通过马克思主义经典读书报告会，学术讲座，"青年马克思主义者培养工程"（简称"青马工程"）等实践形式，使学生进一步学习和掌握辩证唯物主义和历史唯物主义的基本方法，学会运用马克思主义的基本理论分析社会现实问题，提高学生辩证地思考问题、分析问题、解决问题的能力。引导学生在勤工助学、生产劳动中体察社会主义市场经济条件下价值规律的作用，学会用马克思主义政治经济学的基本理论分析日常生活中的经济现象，在理论学习和实践活动中坚定"学马、言马、信马、用马"的信心和信念，自觉追随马克思主义，做一名坚定的青年马克思主义者。

（2）有关中国特色社会主义理论的实践教学。通过参观访问、调研座谈等实践形式，促进学生加深对中国特色社会主义本质特征、新时代社会主要矛盾的认识；深刻领会新时代中国特色社会主义建设和发展所处的历史阶段和新的历史方位，充分认识中国特色社会主义事业"五位一体"总体布局和"四个全面"战略布局；在实践中感受社会主义制度的优越性和生命力，增强中国特色社会主义道路自信、理论自信、制度自信、文化自信，深刻认同和自觉接受理论教育和指导；正确看待我国社会发展工作中的困难和不足，做好为实现中华民族伟大复兴的中国梦而奋斗的知识储备和精神准备。

（3）有关"四史"学习中的实践教学。习近平总书记强调，"历史是最好的教科书"[①]，"历史的经验值得注意，历史的教训更应引以

[①]　《习近平谈治国理政》第 1 卷，外文出版社 2018 年版，第 405 页。

为戒"①。通过影视赏析、参观访问、主题展览等实践形式实现"历史再现""历史反思",帮助学生提高历史思维能力,认清历史趋势,运用历史智慧总结历史经验。要引导学生重温并牢记党史、新中国史、改革开放史、社会主义发展史,牢记中国共产党为中国人民谋幸福、为中华民族谋复兴的实践,不忘仁人志士和先辈的艰辛探索与奋斗牺牲,懂得中国共产党团结带领中国人民进行的一切奋斗、一切牺牲、一切创造的主题就是实现中华民族伟大复兴,感悟中国波澜壮阔的革命历史以及中国人民选择马克思主义、选择中国共产党、选择社会主义道路、选择改革开放的历史必然性。

(4)有关理想、信念的实践教学。通过"观经典作品""走红色之路""访革命旧址"等实践形式,开展以"爱党爱国和爱社会主义相统一""维护祖国统一和民族团结"等为主题的实践活动,使学生树立正确的理想信念、厚植家国情怀,增强对中国共产党的感恩之情、信任之感。引导学生在经济全球化形势下做忠诚、理性的爱国者,自觉维护国家利益、促进民族团结、维护祖国统一、增强国家安全意识。也可通过"畅青春梦想""论人生之路""赞英雄人物"等主题实践教学活动,帮助学生树立科学的理想信念,认清自己所处的历史方位和所肩负的时代使命,增强实现中华民族伟大复兴的信心和决心;牢固树立中国特色社会主义共同理想,实现个人理想与社会理想的有机统一;引领学生自觉践行社会主义核心价值观,形成科学人生观、价值观,把社会价值和自我价值统一起来,在对社会的贡献中实现自身价值,在实践中创造有价值的人生。

(5)有关法治思想和法治素养的实践教学。通过"模拟法庭""案例聚焦""法律援助"等实践形式开展法治观教育实践活动,帮助学生树立社会主义法治理念,培养社会主义法治思维,维护社会主义

---

① 《习近平谈治国理政》第1卷,外文出版社2018年版,第390页。

法律权威；自觉遵守公共生活、学校生活、家庭生活中的法律法规，深刻领悟尊法学法守法用法的重要性，增强法律意识，增强法治观念，自觉遵守宪法和法律，善于运用法律武器保护自己的合法权益，敢于同违法犯罪行为作积极斗争。

（二）思政课实践教学的基本形式

实践教学形式是指在实践教学中借助各种教育技术手段和环境条件，围绕实践教学内容，为激励学生主动参与、主动实践、主动探索和主动创造，全面提升学生思想政治素质和思想政治理论素养而采用的各种教学类型和方式。实践教学形式根据不同的标准有多种分类方法。目前，学界有主张"二维说"的，即分为体验型和研究型两种形式；有主张"三维说"的，即分为社会实践、课堂实践、科研实践三种形式；有主张"四维说"的，即分为基地教育、社会实践、案例教学、研究实践四种形式；有主张"五维说"的，即分为感知性实践教学、内化性实践教学、探索性实践教学、体验式实践教学、合力性实践教学五种形式。[①] 上述分类要么是理论上的区分，在教学实践中难以截然分开，要么有重叠交叉的现象，不够严谨。这里拟以思政课实践教学开展的空间场域为标准，简洁地将实践教学分为课堂内实践教学（简称课堂实践教学）和课堂外实践教学（简称课外实践教学）两种基本类型，而课外实践教学再分为校内实践教学和校外实践教学两种基本形式。同时，随着实践教学的深入开展和互联网技术的迅猛发展，一些新的实践教学形式，如网络实践教学（也称线上实践教学）等正在兴起并深受新一代大学生的欢迎。思政课实践教学也应借助互联网技术积极探索实践教学的新形式和新手段。

[①]　蔡伟：《论教学形式系统》，《课程·教材·教法》2005 年第 5 期。

1. 课堂实践教学的主要形式

课堂内实践教学，是指教师以课堂为载体，以学生为主体，指导学生参与课堂讨论、辩论比赛、情景模拟、主题演讲、知识竞赛、影视作品赏析等活动，将理论寓教于乐、寓教于行的一类实践教学形式。它充分体现了思想政治理论课的实践性特征。课堂实践教学与课堂理论教学有着更为紧密的联系，本质上属于课堂理论教学的一个重要环节。课堂实践教学有其自身的特质和优点，如方便组织，无须专门经费，更便于学生加深对思政理论内容的认知和理解，激发学生对思政理论课的学习兴趣，提高课堂教学效果。因而即使在实践教学已逐步成为一门单列课程的时候，课堂实践教学也仍然是一类重要的实践教学形式，仍需要积极探索和完善。这里仅就课堂实践教学的部分形式进行介绍。

（1）主题辩论赛。辩论也称论辩，是指意见相左的双方或多方围绕某个问题或辩题进行的思维技巧上的争锋，目的是确立自己观点的正确性并"批驳"对方的观点。常言道"真理越辩越明"。主题辩论是学生认识真理、"捍卫"真理，进而强认知、明是非、知利弊的一种重要实践形式。学生参加主题辩论，有助于其加深对理论难点的理解，促进对生活热点和社会焦点问题进行更全面更深入的认识和思考。主题辩论还有利于活跃课堂氛围，提高学生参与其中的积极性和主动性。不过，作为一种赛制的主题辩论，其首要功能是锻炼学生的逻辑思维能力、临场应变能力和语言组织表达能力。这就要求教师所设计的辩论赛主题首先应具有思辨性和可辩性。辩论主题还应有一定的理论认知和社会认知价值，要根据教学内容和进度，结合社会焦点或热点问题设计辩论赛主题，避免主题辩论赛沦为一种单纯的文字游戏或语言游戏。

（2）情景模拟。即教师根据教学内容需要，紧扣主题和现实生活模拟设置一定的场景，让学生扮演一定的角色，身临其境地体验和感悟生活，从而受到启迪、思考和教育的一种实践教学形式。常见的情景模拟教学如组建模拟法庭，让学生了解审判程序，强化学生的法治观念。再比如设置"老人摔倒了扶还是不扶"的道德生活场景，让学生进行道德选择和道德评价等。情景模拟既可以加深学生对生活的认识和感悟，有利于巩固知识并提升自我的道德认识和思想政治素质，也可以提升学生从多角度认识和把握问题的能力。

（3）主题演讲。教师根据教学内容或者特殊的节日纪念需要，选取一定的主题，组织学生开展演讲比赛。比如结合大学学习生活规划选取"我的大学我做主"演讲主题，结合"五四运动"纪念日选取"青年梦、中国梦"演讲主题，结合"一二·九运动"选取"我和我的祖国"演讲主题，等等。主题演讲对于升华教学内容，激发大学生的爱国热情，培养大学生的荣辱感、使命感、责任感以及锻炼学生口头语言表达能力等都具有独特的优势。

（4）作品赏析。这里的作品指主旋律影视作品。课堂教学中教师可根据思政课特定内容和教学目标的需要，选取思想性、历史性、文化性、艺术性较高的经典影视作品，经适当剪辑后，组织学生观看和赏析。鲁迅曾提出"用活动电影来教学生"。影视文化是当代最有影响力的大众文化之一，它综合了音乐、舞蹈、戏剧、美术、建筑等各种艺术形式，以其生动逼真的视觉效果，雅俗共赏的艺术形式吸引着亿万观众，兼具认识、教育、娱乐、审美功能。组织学生带着问题和任务集中欣赏经典作品，更能起到直观地学习、理解和拓展教学内容的目的，因而作品赏析在课堂实践教学诸多形式中有着特殊的优势。

需要指出的是，课堂实践教学是附属于课堂理论教学的一个教学环节，是师生实现理论教学任务的辅助手段，切不可为了某种"热闹"的效果，而把课堂理论教学的主要精力和时间用于组织过多的课堂实践教学活动。另外，课堂实践教学的各种形式并非要求在每一次的课堂教学中都要采用，而应根据各门思想政治理论课的主要内容、教学进度和学生专业特点，有计划适时地选取开展。

2. 课外实践教学的主要形式

课堂外实践教学形式，是思政课教师或高校其他教师根据学校教学计划，有组织、有目的、有步骤地带领学生利用寒暑假或节假日等课余时间走出教室走出校门，深入社会生活、关注社会现实、了解社情民意、服务经济社会发展的一种实践教学形式。广义上，课外实践教学包括了在课堂外但又在校园内进行的实践教学活动，如思想政治理论经典著作阅读，"青年马克思主义者培养工程"，校园文化建设活动等，它是对课堂实践教学的延伸和拓展。课外实践教学是"把实践教学与社会调查、志愿服务、公益活动、专业课实习等结合起来"要求的典型体现，因而成为高校实践育人体系的重要组成部分。由于课外实践教学已被赋予了专门的学分和学时，并有专门的教学大纲和特殊的考评机制等课程基本要素，因而已逐步演变为一门单列课程了。

课外实践教学是马克思主义理论联系实际学风要求的生动体现，是大学生遵循科学认识论学习成长的有效途径，因而有着更为深厚的实践育人价值。课外实践教学形式也是多种多样的，这里主要介绍在高校现行管理体制下，可由思政课专任教师担纲或参与的部分课外实践教学形式。

（1）思想政治理论经典著作阅读。书籍是人类进步的阶梯，是人类的营养品，好的书籍是智慧的钥匙。笛卡尔说过：读一切好的书，就是在和一位高尚的人谈话。思想政治理论经典著作包括马克思、恩格斯、列宁这些马克思主义经典作家的著作和我们党的重要文献，这些著作和文献不仅理论上博大精深，更是科学性、人民性和实践性的高度统一。阅读思想政治理论经典著作是学习马克思主义的重要手段之一。阅读经典著作并写出读书笔记或读书心得，对于促进大学生增长知识和开拓视野，拓展其对思想政治理论学习的深度和广度，提高其思考能力、自学能力和书写能力都有着积极意义。但由于大学生的专业类别不同，文化修养有差异，因而在开展经典著作阅读活动时应注意：一是要根据学生的专业背景与知识基础的差异，推荐难易适中的阅读书目，尽量避免学生"啃不动经典"并抄袭他人学习成果的现象；二是适当采用竞赛式、讨论式、沙龙式等阅读实践形式，以激发学生的阅读积极性；三是督促学生写好读书心得、读书笔记，适时开展阅读成果展，做好总结提升工作。

（2）马克思主义理论宣讲。判断学生是否学懂、学好理论的最简单方法就是看其能否深入浅出地把所学理论用大家听得懂、愿意听的语言说出来，讲清楚。同时，要坚定对理论的认可，增强理论的接受度，增强理论自信的最直接方法是在公众场合，大胆地理直气壮地宣讲、传播理论。开展马克思主义理论宣讲的实践活动，是增强学生学习实效，检验学生学习成果的有效路径。可以组织、动员学生积极加入学校"青年马克思主义者培养工程"和"大学生理论宣讲团"等社团。一方面，围绕学习宣传党的二十大精神和习近平新时代中国特色社会主义思想，围绕社会主义核心价值观，围绕思想政治理论课热点难点问题，定期开展理论学习，增强自身的理论修养。另一方面，借助"三下乡""青马工程"或校园文化建设平台，深入农村、街道、社区等积极开展理论宣讲活动。值得注意的是，要有效地实施理论宣讲，必须充分发挥思政课教师的作用，相关社团或宣讲团可聘请优秀思政课教师担任理论导师，把关理论内容和指导宣讲技巧。

（3）社会调查研究。深入实际、深入基层进行社会调查研究活动，是坚持马克思主义认识论和方法论的生动体现。在新民主主义革命时期，毛泽东曾紧紧围绕中国社会各阶级的情况、蓬勃兴起的工人运动和农民运动，尤其是土地革命和武装斗争、根据地建设等重大问题，展开过广泛深入持久的调查研究，并撰写了著名的《湖南农民运动考察报告》《兴国调查》等一系列调查报告。他特别提出了"没有调查，没有发言权"的科学论断。在新的历史时期，邓小平、江泽民、胡锦涛、习近平等党和国家领导人都十分重视和强调社会调查研究在领导工作、科学决策等方面的重要作用。习近平总书记指出："要了解实际，就要掌握调查研究这个基本功。要眼睛向下、脚步向下，经常扑下身子、沉到一线，近的远的都要去，好的差的都要看，干部群众表扬和批评都要听，真正把情况摸实摸透。"① 历史经验证明，各种问题的解决都取决于正确的决策，而正确的决策来源于对客观实际的周密调查研究。调查研究已成为我们党一贯坚持的工作方法，成为"谋事之基，成事之道"。

对于大学生而言，在思想政治理论课的教育教学中，大兴调查研究之风，掌握调查研究的基本方法也是非常重要的学习和锻炼经历。教育部有关文件规定："每个学生在学期间要至少参加一次社会调查，撰写一篇调查报告。"② 社会调查研究是实践教学中最常用也最成熟的教学形式之一。但开展社会调查和撰写调研报告，是一个更专门的知识和技能领域，对学校对教师对学生都有更高的要求。为此，本教材将在第五章就如何开展社会调查和撰写调研报告的问题作系统而专门的讲解。

（4）参观访问。俗话说"百闻不如一见"。亲身体验更有利于形成最直观的印象和最真切的感受。有调查显示，大学生最喜欢的知识信息的获取方式依次是实地参观（27.2%）、技能训练（26.5%）、多媒体或者网络教学（23.8%）、讲座报告（20.1%）。③ 参观访问结合了思政课和专业课内容的特点，在思政课教师的指导下，到革命纪念馆、烈士陵园、伟人故居、博物馆、优秀企业、新农村等进行参观、考察、访问。通过亲身参观体验，学生能够形成最直接的印象和最深

---

① 《习近平在中央党校（国家行政学院）中青年干部培训班开班式上发表重要讲话　强调信念坚定对党忠诚实事求是担当作为　努力成为可堪大用能担重任的栋梁之才》，《人民日报》2021 年 9 月 2 日。

② 教育部等部门：《关于进一步加强高校实践育人工作的若干意见》（教思政〔2012〕1 号）。

③ 范高社：《新媒体时代大学生思想政治理论课实践教学改革刍议》，《理论导刊》2014 年第5 期。

刻的感受。这种走出校门的实践教学形式对学生具有较大的吸引力，有利于学生掌握知识、练就本领。特别是对革命纪念馆、革命遗址等红色文化场馆的参观访问，对于把信念的火种、红色的基因一代代传下去，让革命事业薪火相传、血脉永续有着其他实践教学形式或课堂教学形式难以替代的优势。因此，学校主管部门和马克思主义学院应积极与地方相关部门加强合作，尽快形成政府、社会、学校协同联动的"实践育人共同体"，充分挖掘地方实践教学的政治资源、经济资源和文化资源，建设长期稳定的实践教学基地，学生可以随时参观访问、学习实践。理论学习与参观访问紧密结合，既丰富了思政课的教学内容，强化学生对中国特色社会主义道路、理论、制度、文化的理解和认识，又彰显了实践教学的地方特色。因而参观访问是思政课应该长期坚持的一种实践教学形式。

（5）志愿服务和公益活动。人民群众是世界历史的创造者，这是唯物史观的基本结论。全心全意为人民服务是中国共产党的根本宗旨。作为国家未来与民族希望的大学生，利用课余时间做一些志愿服务和公益活动，将自己所学的知识和所掌握的本领回馈社会、服务群众，既是党和政府对大学生的起码要求，也是大学生实现人生价值的初步尝试。作为课外实践教学形式的志愿服务和公益活动，重点在于引导学生依托所学专业知识，结合专业实习，为社会大众开展科技、文化、卫生等领域的服务活动。在开展志愿服务和公益活动时应注意：一是结合专业特点，发挥专业特长。比如：艺体类学生可以深入城乡社区开展义演活动，或者开展体育锻炼的辅导活动，丰富社区的文体和精神生活；经管类学生可以组织义卖活动，普及宣讲金融基本常识；文史类学生可以到社区进行感恩主题诗歌朗诵，到爱国主义教育基地做公益讲解员，或到中小学给孩子们做非营利性的文化课辅导；理工农医类学生可以开展科普宣传和科技服务活动；社工专业的学生可以深入社区、街道、敬老院、孤儿院做义工，等等。二是开展过程中要有组织保障，注意安全。三是要防止公益活动流于形式，要注意其实效性和长效性。总之，志愿服务、公益活动的实践教学参与面广，既能提高学生灵活运用专业知识的能力，又能使学生的专业知识在社会实践中得到检验、总结、提高，同时还能培养学生服务社会、服务人民的服务意识、奉献意识和责任意识。

课外实践教学在更加广阔的时空场域中开展，不受课堂时间、场地的限制，实践教学资源更加丰富，实践教学过程张弛有度、动静结合，学生参与面广，更能调动学生参与的积极性、主动性和创造性，具有促进学生巩固知识、开阔视野、调节身心、活跃思维、提高能力的优点。根据过往经验，课外实践教学也是最受学生欢迎、育人效果最为显著的实践教学形式。但是课外实践教学的人力和物力投入量大，运行周期长，组织协调难度大，不仅对大学生的自觉性和自我组织管理能力提出了要求，也对学校和教师的组织管理、经费保障、安全措施等提出了较高要求。因而应将课外实践教学纳入高校社会实践育人体系进行通盘考虑和定位，加强顶层设计，做到组织上有经费保障，实践前有周密计划，实践中有分类指导，实践后有总结巩固和提升。

3. 思政课网络实践教学

如前所述，本教材将思政课实践教学分为课堂实践教学和课外实践教学两种基本类型，是根据实践教学的空间场域来划分的，但这并不否认以其他标准对实践教学进行分类的合理性。同时，还应看到一些新的实践教学形式正在形成，如网络实践教学就逐渐成为一种很有生机的实践教学新形式。

随着互联网技术的迅速发展和日渐成熟，网络以其动态性、即时性、交互性和多点对应性传播等特点，提供了丰富的信息资源和快捷的服务，正成为大学生首选的信息获取方式，也是大学生课程学习、社会实践、科研活动以及人际交往的重要方式。2021 年 8 月中国互联网络信息中心发布的第 48 次《中国互联网络发展状况统计报告》显示，截至 2021 年 6 月，我国网民规模达 10.11 亿。其中 20—29 岁年龄段网民的占比较高，其生活类需求、精神类需求、发展类需求均在互联网上得到满足，对互联网的价值非常认可。以微博、微信等为代表的新媒体，深刻影响和改变了当代大学生的学习和生活方式。

互联网技术的迅速发展和日渐成熟，对思政课及其实践教学的教育教学而言既是挑战也是机遇。早在 2004 年，中共中央、国务院《关于进一步加强和改进大学生思想政治教育的意见》里就要求各高校主动占领网络思想政治教育阵地，形成网络思想政治教育工作体系，牢牢把握网络思想政治教育的主动权。近年来，高等教育中网络教学（线上教学）形式方兴未艾。因此，思政课教师一定要善于学习并借助互联网技术，拓展实践教学平台，探索思政课网络实践教学等新形式新方法。但也要看到，互联网技术的发展，微博、微信等新媒体的出现，在拓展实践教学的广度和深度，开拓实践教学新途径的同时，也可能给高校思政工作和思政课的教育教学带来某些消极影响，各个高校相关部门一定要加强网络建设和管理。本教材第四章将就思想政治理论课网络实践教学问题进行专门介绍。

4. "课程思政"中的实践教学

2016 年 12 月，习近平总书记在全国高校思想政治工作会议上指出："要用好课堂教学这个主渠道……使各类课程与思想政治理论课同向同行，形成协同效应。"[1] 2019 年 3 月，习近平总书记进一步强调："挖掘其他课程和教学方式中蕴含的思想政治教育资源，实现全员全程全方位育人。"[2] 这对高校课程思政建设提出了明确要求。近年来高校课程思政建设蓬勃兴起，思政课程与课程思政融合发展的教学

---

[1] 《习近平在全国高校思想政治工作会议上强调：把思想政治工作贯穿教育教学全过程 开创我国高等教育事业发展新局面》，《人民日报》2016 年 12 月 9 日。

[2] 《习近平主持召开学校思想政治理论课教师座谈会强调：用新时代中国特色社会主义思想铸魂育人 贯彻党的教育方针落实立德树人根本任务》，《人民日报》2019 年 3 月 19 日。

改革探索也取得了一定成果。实践教学与课程思政具有内在统一性，应成为高等院校积极探索的思政育人新模式。

首先，实践教学"兼具课程育人和实践育人的双重功能，充分体现了'思政课程'和'课程思政'的同向同行"①。"课程思政"中的"课程"包括了各类专业课程、基础课程和公共课程，或者说包括各类理论课程和实践课程。"课程思政"就是要求各类课程都要体现和贯彻正确的思想政治观念、思想政治要求于其教育教学过程中，要以立德树人作为我国高校各类专业、各类课程教育教学的共同的根本任务和目标。并且，高校全体教师都肩负有"教书"和"育人"的基本职责。

其次，各类课程中的实践教学环节都应贯彻正确的思想政治观念于其教育教学过程中。事实上，各类课程自身都或多或少包含实践教学要求，它或者以课堂教学环节形式呈现，或者以教学方式呈现，有些课程甚至是以"实践"为主要教学形式，如舞蹈课、音乐课、绘画课、体育课等。这些课程的实践教学不仅要实现课程自身特定的教学目标，也要善于挖掘有益的"思想政治教育资源"，要体现和贯彻正确的思想政治观念于其中。例如，文史类课程在其实践教学中，必须秉持唯物史观基本立场，弘扬社会主义核心价值观，有利于坚定"四个自信"，拒绝各种非马克思主义的和错误的社会思潮。理工类课程在其实践教学中也要体现和贯彻辩证唯物论、科学认识论的世界观和方法论。

最后，各类实践性课程教学要重视将正确的思想政治观念、科学的方法论贯彻其中。对于专业实验实践课程，要注重学思结合、知行统一，增强学生勇于探索的创新精神、善于解决问题的实践能力；对于创新创业教育课程，要注重让学生"敢闯会创"，在亲身参与中增

---

① 吴涯：《"四种课堂"打造思政课实践教学有效路径》，《光明日报》2020 年 9 月 22 日。

强创新精神、创造意识和创业能力；对于社会实践类课程，要注重教育和引导学生弘扬劳动精神，将"读万卷书"与"行万里路"相结合，扎根中国大地了解国情民情，在实践中增长智慧才干，在艰苦奋斗中锤炼意志品质。①

四、思想政治理论课实践教学与大学生其他社会实践的关系

思政课实践教学是我国实践育人教育教学体系中的一大组成部分。大学生除了要参加思政课实践教学外，还要参加多样化的社会实践活动。这些社会实践活动，不论是在育人功能和价值取向方面，还是在实践内容和形式方面都与思政课实践教学极具相通之处，同时又在管理机制、教学实施主体、侧重点、覆盖面和考评方式等方面有所区别。经过十多年的教学实践探索，关于思政课实践教学与大学生其他社会实践相互融合、形成合力的呼声越来越强烈。2015 年以来，中央先后出台一系列相关文件，提出明确要求：整合资源强化实践教学，推动思政课实践教学与大学生社会实践活动有机结合，整合思政课教师和辅导员队伍，共同参与组织指导实践教学，要形成实践育人统筹推进工作格局。② 在中央有关文件指导下，各高校结合自身特色，更加重视将实践教学与大学生其他社会实践活动有机统一起来，争取实现高校实践育人功能最大化。

（一）理顺思政课实践教学与大学生其他社会实践的关系

要实现思政课实践教学与大学生其他社会实践的有机结合，必须从实践育人的总体层面进行思考，形成共识，梳理形式，加强实践育人的顶层设计。

---

① 教育部：《高等学校课程思政建设指导纲要》（教高〔2020〕3 号）
② 中宣部、教育部：《普通高校思想政治理论课建设体系创新计划》（教社科〔2015〕2 号）。

1. 形成共识，将思政课实践教学纳入高校实践育人体系进行考量和定位

思政课是落实立德树人根本任务的关键课程，思政课实践教学无疑也具有特别重要的作用。可以说，实践教学是高校实现"教书育人"和"实践育人"相统一的最佳结合点。当前，在我国高等学校实践育人体系的总体规划中，军事训练、实践教学、社会实践活动是实践育人的三大主要形式。其中，除了思政课实践教学外，实践教学还包括与各类专业课程密切相关的实习（见习）、实训、实验、毕业设计（毕业论文）等教学形式。而社会实践活动则包括各类专业学生在学期间都应积极参加的社会调查、生产劳动、志愿服务、公益活动、科技发明和勤工助学，以及已经比较成熟的大学生"三下乡"，"青年马克思主义者培养工程"等育人形式。社会实践育人的诸多形式，不论是在育人功能上，还是在价值目标取向上，或是在实践内容和形式上都与思政课实践教学极具相通之处。随着"课程思政"的提出和推进，即使是专业课程的实践教学也都蕴含了与思政课实践教学相同的德育价值。所以，为形成实践育人合力、提高实践育人实效，必须将思政课实践教学纳入各高校的实践育人体系中进行通盘考量、定位和设计，使实践教学既作为实践育人体系中的重要一环，又具有相对独立性并能发挥特殊的育人功能，既纳入各类专业人才培养方案中，也纳入教务管理系统中，既整合实践育人或实践教学的师资力量，也整合各类实践育人的教学资源，既优化各类实践育人课程内容，也制定每门实践育人课程的教学质量标准和学分要求。此外，各高校还应积极开发多种形式的实践育人校本教材。

2. 全程覆盖，构建完整的实践育人课程体系

要构建完整完善的实践育人课程体系，应对已有的实践育人类别和形式进行梳理、细分和归整，制作完整明了的实践育人课程教学计划表，并合理安排于各个学期中。

首先，将前述实践课程的类别和形式进行梳理和细分。有的实践课程可分为几个阶段开设，如思政课实践教学可为"实践教学Ⅰ""实践教学Ⅱ""实践教学Ⅲ"；"青马工程"可分为初级认知性实践，中级体验性实践和高级提升性实践；科技发明、生产劳动，勤工助学、公益活动等还应列举出更具体的实践活动形式，如参加"挑战杯"可纳入科技实践活动，参加植树可归为生产劳动等。

其次，对于繁多的实践育人形式，经归纳整合后列出并公布实践育人课程教学"清单"，即实践育人课程教学计划表，让师生都能了然于胸。"清单"应明确标示：哪些实践育人形式属必修课程，哪些属选修课程；哪些实践育人形式赋予学时和学分，哪些没有赋予学时和学分；哪些实践育人形式可在课堂教学中完成，哪些须利用课余时间完成。"清单"还要明确标示：完成各类实践育人课程的时间段或开设学期，且寒暑假和节假日的时间也应统筹进去。例如，公益活动、社会调查研究等实践形式大多需要在寒暑假里才能完成。"清单"还应明确标示，哪些实践育人课程可以也应该共享社会实践育人基地资源，可以也应该由思政课专任教师和职能部门的"政工"老师通力合作，共同完成实践育人相关课程。例如，"三下乡""青马工程"等就是应由政工老师和思政课专任教师共同完成的实践育人课程。

最后，实践育人活动实行全程覆盖，即实践育人课程开设要贯穿于大学生的全部学程并区别安排，循序渐进。在大一年级，学生可参加军事训练、专业实习（专业见习）Ⅰ、公益活动（或志愿服务）Ⅰ、"青马工程"初级认知性实践等；在大二年级，学生可参加思政课实践教学、专业实习（实训）Ⅱ、"三下乡"、公益活动（志愿服务）Ⅱ、"青马工程"中级体验性实践等；在大三年级，学生可参加专业实习Ⅲ、创业实践、"青马工程"高级专业性实践等；在大四年级，学生可参加毕业实习、创业项目孵化、挂职锻炼等。

3. 顶层设计，完善实践育人管理体系和运行机制

目前，各高校一般有三大系统在组织学生的实践育人活动。其一是学工部和校团委组织的各类校园文化活动以及志愿服务、公益活动、"三下乡"等，其二是院系组织的专业性实践教学活动，其三是马克思主义学院开展的思政课实践教学活动。尽管这些机构在实践育人的总体目标上是一致的，但是由于岗位职责和工作任务、工作重点不完全相同，当缺乏有效的统筹和协调时，就难以很好地整合利用好校内外现有的实践教学资源，甚至出现实践教学或实践育人活动交叉重复、流于形式等问题。所以，应构建更加科学合理的实践育人管理体系和运行机制。各高校应建立由党委直接领导、协调校行政负责实施、分管校领导具体负责的实践育人领导机构，把包括思政课实践教学在内的实践育人工作列入学校事业发展总体规划。在具体操作上，可由学校教务处牵头，组成马克思主义学院、各相关职能部门和各个学院共同参与的实践育人联动工作机制。同时，将实践育人体系的各项内容纳入各院系本、专科人才培养方案中。有了校级层面的管理协调机构和能通盘计划的运行机制，才能形成实践育人的合力，取得实践育人良好实效，推动高校实践育人工作的可持续发展。

(二) 借助其他社会实践平台提升思政课实践教学质量

在高校现有管理机制下，像"青马工程"、"三下乡"、读书学分、志愿服务等实践育人形式不归马克思主义学院管理，但它们与思政课实践教学特别是课外实践教学具有高度的相通之处。思政课实践教学充分利用大学生其他社会实践平台，对于提升自身教学质量和效率有着十分重要的意义。

为此，各高校应做好三方面工作：一是整合教学资源。学校或各学院所建立的实践教学基地都应向思政课实践教学活动开放。二是优化师资结构。一方面，可遴选和聘请校团委、宣传部、学工部的政工

干部和部分辅导员兼任思政课实践教学指导教师；另一方面，思政课专任教师也可受聘参加到诸如"三下乡"、"青马工程"、读书活动等社会实践活动中去。三是优化整合思政课实践教学与社会实践育人活动的部分内容，以实现专任教师和政工教师共同参与指导工作，并以此为契机试点实践教学和大学生其他社会实践在学分上的互认问题，推动实践教学迈上新台阶。

第三章
高校思想政治理论课实践教学的基本流程

　　高校思政课实践教学的基本流程问题关涉实践教学实施的科学性、可操作性和实效性问题，因而是全体大学生和全体思政课教师，甚至包括肩负实践育人职责的其他人员如辅导员、相关职能部门的政工干部都需要着重掌握的重要内容。本章将在介绍思政课实践教学的五大实施原则：思想性原则、实践性原则、系统性原则、互动性原则和实效性原则的基础上，从课前准备、课堂实施和课后反思三大环节，从第一课堂、第二课堂、线上课堂、翻转课堂和成就课堂五大课堂对实践教学的运行流程进行详细的探究，并对思政课实践教学学分进行设计和配置，以期为开展实践教学活动提供一条可供操作的现实路径。

一、思想政治理论课实践教学的实施原则

　　所谓原则，即说话、行事所依据的准则。思政课实践教学的实施原则就是指在实践教学的实际运行和操作中，由思政课实践教学的内在规定性所决定的，正确处理各种矛盾和关系必须遵循的准则和依据。高校思政课实践教学的实施应遵循以下五大基本原则。

（一）思想性原则

　　思政课实践教学作为当下高校公共课程中同时具有政治显性课程和德育显性的课程，既是一门思政育人课程，也是一种活动育人实践，兼具课程育人和实践育人的双重功能，发挥着鲜明的政治教育、政治宣传和思想引领作用。思政课实践教学最核心的教学目标是立德树人，

即培养德智体美劳全面发展的社会主义建设者和接班人，培养担当民族复兴大任的时代新人。因此，思政课实践教学要凸显育人导向，突出实践教学的价值引领。思想性原则是思政课实践教学实施的首要原则。

在实践教学中，情感态度价值观目标是优先于知识目标和能力目标的。如果说在课堂理论教学中，学生获得了关于"情感态度价值观目标"的理论认识并掌握了关于参加社会实践活动的基本程序、方法和技巧的基本知识，那么在实践教学中，学生主要通过具体的实践活动来体验价值选择，提升自我的思想政治觉悟和家国情怀。只有亲力亲为的实践教学或社会实践才能真正触及学生心灵深处，给学生带来心灵的震撼和升华。在具体教学实施中，我们不仅要告诉学生"是什么"，进行定性的结论式教育，更应在探究过程中，告诉他们应当"做什么"和"怎么做"。"做什么"是思想定位，帮助和引导学生在实践中认清方向，找准目标，明辨是非，做出客观正确的评价和认识；"怎么做"是规范教育，引导学生进行思想价值选择的体验，在体验中学会怎么进行价值取舍。让学生以社会公民主体的身份体验规范的重要性，形成自觉遵守规范的意识。如在实际调研中，通过实地走访、调研，让学生对某一问题产生客观清晰的感性认识，引导学生去发现问题，同时，更重要的是帮助学生寻找解决问题的方法和途径，最终实现将理论研究转化为自我的思想认识，达致情感态度价值观目标的实现，即筑牢马克思主义、共产主义的科学信仰，促进对社会主义核心价值观的认同，坚定中国特色社会主义"四个自信"，增强为实现中华民族伟大复兴而奋斗的自豪感、使命感和责任感。

（二）实践性原则

思想政治理论课实践教学，就其字面意思而言，以思想政治理论为课程内容，以教学实践为课程形式。思政课实践教学重在实践，它本身就是"一种基于实践的教学理念、教学活动和教学课程，实践性是思想政治理论课实践教学最显著的特征和最根本的属性"①。实践是人认识和改造世界的能动活动，是人的存在方式。对于知识、心智和能力都处于成长过程中的大学生来说，思政课实践教学就成为他们参与社会实践的重要形式。实践教学为大学生打开了一扇认识世界与改造世界的窗口，也为大学生搭建了一道从书斋通往社会的桥梁。实践是否一以贯之，实践是否落在实处，实践是否卓有成效，直接决定了课程教学的成败。因此，实践性原则是思政课实践教学实施必须遵循的最鲜明原则，在坚持思想性原则的前提下，实践性原则将统摄其他各项原则。

　　思政课实践教学不能简单地等同于"社会实践"，它有其固有的要求和内容。在具体的教学实施中，根据开展的空间场域和时间要求的不同，实践教学的教学形式分为课堂实践教学和课外实践教学两大类别。课堂实践教学，包括课堂讨论、情景模拟、主题演讲、知识竞赛、影视作品赏析等。课堂实践教学以帮助学生提高理论教学实效性为主要目的，通过课堂实践教学加深理解、探求新知。课外实践教学形式多样，包括亲身实践，如开展社会调查、勤工助学，参加"青马工程"的研学活动、参加习近平新时代中国特色社会主义思想宣讲团，投身于大学生"三下乡"活动、创新创业活动和青年志愿者活动、公益活动等。通过课外实践，学生得以锻炼能力，充实提高，学以致用。

　　值得注意的是，思政课实践教学虽然把实践作为最主要的教学形式，但仍离不开必要的知识学习和理论指导。如社会调研实践教学，就必须将如何设计社会调查方案，如何做问卷调查表，如何撰写调研

---

① 吕志，黄紫华：《面向社会实践育人——高校思想政治理论课实践教学探索》，华南理工大学出版社 2009 年版，第 48 页。

报告等基本知识传授给学生。否则，实践教学就可能会演变成盲目的和缺乏实效性的"热闹"活动而已。

（三）系统性原则

思政课实践教学的实施是一项系统工程，需遵循系统性原则，即必须坚持对实践教学进行整体性建构和思考，充分发挥系统各要素的作用，形成合力效应。

实践教学实施中遵循系统性原则，要从以下三个方面着手。一是人员、机构的系统整合。应将思政课实践教学纳入高校实践教学育人工作的总体规划和教学计划中，从组织建设、队伍建设、制度建设、物质保障等方面着手，采用"一体多元"的方式整合各方力量。2015年，教育部对此提出明确要求：教务处、财务处、学生处、团委、思政课教学科研机构等作为实施实践教学的责任部门，共同担负实践教学的任务。同时，高校应充分利用和创设校外资源和力量，获得更多的支持和帮助。二是实践教学活动的系统共创。由于思政课实践教学与大学生社会实践活动在活动目标、活动主体、活动内容、活动形式等方面具有共通性，它们完全可以在形式上实现有效整合和统筹安排。三是实践阵地的系统共建共享。"思想政治课实践教学要因地制宜、因时制宜，充分利用校内、社区和学生家庭中的各种活动资源，善于'不求所有，但求所用'，努力实现活动资源共享的最大化。"① 一方面，可充分挖掘、调动、整合其他课程学习、社会实践、勤工助学、"青马工程"、志愿服务、社团活动等的实践基地资源，将学校各部门建立的实践基地统筹起来，作为思想政治理论课的实践教学基地，使思政课实践教学获得稳定的教学资源和教学阵地。同时，也可整合校

① 王维国，贾鹏：《思想政治课实践教学统筹安排论析》，《学校党建与思想教育》2013年第4期。

外教育教学资源，如与社区建立互惠服务平台，与乡镇建立帮扶建设基地，与工厂建立实践锻炼基地等，实现实践阵地的系统共建共享。

（四）互动性原则

互动性原则是思政课实践教学具体实施的重要操作性原则，主要体现为实践教学中师生间的互动和实践教学环节的互动。前者是实践教学互动性的最直接、最重要的体现。

师生间的互动要求调动学生和教师两个方面的积极性，实现教学相长。在师生互动中，一方面，学生是实践教学的直接受益者，实践教学效果也更多地依赖于学生主体性的发挥。因此，在教学实施中应始终坚持"以学生为本"的教学理念，要切实尊重学生在实践教学中的主体地位，积极调动他们的主体性和参与性。只有这样，才能真正让学生在课程学习中获取新知、提升能力、磨炼意志，从根本上保证教学目标、课程目标的实现。另一方面，在教学实施中，教师的主导作用也不可缺失。学生的实践活动需要教师的理论指导、教学督促和精神关怀。教师当以自身渊博的知识、深刻的见识和良好的人格魅力感染学生和答疑解惑，并增进师生情，从而推动实践教学的良性互动，实现教学相长。

同时，教学环节的互动也是实践教学互动性的重要体现，主要表现为以下三个方面。一是从教学"一体化"而言，强调课前准备、课堂实施和课后反思三者呼应。课前准备是前提和基础，课堂实施是关键和重点，课后反思则是拓展与深化，课前准备和课后反思都应紧紧围绕课堂实施来开展。二是从教学基本运行而言，强调"五大课堂"互动，即以第一课堂教师讲授理论为运行起点，以第二课堂学生进行实践活动为运行展开，以线上课堂教师动态督导为运行保障，以翻转课堂师生互动交流为运行深入和以成就课堂学生考核评优激励为运行终点。三是从教学平台建设而言，应努力建构课内外互动、校院互动、校内外互动的平台。

（五）实效性原则

实效，就是指实际效果，即社会活动目标或目的所实现的程度和效果。实效性原则，指在思政课实践教学实施过程中遵循教学客观规律，把理论知识学习与实践运用有机结合，把转变学生思想与解决实际问题有机结合，把教学方法的创新与提高学生的实际能力有机结合，达到思政课实践教学实际效果最大化的原则。从根本上讲，实践教学的最终目的就是"通过某种实践形式让学生的知、情、意受到感染，进而产生思想认识或意志情感或思维方式等方面的正向的改变"①。实效性原则正是思政课实践教学实施的终极原则。衡量思政课实践教学实效性的一个重要标准就是是否真正"唤醒"了学生，让该课程真正成为让学生"真心喜欢、终身受益、毕业难忘"的实践课程。

为保证课程的有效实施，需要在两方面发力：一是实施要有针对性，二是做好"两个结合"。一方面，实践教学的内容、方式等要与所学课程相结合，就是要在梳理各门思想政治理论课共性的基础上，根据各门课程的特点及其所肩负的教育任务，设计个性化的实践教学内容和形式。另一方面，实践教学的实施要与学生专业层次、知识储备及所在高校的性质等相结合。比如，针对同一实践主题"中国全面建成小康社会取得的成就"进行调研时，经济学专业的学生可以调研自己家乡经济发展取得的成就，地理学专业的学生可以调查所在城市生态保护取得的成就，社工专业的学生可以调研社区养老工作取得的成就等，让学生从自己熟悉的领域寻找实践素材和学习资源，这样更易激发学生的学习兴趣，提高学习的主动性，增

---

① 苏金浩，张春荣：《高校思想政治理论课实践教学理念探析》《中国成人教育》2013 第 6 期。

强教学的实效性。

二、思想政治理论课实践教学的运行流程

思政课实践教学实施一般应包括课前准备、课堂实施和课后反思三大基本环节。不论是课堂实践教学还是课外实践教学，都不能忽略这三大基本环节。但在某个具体实践教学流程的开展过程中，每一个大环节又可包含若干具体步骤，它们构成实践教学课程的完整运行流程。

（一）思政课实践教学的课前准备

充分的课前准备是实践教学圆满完成的基础。课前准备主要包括以下任务：

一是成立实践教学领导小组。每学期应成立由马克思主义学院院长或主管副院长任组长、思政课课程教研室（条件成熟的应成立思政课实践教学教研室）负责人为副组长的实践教学领导小组，定期召开领导小组会议，根据教务处的全校性教学计划对实践教学作总体部署。

二是开展实践教学指导教师课前培训。思政课实践教学作为全校性的公共必修课程，在实践中面临两大困难。一方面，集中授课理论讲解的课时少但课程完成的时间长（有的学校长达四个学期），涵盖课内课外、校内校外的众多实践教学内容和形式。另一方面，任课教师队伍庞大，包括专兼职教师，但教师对该课程的重要性普遍认识不足、关注不多、兴趣不强，指导、监督和组织管理实践教学的能力参差不齐。因此，开展教师课前集中培训是非常必要的。主要方式有：首先，思政课教学研究机构通过常态化的教研活动，对教师的师德师风、专业理论、教学技能技巧、课程的基本流程、教学的主要内容和形式、课程考核评定等进行交流研讨或专项培训。其次，不定期组织

教师进行校外实践教学的考察学习。再次，组织教师走访工厂、企业、社区、革命遗址、纪念馆等实践研学基地，亲身体验感悟。最后，各高校马克思主义学院应制定《思想政治理论课实践教学教师手册》（见案例1），人手一册，做到教有所纲，人人心中有数。

案例1：思想政治理论课实践教学教师手册（样例）

（1）强化职业素养。明确实践教学指导教师基本职责，加深对实践教学目的和意义的认识，强化对教师理想信念、道德情操的培养。

（2）夯实理论功底。充分研读马克思主义经典著作，深入掌握马克思主义基本理论和方法，深入学习贯彻落实习近平新时代中国特色社会主义思想，关注民情国情党情世情，具有终身学习的能力和习惯。

（3）提升教学能力。学习提升课堂实践教学的组织管理能力和课外实践教学指导能力，能较熟练地掌握超星学习通、雨课堂、腾讯课堂等新技术。

（4）熟知教学流程。第一，利用第一课堂开展课程讲授，内容包括学生参加实践教学的目的意义、学分学时、方式方法、评价考核和安全教育等。第二，利用网络等手段，建立班级qq群、微信群、钉钉群、超星学习通等，畅通师生沟通交流渠道，实施线上课堂教师督导，及时掌握第二课堂学生学习动态，进行有针对性的指导。第三，实施翻转课堂，通过主题交流、小组研讨等，帮助学生学以致用，在实践中检验学习效果。第四，对学生提交的实践教学成果如调研报告、观读心得或其他形式的成果按照成绩评定标准进行评阅，对学生提供的实践教学活动证明材料给予认证。根据学生的表现综合评定学生的实践教学课程成绩，在规定时间内录入成绩。第五，组织学生参加全校性或全院（系）性的思想政治理论课实践教学成果汇报展，推选优秀实践教学成果，评选优秀个人和团体，表彰先进。有条件时帮助学生汇编优秀论文集、优秀调研报告、优秀实践成果展等，升华学习成效。

第六，开展教学研讨会，总结课程，完成课程反思，每位指导教师形成书面材料。

～～～～～～～～～～～～～～～～～～～～～～～～～～

三是进行集体备课。备课的效果往往决定了上课的效果。实践教学进行集体备课是课前准备的重要任务，直接影响甚至决定了教师指导实践教学的实际效果。集体备课包括课堂实践教学的备课和课外实践教学的备课。课堂实践教学备课包括"备学生""备课程""备教师"三方面。"备学生"是指应对授课对象的专业、学科背景、兴趣爱好、知识掌握的程度等有一个大致的了解，力争做到因材施教。"备课程"是指对各门理论课程的主要内容和教学任务进行梳理，选择思想政治理论内容与实践教学的最佳结合点，对每学期各门课程的实践教学主题、开展方法、教学手段进行研讨，力争做到经验共享、资源共享。"备教师"是指授课教师对自我有清楚的认识，扬长避短，可在总体实践教学实施方案的指导下有重点地突出自我专业研究的特长。

（二）思政课实践教学的课堂实施

思政课实践教学在一定意义上还属于一门新兴课程，无论是在实践教学课程要素建设方面，还是在实践教学实际开展方面，都处于积极探索和经验总结的过程中。因此，在坚持并贯彻实践教学基本原则的前提下，应充分尊重并发挥教师和学生的探索精神，进行实践教学的改革创新。2019年3月18日，习近平总书记在学校思想政治理论课教师座谈会上指出，推动思政课改革创新，要做到"八个相统一"，其中就有坚持理论性和实践性相统一的要求，并强调要高度重视思政课的实践性，把思政小课堂同社会大课堂结合起来。根据实践教学的特殊性，我们将整个社会视为实践教学的大课堂，在理论和实践的结合中，在学校小课堂和社会大课堂的结合中，更好地教育引导学生成长成才。我们提出将思政课实践教学分为"五课堂"，基于"五课堂"有序实施教学，为新时代高校思政课实践教学提供了一条可供借鉴之路。

1. 第一课堂：教师讲授理论

思政课实践教学的"第一课堂"属于实践教学中的理论教学阶段，即实践教学指导教师应首先对学生进行集中授课，就实践教学进行理论讲解，这是实践教学特别是课外实践教学运行的起点，也是教师与学生第一次面对面进行交流沟通的课堂。在第一课堂中，首先，指导教师应帮助学生明确思政课实践教学的目的和意义，调动学生投身于实践教学活动的积极性。其次，指导教师要对思政课实践教学的学时学分、学习的主要内容、拟完成的实践任务（如第二课堂的调查研究和观读，翻转课堂的开展等）和实践教学实施的基本步骤、成绩评定标准等进行详细讲解，让学生对该课程修读方式产生清晰认知。最后，指导教师还应对自主开展实践教学环境条件下的注意事项，如与人沟通的技巧和安全问题等进行说明。学校还可研制并印发《思想政治理论课实践教学学生手册》，做到人手一册，作为学生课后学习资料。以下案例 2 是对《思想政治理论课实践教学学生手册》基本内容的设想。

案例 2：思想政治理论课实践教学学生手册（样例）

（1）思政课实践教学是大学生思想政治理论课课程系统中的一门必修课程，每个学生须修完本课程并获得相应学分才能毕业。

（2）思政课实践教学根据实践教学开展的空间场域和时间要求的不同，分为课堂实践教学和课外实践教学两大类别。根据是否赋予学分，又分为"实践教学Ⅰ""实践教学Ⅱ""实践教学Ⅲ"。

课堂实践教学即"实践教学Ⅰ"，由思想政治理论课任课教师结合课程内容在课堂教学中随机灵活开展。

课外实践教学由"实践教学Ⅱ"和"实践教学Ⅲ"构成。

学生在教师指导下，利用寒暑假或节假日完成"实践教学Ⅱ"。其主要形式分为调研类实践教学和观读类实践教学，如开展社会调查、观读经典著作或经典影视作品、参观爱国主义教育基地等，并撰写社会调研报告、观读心得或论文等。

艺体类专业学生可探索创作以弘扬时代主旋律，倡导社会主义核心价值观，讴歌新时代伟大成就为主题的音乐、绘画、影视、文史作品，或参加辅导全民健身、体育科普活动等更丰富、更体现专业特点的实践教学形式。

"实践教学Ⅲ"则可由学生选择性地自主开展与自身专业相结合的实践活动，如参加生产劳动、志愿服务、公益活动、科技发明、勤工助学活动，参与"三下乡"、"青马工程"和习近平新时代中国特色社会主义思想宣讲团等一系列课外实践活动。

（3）思政课实践教学共计3学分。其中，"实践教学Ⅰ"不占学分。"实践教学Ⅱ"共计2学分，实行学年学分制，要求学生在规定学期内完成。其中，参加社会调查并撰写调研报告获1.5学分，艺体类学生参加文艺创作表演、体育科普运动辅导并提交相关实践作业的同样为1.5学分；提交观读心得或论文获0.5学分。"实践教学Ⅲ"为1学分，实行弹性学分制，可在6个学期内完成，学生在读期间参加各类社会实践育人活动3—4项（见前述"实践教学Ⅲ"）并开具证明获1学分。此学分与各专业的学生实践育人学分实行互认。

（4）学生须进行网上选课并确认，由马克思主义学院指派教师到所在院系教学班级进行指导。学生须完整地参加实践教学课程的各主要教学环节。

（5）学生在参加实践教学活动的过程中，应严格遵守国家法律法规，遵守学校规章制度，遵守实践教学所在单位的规章制度和要求，听从指导教师的安排。要提高实践教学活动中的安全意识和自我保护能力，主动与指导教师取得联系并就实践教学活动中的疑难问题等进行交流沟通，虚心听取教师的指导。

（6）学生在参加实践教学的过程中，应注意保留相关资料（如图片、调研计划、方案、原始记录、问卷调查表等），并与调研报告、读后感等一并提交给指导教师。每位学生在提供足够的证明材料并交指导教师认定后方可获得相应学分。

（7）学生应认真学习领会《思想政治理论课实践教学学生手册》的相关要求并认真填写相关内容。

2. 第二课堂：学生进行实践

思政课实践教学的"第二课堂"是指突破传统的课堂教学形式，将传统的以教师为主体、以学生为客体的灌输式教学转变为以学生为主体的体验式、感悟式教学，是以学生自主活动、自主学习、自主实践、自主探究为主体的课堂。同时也是突破教学时空限制，没有固定的教室和时间，让学生充分利用一切教育资源进行研究，培养学生独立探索精神，主动积极地构建自己的认知结构，着力提升学生的实践能力和创新精神的课堂。第二课堂是第一课堂的"实战运用"，是课堂运行的第二环节，也是思想政治理论课实践教学运行的展开阶段。第二课堂在整个实践教学运行环节中居于核心地位，它的成效直接决定了整个实践教学的成败。

思政课实践教学的第二课堂，主体是学生，平台是课堂与社会相结合的实践教学基地，主要形式有社会调查、观读活动、暑期社会实践、科技学术活动、校园文化活动、青年志愿者活动和公益活动、勤工俭学、带薪实习等类型。以最普遍、最见效的社会调查实践教学为例，学生在教师推荐的调查选题范围内，结合自身的兴趣、体验以及所学的理论知识，拟定社会调查主题，一般以5人以内的小组为单位开展社会调查，也可以个人为单位进行社会调查。学生通过不同的课题去探索实践，在确定选题、拟制调查方案和计划、开展实地调查和撰写调研报告等环节中亲自实践、操作和体验，增强社会实践能力，更好地学以致用。但要强调的是，不能把思政课实践教学简单地等同于社会实践，该课程需要坚持理论教学与实践教学相结合，引导学生在实践中有所思、有所得，并最终以书面的形式进行总结，上交指导教师。

3. 线上课堂：教师动态督导

思政课实践教学的线上课堂不是一个独立的课堂，它同第二课堂一样，同属实践教学课堂运行的第二环节。线上课堂是第二课堂的辅助课堂，它是以教师督导为主要方式，利用网络等新媒体对学生实践活动进行动态督促、指导的虚拟课堂。实施线上课堂，开展教师督导，是为了保证实践教学第二课堂能够安全有效运行，具有突出重要性。一方面，虽然有了第一课堂的前期指导，但在第二课堂的具体操作中，学生以自主实践为主，这更多依赖于学生自己的主动性与自觉性，难免就会有学生因诸多主客观因素产生倦怠情绪，出现懈怠、敷衍，乃至抵触、弄虚作假等现象。另一方面，对于认真探究的同学而言，在实践学习中也会遇到或多或少的偶发事件、意外问题，或者实践操作中的困惑等。所以，教师对第二课堂实施监控、督促和指导是必要的，这也是教师的本职工作。但在现有管理机制下，让教师"亲力亲为"地参与全体学生的课外实践教学，难度极大。教师至多可以选择性地予以跟队指导。所以，对大学生课外实践教学实施远程课堂督导，不仅是必要的也是可行的，具有客观的现实基础。

在线上课堂中，教师应重视发挥新媒体技术和通信设备的重要作用。具体做法有：第一，最底线的要求是保持电话畅通，让教师与学生能够及时地相互联系；第二，开通网上邮箱，建立班级 qq 群、微信群、班级微博、钉钉群等以保持信息畅通，建立定时"师生集体上网制"，帮助教师及时掌握学生的学习动态，及时对学生进行进度提醒、任务督促等；第三，建立"网络定期汇报制"并实施督导。例如，在第一课堂结束后的两周内，要求所在班级学生负责人汇报实践教学选题方向和课题名称、分组和分工情况，以及调查计划和方法、时间和地点等。再如，在第二课堂实施的中期阶段，要汇报问卷调查的统计数据、访谈纪要的整理情况以及参加社会调查的感受体会等。第四，在一些网络平台设立网上"疑难问题救助箱"，凡有疑难问题的同学可以在此留言，实现生与生、师与生相互答疑、共同探讨。

4. 翻转课堂：师生互动交流

思政课实践教学的"翻转课堂"，顾名思义，就是学生充当教师角色，以学生主讲为主，师生共同参与，从而探求新知、共享成果的一种动态课堂。翻转课堂是实践教学课堂实施的第三环节，也是让学生重回校内课堂，再次实现师生面对面学习、研讨的重要途径。

在实践教学的具体操作中，翻转课堂常常被忽视，这是实践教学中的一大误区。虽然经过前面两大环节、三种课堂，实践教学已经得以推进和开展，学生在实践教学中已有所收获、有所成就，但完整的实践教学特别是课外实践教学并未结束，一些理论问题和实践问题，尤其是思想认识上的困惑还很难及时解决。如果没有再一次面对面交流的机会，可能这些问题或困惑就无法得到有效解决。同时，对初次参加社会实践的大学生而言，每个人在实践学习中的感受体会颇多，既有成功的经验，也有失误的教训，因此需要在讨论交流中实现成长。另外，在具体实践学习中，即使是同一课题的小组成员之间，也会对实践活动的结果有不同的体会、认识和评价，这也需要通过翻转课堂帮助学生对人对事建立一个更加全面清醒的认识。

实践教学的翻转课堂有两种基本形式。一是学生代表做主题发言，发言主题如"实践学习的课题汇报""对实践学习方式方法的思考""实践学习的经验分享""实践学习的教训反思"等。二是分组进行研讨。师生互动是翻转课堂的一大特色。在翻转课堂中，当学生做主题发言时，教师首先是一名倾听者，给予学生畅所欲言的时空，然后才做一名引导者，因势利导地将学生的实践探究与学科教学内容紧密联系起来并推向深入。在分组讨论时，教师更多是作为一名参与者，参与学生平等自由的讨论。这是一种全新的课堂教学模式，是真正在师生互动中实现以学生为主体、教师为主导的课堂。

5. "成就课堂"：考核评优激励

思政课实践教学的"成就课堂"是实践教学课堂实施的最后一个环节，也是保证实践教学完整性的必不可少的环节。"成就课堂"就是以树立榜样和先进典型为手段，通过实践教学汇报会和汇报展等平台，教育、引导、激励师生，充分调动大家参与社会实践的积极性、主动性和创造性，强化思政课实践教学建设，增强其课程魅力的荣誉课堂。

赏识教育、激励教育是教育教学卓有成效开展的重要手段。开展行之有效的实践教学的"成就课堂"，能够起到示范引领作用。因此，在实践教学活动结束后，都应及时地进行总结和评比，奖励成效显著的教师和学生、个人和团体，以使更多的学生受益，更多的教师受到启发和鼓励，从而使实践教学真正成为每个大学生在学期间知识转化为能力并内化为素质的大舞台。近年来，教育部社科司、思政司联合指导有关高校组织开展了学生思政课学习成果展示系列主题活动，如"赤子初心"——全国高校思想政治理论课学生艺术作品巡展、"践行核心价值观　凝聚最美中国梦"——全国高校学生讲思政课公开展示、"学宪法讲宪法"宣传演讲活动等。上述系列成果展示既有效地检验了高校开展思政课实践教学的实际效果，增强了大学生学习思政课的主动性、积极性，又提升了大学生对思政课的参与度和获得感，更好地推动了学生日常思想政治教育与思政课建设深度融合。各高校也可以根据自身条件不定期地开展实践教学汇报会和汇报展等，以期总结经验，表彰先进，示范激励新一轮实践教学的开展。

具体来说，成就课堂有三种主要形式。一是召开实践教学成果汇报会。在对思政课实践教学活动进行总结的基础上，以表彰先进为主要形式。表彰的对象有：（1）以实践教学班为单位，按照班级人数的一定比例，推选"优秀实践个人"和"优秀实践团体"；（2）在全校范围内，按照实践教学班级数的相应比例评选"优秀实践班级"；（3）按照学生网评（可占60%的比例）和校督导组评价（可占40%的比例）相结合的方式评选"优秀实践教学指导教师"，将其纳入学校各类教师表彰体系中，并为思政课专任教师单独设置一定奖项，进行统一表彰。二是举行实践教学汇报展。以实践教学班为单位，按照班级成果总数，评选出一定比例的优秀实践论文或调研报告。以展板的形式，结合图片、数据等向全校展出，供大家学习借鉴。三是汇编实践教学优秀成果集或优秀调研报告集，对入选论文集的学生给予物质和精神奖励，将此作为学生申领奖学金及评优的重要条件。有条件的学校还可以设置大学生实践课题立项，鼓励大家积极从事科学研究。对于立项项目或优秀实践论文、调研报告，可再组织实践教学骨干教师担任科研导师，进行一对一指导，将学生的实践学习与科学研究有机结合，提升学生的科研能力，深化实践成果。

在五个课堂中，第一课堂主要承担实践教学的理论指导和培训任务，第二课堂主要承担课外实践教学任务，线上课堂是第二课堂的保障，翻转课堂是对第一课堂所学知识和第二课堂所实践结果的反思、检验与运用，成就课堂则是对学生实践教学成绩的认定及实践教学优秀成果的推广和深化。五个课堂，相辅相成，共同推进和保障实践教学的有效运行。

（三）思政课实践教学的课后反思

为了保证思政课实践教学课程的鲜活生命力和持续发展力，认真的课后反思是必需的。课后反思是指教师对实践教学的再认识、再思考，它是完善实践教学、提升教学效果的重要环节。通过课后反思，教师可以更清楚地认识和评价实践教学的得失，提出下一步的改进措施，从而推动实践教学课程的建设和发展。

课后反思的类型有很多，按照不同标准有不同的分类。一是按照反思的不同方式，可以分为纵向反思和横向反思。纵向反思着眼于按照教学运行环节来进行动态反思。如课前准备反思、第一课堂授课反思、第二课堂学生实践反思、线上课堂的督导反思、翻转课堂的互动反思、成就课堂的成效反思，等等。而横向反思则需要跳出自我，借他山之石来攻己之玉。就是说，要通过学习比较（如同行观摩、评课、校际交流等），研究别人的教学长处，找出理念上的差异、方法上的差距，从而提升自己。二是按照反思主体的不同，可分为个体反思和集体反思。个体反思主要从自我教学理念、教学态度、教学方法、教学手段、教学实施及教学效果等方面进行全方位反思，既包括对不足的思考，也包括经验的提升，而不仅仅是"闭门思过"。集体反思是实践教学指导教师通过集中研讨、集中学习进行团体反思，是一种当下值得推广的课后反思方式。它以教师之间的合作与对话为重要特征，注重教师间经验分享、合作学习和共同提高。集体反思也是教师个体与外界进行沟通与交流的重要途径。集体反思一般是以教研活动的形式展开，通过观摩实践教学公开课、专题问题研讨、座谈交流会等，实现智慧的碰撞、思想的共享。同时，以旁人的眼光来审视自己的教学实践，也能使自己对问题有更明确的认识，并获得解决问题的广泛途径。值得注意的是，除同事之间的集体反思外，还应该"请进来、走出去"，请教育教研专家、学者来做实践教学方面的专题讲解，或组织教师外出参观考察学习，促使教师从更加广泛的领域汲取营养，从而提高自身的实践教学指导能力乃至社会实践能力和科研能力。

三、思想政治理论课实践教学的学分学时设置

实践证明，坚持理论学习、创新思维与社会实践相统一，坚持向实践学习，向人民群众学习，是大学生成长成才的必由之路。而思政课实践教学在高校实践育人工作体系中具有特殊的，为其他类型实践教学所不能替代的重要作用。同时，思政课实践教学作为一门高校公共必修课程，又有着统一而严格的规定和要求。因此，思政课实践教学学分的设置和配置问题就成为需要专门思考的问题。

（一）思政课实践教学学分学时设置的基本依据

自思想政治理论课"05方案"实施以来，中央关于高等教育的一系列文件都特别重视和强调思政课要突出实践育人功能，要强化实践教学环节，还专门就实践教学的学分学时、教学大纲等提出了明确要求和规定。同时，不少高校在开展实践教学的过程中也总结出了许多好的经验。根据中宣部、教育部等相关文件规定，总结过往实践教学经验，拟将本科思政课实践教学（特指课外实践教学）设计为3学分，48—54学时。基本依据如下：

1. 中宣部、教育部关于实践教学学分学时的规定

2005年年初，中宣部、教育部对如何进一步加强和改进高等学校思政课提出相关意见，要求高校思政课所有课程都要加强实践环节，围绕教学目标，制定教学大纲，规定学时。同时还在相关文件中明确规定思政课除了课堂理论教学外，必须配套实践教学环节，并应制定实践教学大纲，规定实践教学学时。2008年9月，就进一步完善实践教学制度问题，教育部明确规定，要从本科思想政治理论课现有学分中划出2学分、从专科思想政治理论课现有学分中划出1学分开展本专科思政课实践教学。这是第一次对高校思政课实践教学学分做出的明确要求和规定，实践教学获得了更加清晰的设计。2012年，教育部等部门再次就实践教学做出了规定，要求各高校要结合专业特点和人

才培养要求，分类制定实践教学标准，增加实践教学比重，确保人文社会科学类本科专业不少于总学分（学时）的 15%、理工农医类本科专业不少于 25%、高职高专类专业不少于 50%，师范类学生教育实践不少于一个学期，专业学位硕士研究生不少于半年。要全面落实本科专业类教学质量国家标准对实践教学的基本要求。2017 年至今，有关高校思想政治工作等若干文件都明确提出了深入推进实践教学改革，分类制定实践教学标准，适度增加实践教学比重的要求。中宣部、教育部一系列重要文件和指示精神，既为我们在新时代重新思考和设计思政课实践教学学时学分提供了基本的政策依据，也使我们迎来了高校思政课实践教学发展的春天。"适度增加实践教学比重"，是近年来中宣部、教育部对思政课实践教学传递出的强有力的信号和要求，也是实践教学发展的必然趋势。

2. 高校思政课实践教学的反思总结

为思政课实践教学设置学分学时的根本目的就是要保障实践教学获得独立的学科地位，保障实践教学的严格执行，因此实践教学学分学时的规定必须根源于现实，正确反映教学活动的现状和要求。近年来各高校思政课实践教学的重要改革与历史经验为实践教学学分学时设置提供了现实依据。

自思想政治理论课"05 方案"实施以来，各高校对思政课实践教学的探索大致经历了相似的历程。先是积极探索如何在思想政治理论各门课程中强化实践环节，继而尝试把原先分散于各门理论课程中的实践教学学分学时独立出来并统一起来，设置为相对独立的实践教学必修课程，规定实践教学课的学分学时，进一步明确实践教学目标，制定实践教学大纲。但渗透于各门理论课程中的"课堂实践教学"环节并未削弱，仍在积极开展。近几年各高校则积极探索思政课实践教学与大学生其他社会实践要求以及专业课实践教学的融会贯通问题。在这些探索中，许多高校都将思政课实践教学的学分学时设计为 3 学分，48—54 学时。① 各高校对于思政课实践教学的改革探索，为我们的实践教学学分学时设置提供了鲜活经验。

（二）思政课实践教学学分学时设置的构想

将思政课实践教学学分学时设置为 3 学分，48—54 学时是合理的，但这其中的 1 学分实际上是从高校社会实践育人学分（如创新学分，读书学分等）中"借用"过来的，并未"挤占"思政课理论教学的学分学时，其目的是促进大学生真正走出校门，参加完整系统的社会实践。这种设置方案有利于提高实践教学或社会实践活动质量并减少重复性，也是实践教学与大学生社会实践育人活动深度融合的体现。

由于实践教学形式多样、类别多样、运行时间漫长，怎样科学合理地用好实践教学学分，怎样使每个学生所获的学分和成绩与其参加实践教学活动的实际状况相匹配，值得深思，也需要教师精心设计和安排。

1. 思政课实践教学学分学时设置的基本规定

（1）思政课实践教学分为课堂实践教学和课外实践教学两大类。课堂实践教学暂不赋予学分。课堂实践教学作为课堂教育教学中的重要环节和手段，必须得到重视，由任课教师在各门理论课程教学过程中适时开展，灵活处理，但不得占用过多课堂理论教学时间。学生积极参与课堂实践教学的，应作为学生理论课学习平时成绩评定的重要参考。

（2）思政课实践教学（特指课外实践教学）设 3 学分，48—54 学时。

（3）思政课的课外实践教学作为单设课程，采取"单独设立、独

---

① 如中国科学技术大学、广东外语外贸大学、南京大学等高校的思想政治理论课实践教学实施方案都将实践教学学分规定为 3 学分。

立运行、独立考核"的模式，有明确的教学内容、教学目标、教学大纲、考核方式和修读时间要求等规定。

（4）思政课实践教学由"实践教学Ⅰ""实践教学Ⅱ"和"实践教学Ⅲ"构成。其中"实践教学Ⅰ"无学分，"实践教学Ⅱ"实行学年学分制，为2学分；"实践教学Ⅲ"实行弹性学年制，为1学分。

2. 思政课实践教学学分学时的具体分配

学生在网上选课后，在任课教师指导下，于规定时间内完成规定的实践任务和课程内容，方可获得相应学分。学生在规定时间内完成实践教学学分的，由任课教师将学生学分及成绩录入教务处成绩管理系统。思政课实践教学课程的内容、学分构成和时间要求如表3-1所示。

表3-1　思政课实践教学课程内容、学分和学时构成及其完成要求简表

内容			完成要求	时间	备注
实践教学Ⅱ（2学分，36学时）	调研类实践教学/文艺创作体育运动类实践教学（1.5学分，27学时）		调研报告1篇/视频、绘画、剧本等相关成果	在学校规定的开设年限内完成	凡公开发表、被公开采纳或被学院《优秀实践成果集》所收录的可视为优秀
	观读类实践教学（0.5学分，9学时）		观读心得1篇	在学校规定的开设年限内完成	
实践教学Ⅲ（1学分，18学时，可在以下内容中自由选择完成）	校外实践活动	勤工助学（0.2学分）	须有实践单位证明及签章	从第1学期初开始，到第6学期末结束	各项实践活动学分可累加，总分不超过0.5学分
		"三下乡"（0.4学分）			
		带薪实习（0.3学分）			

续表

内容			完成要求	时间	备注
实践教学Ⅲ（1学分，18学时，可在以下内容中自由选择完成）	校园文化活动	"青马工程"／习近平新时代中国特色社会主义思想宣讲团（0.4学分）	有结业证书	从第1学期初开始，到第6学期末结束	各项实践活动学分可累加，总分不超过0.5学分
		知识竞赛（0.2学分）	参加知识竞赛、演讲比赛、辩论赛、专业技能赛的须达院级一等奖或校级三等奖及以上		
		演讲比赛／辩论赛（0.2学分）			
	科研科普活动	创新创业能力大赛（0.4学分）			
		挑战杯（0.4学分）			
		专业技能赛（0.2学分）	须有相关单位证明及签章		
	社会公益活动	青年志愿者活动（0.3学分）			
		环境保护活动（0.3学分）			
		支教活动（0.3学分）			
实践教学Ⅰ（暂未设置学分）				开设于各门思想政治理论课课堂教学之中	

3. 对思政课实践教学学分学时设置的说明

（1）"实践教学Ⅰ"即课堂实践教学是十分重要的，它对于提高思政课课堂教学效果，活跃课堂教学氛围，增进思政课的理论魅力和促进学生真学真懂真信真用等都具有极重要的意义。所以，本教材已将课堂实践教学单列一章进行编写和介绍。各门课程都要加强实践环节是对的，但若每门课程的每次实践教学活动都要计为一定的学分，最终还需要任课教师们进行统计，这在操作上显得过于烦琐。故本教材未赋予课堂实践教学一定学分。学生参与课堂实践教学活动可作为思政课学习的平时成绩评定的重要参考。同时，本章"'五课堂'的实践教学课堂设计"中的"第一课堂"，实为课外实践教学课程的一个环节，属于学生必须参加的"理论培训"环节。

（2）实践教学Ⅱ为2学分、36学时，包括学生必须参加的调研类实践教学或文艺创作体育运动类实践教学和观读类实践教学。

调研类实践教学（1.5学分、27学时）要求学生在规定的时间内，利用课余时间如寒暑假、节假日等，通过深入农村、社区和工矿企业等，运用所学的马克思主义理论就我国的经济社会发展重点、热点、难点和疑点等实际问题开展社会调查，并撰写调研报告。马克思主义学院应提供社会调查主题即参考题目，同时应根据社会热点问题，适时更新。实践教学指导教师、学生也可结合国情、学情自拟调查题目，并填写"思想政治理论课实践教学（社会调查）申请书"。"申请书"经指导教师审核通过后，学生方可着手开展调查活动。同时，指导教师要对学生开展社会调查和撰写调研报告的基本方法进行培训和全程指导。社会调查可采取个人或团队形式进行。以个人形式进行社会调查的，所撰写的调研报告不得低于4500字。以小组形式（2—5人）开展社会调查的，其调研报告不得低于6000字。

艺体类专业大学生以其他实践形式，如创作弘扬时代主旋律，倡导社会主义核心价值观，讴歌新时代伟大成就的音乐、绘画、影视、文史作品的，或参加辅导全民健身、体育科普活动，倡导顽强拼搏、团结协作、公平竞赛的中华体育精神的，可视为参加了社会调查研究实践教学，并获得 1.5 学分。但文艺创作体育运动类实践教学同样需要接受教师指导，要填报实践教学申请书，制订实践活动计划，做好实践活动记录，提交具有专业特色的实践成果，包括文艺创作作品及文字说明，实践活动心得体会等。文艺创作体育运动类实践教学既可以以个人形式开展，也可以以小组形式开展。

观读类实践教学（0.5 学分、9 学时）要求学生阅读思想政治理论经典文献、观看具有思想政治教育意义的影视资料、参观爱国主义教育基地等，并撰写读书心得或观后感。马克思主义学院应提供思想政治理论经典文献目录和相关影视资料目录等。学生可根据实际情况确定观读的具体篇目。学生需先提交"思想政治理论课实践教学（观读经典文献）申请书"，由指导教师认可后方能进行。读书心得或观后感一人一篇，读书心得或观后感字数不低于 3500 字。考虑到艺体类学生的实际情况，可适当降低字数要求。同时，指导教师要对学生撰写读书心得、观后感等进行全程指导。

关于"实践教学Ⅱ"的学生个人计分方式。调研类实践教学成绩应占"实践教学Ⅱ"总成绩的 70%，观读类实践教学成绩应占 30%。指导教师在将两项成绩录入到教务处成绩管理系统后，系统将自动生成该课程的最终成绩。调研类实践教学均按百分制计分。以小组形式进行的社会调查及其调研报告成绩评定应根据小组成员的不同分工和实际完成情况有所区别。

（3）"实践教学Ⅲ"为 1 学分、18 学时。包括学生在读期间参加的各类社会实践育人活动 3—4 项。主要分为校外实践活动（0.5 学分）、校园文化活动（0.5 学分）、科研科普活动（0.5 学分）和社会公益活动（0.5 学分）四大类。学生可以选择其中的两类活动，各类活动的学分可以累加，总学分达到 1 学分即可。对于"实践教学Ⅲ"，学生亦须先提交"思政课实践教学Ⅲ学分认定申请书"；参加相关社会实践活动后，须由学生本人提供足够材料，以资证明。"实践教学

Ⅲ"的具体形式众多，可参见表3-1中的具体要求。类似社会实践活动的学分认定可由任课教师酌情处理。

由于"实践教学Ⅲ"的内容是各个专业人才培养方案中"实践育人"规划的重要组成部分，也是实践教学和大学生其他社会实践可实现学分互认的部分，因此，应由思政课教师和各院系教师、辅导员共同指导和督促学生完成。

（4）文艺创作体育运动类实践教学是结合部分专业的特点而开展的实践教学改革创新，目前尚处于探索中。本教材将文艺创作体育运动类实践教学的学分设置为与调研类实践教学等同的学分。而学生成绩评定标准可由思政课教师与专业课教师共同制定。

（5）实践教学成绩评定既可采用等级制，也可采用百分制。同时，二者可以进行换算。如学生成绩达到60分及以上的为合格，并获得相应学分。学生成绩59分及以下为不及格，不及格者不能获得相应学分，并且需重修本门课程。

（6）思政课实践教学成绩由指导教师分两次录入教务处学生成绩管理系统。其中"实践教学Ⅱ"实行学年学分制，应在规定的开设学期完成学生成绩录入。"实践教学Ⅲ"实行弹性学分制，高校可根据各学院开课计划和具体情况，在第六学期以内的规定学期完成成绩录入。

第四章
高校思想政治理论课课堂实践教学形式举要

思政课实践教学分为课堂实践教学和课外实践教学。课堂实践教学是指教师以学生为主体，利用思政课课堂教学时间，指导学生开展实践活动的教学形式，是思政课课堂教学中一个重要的教学方式和教学环节。课堂实践教学又是渗透在各门思政课教学活动中并经常性开展的一种实践教学形式，它对于深化学生对思想政治理论的理解、激发理论学习兴趣和提高课堂教学实效性，都具有重要的意义。所以，尽管思政课实践教学的学分设置未赋予课堂实践教学以专门学分，但这并不是否认课堂实践教学的理论价值和实践价值。本教材单列一章进行阐释。

一、思想政治理论课课堂实践教学概述

课堂实践教学，是指教师以课堂为载体，以学生为主体，指导学生通过课堂讨论、辩论比赛、情景模拟、主题演讲、知识竞赛、影视作品赏析等方式，将理论运用于实际的教学形式。同时，随着互联网技术的普及，多媒体和网络等信息技术也在思想政治工作和思想政治理论课教学中得到广泛运用，一些新的实践教学形式如网络实践教学应运而生，且收效良好。

思政课是落实立德树人根本任务的不可替代的关键课程。经过小学阶段的道德情感启蒙、初中阶段的思想基础奠基、高中阶段的政治素养提升，对于进入大学的学子，立德树人的重点在于增强使命担当，矢志不渝听党话跟党走，争做德智体美劳全面发展的社会主义建设者

和接班人。大学是青年走向社会大课堂的"最后一公里",立德树人的成效即将接受社会检验。因此,在大学阶段尤其应当重视实践教学,重在将理论结合实际、将信念转化为行动,由"真学真懂"转变为"真信真用"。正是基于这样的考虑,课堂实践教学直接将实践环节前移到课堂,充分体现了思政课的实践性特征,是将理论教学与实践教学深度融合的产物。

课堂实践教学坚持以学生为主体,以教师为主导,在学生与教师的互动中教学相长,充分发挥学生的积极性主动性。学生参与课堂实践教学的过程,是观察和评价学生个性、思想、观念和品行的重要窗口,其表现可作为评定平时成绩、形成过程性评价的依据,纳入综合素质评价体系,并可探索与理论学习情况、课外实践情况等一起,作为学生评奖评优重要标准,作为其加入中国共产主义青年团、中国共产党的重要参考。

课堂实践教学方法多种多样。有的是各门思政理论课能普遍采用的方法,如案例分析法、课堂讨论法、主题演讲法和影视赏析法等。有的则相较而言更适合某一门思政理论课,如"中国近现代史纲要"主要讲授中国近代以来中国人民争取民族独立、人民解放和实现国家富强、人民幸福的历史,涉及的历史事件、历史人物、历史文献非常多,就需要更多采用党史文献拓展阅读、读书笔记摘抄、主题手抄报展览等方法。"思想道德与法治"主要讲授马克思主义的人生观、价值观、道德观、法治观,帮助学生在辨明道德与法律这两种调节人们行为的基本手段之间的关系基础上筑牢理想信念之基,培育和践行社会主义核心价值观,除上述通用实践教学方法外,还可以采用模拟法庭、案例聚焦、法律知识竞赛、道德观察等方法。"马克思主义基本原理"主要讲授马克思主义世界观和方法论的基本原理。马克思主义科学揭示了人类历史发展的基本规律,指明了人类前进的方向,它的基本结论和方法中所蕴含的历史洞见和历史智慧,所展现的真理魅力和真理光芒，对于人类走向未来具有不可或缺的启示和引领价值。马克思主义也是指引当代中国发展的精神旗帜，是引领当代中国实践的行动指南。但"马克思主义基本原理"课程的理论性强，较为抽象，因此，采用读书报告会、理论沙龙、学术讲座、主题演讲等实践教学方法比较多。"毛泽东思想和中国特色社会主义理论体系概论"主要讲授中国共产党把马克思主义基本原理同中国具体实际相结合产生的马克思主义中国化的三次飞跃，帮助学生深刻理解中国共产党为什么能、中国特色社会主义为什么好，归根到底是因为马克思主义行，引导学生坚定"四个自信"。该课程内容丰富，紧扣时代脉搏，采用的实践教学方式也灵活多样，如专题报告会、展示交流会、情景模拟、讲述身边故事等。总的来说，思政课教师应该结合学生实际，综合利用本校、本地思政教育资源，创造性地开展多样化的课堂实践教学。

需要强调的是，课堂实践教学尽管有利于学生及时吸收和转化所学的理论知识，但受总学时、场地、特定的理论内容等因素的限制较多，因此，应当格外重视做好充分的前期准备，进行精心的方案设计、方法选用，在实施过程中恰当掌控以及实施后进行总结升华。

二、思想政治理论课课堂实践教学的主要形式

考虑到有些课堂实践教学形式已较成熟，有较为固定的教学程序和教学策略，如案例分析、材料阅读等，有些课堂实践教学形式可通用于各门思政课教学活动，有些又仅适合于某一门或两门思政课，比较"小众化"，如模拟法庭、情景剧表演等。综合各方面因素，本教材选取课堂讨论、思政公开课、主题辩论、主题演讲、知识竞赛和作品赏析等六种实践教学形式进行详细分析。

同时，如果不同的思政课课堂教学运用了同一种实践教学形式，还应注意，其设计的主题内容及其导向应有所区别，要与特定理论课程主旨相适应。例如，同样以抗疫、抗灾为主题的知识竞赛，"马克

思主义基本原理"课就应多以科学抗疫、抗灾的知识和方法，人与自然和谐相处等作为知识竞赛的主要内容，而"毛泽东思想和中国特色社会主义理论体系概论"课就应多以党的领导、中国特色社会主义制度优越性、以人民为中心的发展理念等作为知识竞赛的主要内容。

（一）课堂讨论

课堂讨论是指在思政课课堂教学上，学生在老师的引导下，就教学中的基础理论或疑难问题，特别是与某个基本理论相关的社会热点问题，在师生之间、学生之间相互交换观点和看法，并针对问题的某些方面各抒己见，开展研讨、争论，充分地沟通交流，碰撞思想，最终达到共同理解以及求同存异的一种实践教学形式。与讲授式教学相比，讨论式教学能够更好调动学生的积极性，由老师主动告知答案转变到学生自己寻求答案，可以加深学生对理论知识的理解，有助于锻炼学生的独立思考能力，同时也通过相互交流意见，培养学生独立分析问题、解决问题的能力和口头表达能力。课堂讨论法也有其缺点，如有时难以调动学生，有时又不易控制课堂秩序，有时费时较多却未能达到预期的教学目的。因此，有必要对课堂讨论的基本步骤、注意事项等进行详细说明。

1. 课堂讨论的基本步骤

（1）拟定讨论主题。教师根据教材内容和教学目标应事先拟定讨论的主题并提前告知学生，要说明讨论该主题的目的意义以及有关注意事项。适合作为讨论主题的内容包括：需要学生学习和理解掌握的重要理论内容；与国际国内重要时事问题紧密相关的热点问题；学生有困惑、迫切希望得到解答的相关理论和现实问题；学生有兴趣讨论且与课程有关的内容等。

值得注意的是，课堂讨论有即兴课堂讨论，也有有准备的专题课堂讨论，这里主要针对有准备的课堂讨论进行说明。同时，讨论主题的指向应是确切而没有歧义的，以防将讨论变成一场无谓的争论。

（2）学生查找资料、撰写发言提纲。教师在上讨论课之前，就要给学生安排任务，要求每一个学生或小组收集资料，并根据资料分析整理出一份讨论发言提纲。老师要指导学生收集资料的方法和方向，资料包括文字资料、图片资料、语音资料和视频资料等，要充分利用图书馆、网络、社会调查、访谈等多种形式，尽可能多地占有第一手资料。收集的资料应该遵循客观、真实、全面、有针对性和实效性的原则。为了给学生留下充足的时间查找资料，可以提前1—2周给学生布置任务。接下来，学生对资料进行分析综合，从中提炼出自己的观点，再围绕论点形成发言提纲。

（3）分组讨论、推荐代表发言。课堂讨论，可以全班讨论，也可以分组讨论，但以分组讨论为佳。分组一般有自愿分组和老师指定分组两种。一般而言，由学习能力、交流技能、学习成绩等方面不同（即异质）的学生组成的讨论小组，比同质学生组成的讨论小组更能使每个成员都有参与讨论的平等机会。因此，若由老师指定分组，就要考虑各个小组的成员搭配问题，这样更有利于提高讨论的实效。分组时，每组人数不宜太多。据研究，小组规模和成员与参与度密切相关，3~6人的小组，一般每人都发言；7~10人的小组，几乎所有人都发言，但安静一些的人发言少些，有一两个人可能一句话都不说；10~30人的小组只有少数人会发言；而30人以上的小组则几乎没有人发言。① 因此，小组过大会减少学生参与讨论的机会并增加组织讨论的难度，导致讨论效果下降。同时，采取适于讨论的座位模式也是非常重要的。像平时上课那样"秧田式"的座位模式就不适于讨论。一般来说，如果小组成员彼此能够看见对方并能听到对方说话，那么他们就愿意与对方进行交流。进行课堂讨论的座位模式最好是圆圈式的，

---

① 陈向明：《小组合作学习的组织建设》，《教育科学研究》2003年第2期。

至少也应该是面对面的。这样，便于所有成员参与讨论。讨论过程中，教师应在教室内走动，巡视和检查每个小组的讨论情况，以确保讨论集中于讨论目标，并了解讨论进度，也可适当参与其中，适时引导。自由讨论时间结束，每个小组推荐代表作全班发言。

（4）总结点评，学生提交心得体会。课堂讨论的最后环节是总结点评、提交作业。总结可以由教师总结，也可以让学生自己总结，当然也可以在学生总结之后教师再总结。如果让学生做总结性发言，可以先给学生一点引导性的提示，如想想在讨论前的想法和感受，再比较讨论后的想法和感受的变化，让学生通过比较总结收获。也可让学生先写下自己的想法和感受，再让其在全班畅谈，与同学分享。这样的总结，使学生感到有趣，能激发学生参与的积极性，有助于锻炼学生的语言表达能力、归纳能力、组织能力，实现实践教学的目的。

如果由教师对讨论课作总结点评，那么，涉及的重要方面应该包括：① 归纳或小结经课堂讨论已经解决的问题、得出的主要结论、形成的基本认识等。② 总结课堂讨论的得失或经验教训，如本次课堂讨论的成功之处、主要经验、失败教训。在进行这种总结时，教师应该尽可能以肯定方式，即以提醒、告诫而非指责的方式，让学生在后续课堂讨论中得到改进。③ 通过归纳或小结使学生对讨论内容进行梳理，复习主要内容，产生整体印象，使知识系统化。在教师归纳或小结的同时，要逐步培养学生进行自我归纳或小结的能力。④ 建立此次讨论与随后课堂学习或讨论的联系或过渡，为以后的学习提供基础。⑤ 将讨论内容或主要结论与学习目标和实际应用结合起来，彰显讨论对达成目标、对学生学习已经产生的作用，使学生产生成就感，强化学生继续参与课堂讨论的愿望。总结完成后，教师应对参加讨论课的学生做出成绩评定和记载，必要时应该让学生写一份心得体会，再次梳理本次讨论的得失。

2. 开展课堂讨论的注意事项

（1）要做好充足的前期准备。首先要选好合适的讨论主题，好的讨论主题是激发学生思想火花和兴趣的前提。但不是所有问题都有讨论价值，像有些知识性问题，对学生而言就是简单的知道和不知道，没有讨论价值。还有的问题学生稍为思考一下就能得出结论，而且这结论单一而具体，不能起到锻炼学生的思维能力的作用，也没有讨论价值。太难的问题也不宜作为讨论主题，超出学生知识范围的高深问题只会打击学生的自信，讨论也容易陷入冷场，收不到实效。与学生思想政治理论学习不相关的内容也不能作为讨论主题。还应注意，作为思政课课堂讨论的话题不宜涉及敏感政治问题。其次，教师应对讨论中可能出现的种种情况做出预判，并有所准备。如，对可能出现的种种结论或主张，冷场或偏题现象等，都需要在讨论前就做好预案。

（2）讨论过程中，教师要用积极的反应来鼓励学生。一是要学会倾听。倾听是指教师在学生说话时认真听，努力去理解，适时做出反应，而不要不理睬，或者轻易打断学生的话语。二是要学会对学生在讨论中的贡献做出反应，显示欣赏、支持，即采取非提问性的方法，如肯定、停顿、给予信号等。这会使学生发言更积极，思想更活跃，表现更突出。三是要适时引导课堂讨论，确保讨论的方向，使讨论紧紧围绕讨论主题进行。及时加以指导，不要让学生的讨论偏离讨论主题。四是要及时处理讨论过程中的一些突发事件。如随着讨论进展出现的意想不到的新问题、学生讨论中出现的情绪化语言或表现等，都需要教师及时加以处理，以减少这些突发事件对讨论顺利进行的消极影响，确保讨论达到预期效果。五是要提供新的必要的知识信息。如果发现讨论陷入僵局或学生长时间保持沉默时，教师要提供新的必要的知识信息，或给予点拨和引导，再次激活讨论，保证讨论的顺畅进行。六是要适时做简短的阶段小结或归纳。阶段小结或归纳可以明确讨论已解决的问题、形成的共识，也可以明确当前面临的任务，使讨论在当前的基础上向前推进，不做无用功；还可以在小结或归纳时告诉学生要注意的方面，并给予学生特殊指导。

（二）思政公开课

这里的思政公开课特指学生在思政课教师指导下组建团队，围绕思政课课程中的有关章节或专题进行教学设计、开展教学、公开展示、交流评比的一种实践教学方式。"教"被认为是一种极好的学习方式。与被动地接受信息不同，教需要主动对知识进行重新加工梳理，即使照本宣科的教也需要把知识脉络把握清楚。让学生通过"教"来学，也就是走上讲台讲一堂思政公开课，是一种新颖有效的课堂实践教学方式，尤其让学生走上讲台，以教师的身份向同学们和评委老师讲授思政课，势必给学生固有的思维和态度带来巨大的冲击，有利于促使他们将"输入"转变成"输出"，将"获得"转变成"传递"，也促进学生的归纳与演绎、分析与综合等辩证思维能力的提高。

思政公开课的具体步骤如下：

1. 确定授课内容

思政公开课的内容应围绕"中国近现代史纲要""思想道德与法治""形势与政策""马克思主义基本原理""毛泽东思想和中国特色社会主义理论体系概论"五门课程中的有关章节或专题进行选题。选题涉及的范围不宜过大，应在15分钟内完成讲授；难度不宜太深，适合学生的学力水平；应紧扣课程大纲，不能离题发挥，信口开河。带着问题选题，一个选题解决一个问题，一个选题就是一个完整的知识点。容易引起争议的敏感问题不宜作为选题。如2017年获全国高校学生讲思政公开课展示活动一等奖的教学团队，他们的选题就包括"资本–帝国主义的侵略给中国带来了什么""不能忘却的背影：确立'十四年抗战'概念的意义""追逐共产主义的光芒""坚持和发展中国特色社会主义，为实现共产主义而奋斗""生态环境保护理念及其思考"

"红色文化与文化自信"等。选题最好由学生在老师指导下，根据教学大纲、课程目标和教学进度共同确定。

2. 组建教学团队

教学团队要完成文字资料与教学视频收集、教案编制与 PPT 制作、现场公开展示等不同任务。因此，应该以任务为导向组建教学团队，让学生在团队中充分展现自己的优势，人人有事做，事事能做好，既各显其能，又紧密配合。

公开课展示的范围不同，教学团队的选人范围也不同。如果只在教学班内展示，就应在班内组建多个教学团队。如果在全校展示，则可以专业或学院／系／部为单位，择优选材。学校还可以有意识地培养一支有竞争力的、经过规范流程挑选出来的教学团队，由专任教师指导。

3. 进行教学设计并公开展示

教学设计要求构思精巧、创意独特、表现新颖。教学设计包括学情分析、学习内容分析、任务分析、教学目标、设计思路或意图、教学过程、板书设计、自主性教学评价（教学反思）、教学资源链接等环节。

开展教学是将教学设计的意图展示出来，要求观点正确、逻辑清晰、方法得当，能引导学生深化对思政课教学内容的认识，展现当代大学生的理论素养和精神风貌。

4. 评分标准

展示活动结束后进行评课、评比，既是对学生教学展示的评价、分析，也是一种导向和反思。评分标准如下：

（1）坚持正确的政治方向，能够根据教学内容要求，结合实际情况，教学各环节安排都具有明确清晰的目标。

（2）内容安排合理，能突出重点，分解难点。教学内容的衔接自然，逻辑清晰。

（3）教学材料符合教学目标，视野宽广，选材新颖，贴近现实，紧跟形势，能拓宽学生思维。

（4）教态自然大方，普通话标准，声音洪亮，语言清晰且逻辑性强，语速适中，提问明确，师生双向交流安排适当。

（5）板书、板图和课件设计合理、科学、美观。

（三）主题辩论

主题辩论是大学生所喜闻乐见的一种课堂实践教学方式，是指意见相左的双方或多方围绕一个或几个问题展开争辩，以确立自己的观点、驳斥对方观点的一种活动形式。辩论赛则是主题辩论最常见的具体操作方式，是参赛双方就某一问题进行口头辩论、相互争胜的一种竞赛活动。主题辩论赛，有助于学生——不论是台上参赛的辩手还是台下"观战"的同学——对辩论主题内容做更深入更全面的思考和解读，起到强认知、明是非、知利弊的作用。不过作为一种赛制的主题辩论，更显著的作用却是锻炼学生的快速反应能力和运用辩论技巧的能力。所以，主题辩论赛实际上是以争取评委的裁决和听众的反响来击败对方获取"胜利"的一种知识竞赛、思维反应能力竞赛、语言表达能力竞赛，是综合能力的竞赛。这表明主题辩论赛与法庭辩论、谈判辩论以及同学之间、师生之间的日常争辩是有很大区别的。因此，在设计辩论主题时，不仅要考虑辩题的思想性，更要注意辩题的可辩性，要让正反双方都"有话可说""有理可讲"。但组织辩论赛耗时较多，周期较长，因此不宜在课堂教学中频繁采用。

1. 主题辩论赛的基本步骤

（1）拟定辩题。辩题可以在学生中征集，也可以由教师指定。选择合适的辩题非常重要。一个好的辩题至少应该满足以下要求：第一，应具备一定的社会现实意义或人文价值；第二，辩题应是人们在生活中容易接触、关心、讨论或者认为有必要认真思考和探求的问题；第三，在辩题所涉及的领域内依然没有比较明确的"定论"，即辩题论证结果具有模糊性和不可知性，这样才有论辩的必要和余地，如"温饱是/不是谈道德的必要条件"这个辩题就很好地体现了上述要求；第四，题意应十分明确，尤其是关键字和关键词不应该有理解上的多义性，否则，辩论容易沦为文字游戏；第五，辩题给予双方的立论空间应该是基本对等的，不应予以辩论的某一方在事实、道德、舆论、情感等方面以较多的便利；第六，辩题要与课程主要内容相适应，与现实生活相适应，具有现实针对性、即时性和意义性。总之，好的辩题应该是正反双方都有话说，赞成的人和反对的人数量相当。

（2）指导学生熟悉、掌握辩论赛的赛制和流程。辩论赛的赛制和流程可见案例 1。教师也可以让学生自己制定辩论赛的赛制和流程。

（3）讲解辩论技巧。辩论赛不仅要求辩手在力陈己方观点时有根有据，机敏而俏皮，使对方陷入"不可辩驳"的窘境，还要反驳对方的观点和立论依据，因此，运用适当的辩论技巧是非常有必要的。常用的辩论技巧有：移花接木、釜底抽薪、借力打力、正本清源、顺水推舟、攻其要害、利用矛盾、声东击西、引蛇出洞，等等。此外，辩论赛是一项团队活动，参赛队员之间也需要相互配合，才不容易被对方找到破绽。

（4）组织初赛。可以由班委或课代表先行组织，要求学生人人参与，从中选拔 2~4 支队伍参加课堂辩论赛。

（5）组织预赛、决赛。通过抽签，决定 2~4 支队伍的赛场及辩题，按照赛制和流程组织预决赛。

（6）辩论赛评委做出点评。辩论赛评委可由教师和学生组成，也可由学生组成。但任课教师应参与辩论赛的全过程，适时指导。首席评委要对辩论双方队员的特点、优点和不足等方面进行点评，也要对团队整体表现给予点评。教师应对整个辩论赛进行点评和总结，还应对参赛选手和学生评委做出成绩评定和记载。

2. 组织主题辩论赛的注意事项

（1）在拟定辩论赛主题时，要注意辩题的意义性、时效性。

（2）辩论中不可进行人身攻击。

（3）尊重主持人及评委的评判。

（4）要求以普通话参赛，普通话不标准的适量扣分。

（5）在辩论中，辩手可以使用道具、图表和物品作为辅助手段以强化自己的陈词，但尺寸不能过大，以免遮挡。

（6）在每场比赛中，辩手的辩位不能变动。

案例1：辩论赛的赛制和流程

一、赛制

1. 参赛人数及时间：国际标准4对4辩论赛，每一赛场分正反双方，每方各4人，每场比赛时间不超过40分钟。

2. 辩论赛主持人：1人。

3. 辩论赛评委组：5~7人。其中，首席评委在每一赛场结束后进行点评；计时员2人、统分员2人。

二、比赛流程

1. 主持人宣布辩论赛开始，介绍比赛规则和评分标准，介绍评委组成员和辩题相关背景资料；选手结合自己的辩题进行自我介绍；简单介绍比赛流程和规则。

2. 开篇陈词

正方一辩发言（立论）（2分30秒）；

反方一辩发言（立论）（2分30秒）。

（注：每方队员在用时剩余30秒时，主持人应提醒辩手；时间用完时，主持人举红牌宣布终止发言。）

3. 攻辩

正方二辩针对反方二辩或三辩提问；

正方三辩针对反方二辩或三辩提问；

反方二辩针对正方二辩或三辩提问；

反方三辩针对正方二辩或三辩提问。

（注：每一轮攻辩阶段为 1 分 30 秒，攻方每次提问不得超过 10 秒，每轮必须提出 3 个以上的问题。辩方每次回答不得超过 20 秒。用时满时，主持人举红牌宣布终止发言，不得再提问或回答。重复提问、回避问题均要被适当扣分。特别注意：问者只能问，答者只能答。）

4. 自由辩论

正反方辩手轮流发言。

（注：每方限时 5 分钟，双方总计 10 分钟。发言辩手落座即为发言结束，同时，另一方发言开始计时，另一方辩手必须紧接着发言；若有间隙，累积计时照常进行。同一方辩手的发言次序不限。如果一方时间已经用完，另一方可以继续发言，也可向主持人示意放弃发言。自由辩论提倡积极交锋，不能对重要问题回避交锋两次以上，对于对方已经明确回答的问题，不能纠缠不放。自由辩论阶段，每方使用时间剩余 30 秒时，主持人提醒；时间用完时，主持人举红牌宣布终止发言。）

5. 总结陈词

反方四辩总结陈词（4 分钟）；

正方四辩总结陈词（4 分钟）。

（注：应有针对性地对辩论赛整体态势进行总结。每方队员在用时剩余 30 秒时，主持人应提醒；时间用完时，主持人举红牌宣布终止发言。）

三、观众提问

观众可向正反方各提问题，由双方选派选手作答。该环节在正式比赛结束后进行，增加比赛观赏性，不影响比赛结果。

四、教师分析、点评赛况

～～～～～～～～～～～～～～～～～～～～～～～～～～～～～～

（四）主题演讲

演讲又叫讲演或演说，是指在公众场所，以有声语言为主要手段，以体态语言为辅助手段，针对某个具体问题，鲜明、完整地发表自己的见解和主张，阐明事理或抒发情感，进行宣传鼓动的一种语言交际活动。思政课课堂实践教学的主题演讲，通常有课前演讲和演讲比赛两种形式。课前演讲即利用每节课前的1—3分钟，让学生上讲台向同学宣讲时事政治、哲理故事、名言警句、法律案例、历史典故等，以此来激发学生的学习热情，锻炼学生的表达能力和交际能力。演讲比赛即由若干同学就同一个主题发表演讲，并进行评比。前者不限题目，比较自由，学生可以自行选择自己最有话说且与课程相关的内容。但教师也要提醒学生不可演讲那些有明显错误倾向的话题。后者往往是命题演讲，如"祖国在我心中""中国梦、我的梦"等紧扣时代脉搏的主题演讲。学生事前要认真撰写演讲稿并反复修改，演讲时语气、语调、语速、肢体语言等都要有相应的配合，不可随意发挥，因而更为严谨。两种模式在思政课课堂实践教学中的应用都非常广泛。

1. 课前演讲的基本步骤及注意事项

（1）课前演讲的基本步骤。首先，制订计划。开学初期，教师向学生宣布课前演讲的基本要求、组织程序、评分标准等，根据学号顺序或抽签决定演讲顺序，让学习委员或课代表协助老师确定每一位同学演讲的具体日期。根据学生总人数合理安排每次课前演讲的参加人数，但每次不宜超过3人。

其次，演讲前的准备。教师指导学生确定选题，制作PPT或编写演讲大纲、演讲稿，教授演讲技巧。

再次，组织演讲。教师提前 10 分钟进教室，要求学生提前 3 分钟进教室，了解当次参加演讲同学的情况，可以把表达能力强、普通话标准、声音洪亮的同学安排在第一个上台，为后面的同学做个榜样。全部学生演讲结束后，教师点评或请学生点评。并公布下一次参加演讲的同学的名单，提醒他们做好准备。

最后，评分，记载入册。教师应对每位学生的表现给出评分并记载，作为平时成绩的依据之一。

（2）课前演讲的注意事项。课前演讲容易流于形式，为了避免这种情况，教师对学生的指导和监督就不可缺少。应做到：

首先，每次演讲结束，提醒下一组参加演讲的同学做好准备。

其次，用积极中肯的语言点评学生的演讲，给学生正面的回馈，激发学生的参与热情。

最后，合理安排发言顺序：请主动热情、语言生动、表达流利、在学生中有一定威信的同学先讲，起示范作用，这些都可以增强课前演讲的效果。

2. 演讲比赛的基本步骤及注意事项

（1）演讲比赛的基本步骤。演讲比赛比课前演讲更严肃、更正规，因此需要精心准备。

首先，确定演讲主题并成立演讲比赛评判组。演讲比赛的主题应该是积极向上的，对人们起鼓励、凝聚、教育、劝导作用的，如以爱国主义、感恩、孝敬父母、回报祖国、艰苦奋斗、伟大成就等为主题的演讲就较为多见。评判组由评委 3~5 人组成，另设统分员、计时员。上述成员均可在学生中产生。其中，评判组组长在比赛结束时要进行点评，最好由任课老师担任。

其次，指导学生写演讲稿。演讲稿不同于作文，作文适合于无声的阅读，演讲稿则适合于有声的讲演，因此演讲稿有独特的写作方法。演讲稿的写作非常重视开头，新颖的开头才能一下子抓住听众；演讲稿要有内在逻辑，层次清晰；演讲稿的语言应该具有感染性和震撼力，既可直抒胸臆，也可娓娓道来；演讲的结尾要总结概括、首尾呼应或点题升华、展望号召。

再次，组织演讲。赛前用抽签方式决定演讲顺序，主席宣布比赛开始，介绍演讲主题，介绍评判团成员，介绍比赛评分细则（见案例2）。选手逐个上台演讲，现场评分。

最后，点评，颁奖。最后一名选手演讲结束后，评判组成员商议比赛结果。主席对比赛进行点评，宣布比赛结果并颁奖。教师应对每位参赛同学的表现给出评分并记载，作为平时成绩的依据之一。

（2）演讲比赛的注意事项。演讲比赛的组织实施存在一定的困难。如演讲比赛对学生的综合素质是一个全面的考验，因此学生容易产生畏难情绪，从而影响参与的积极性和广泛性；演讲比赛需要花较多的时间和精力进行准备工作，无论教师还是学生都要有充分的思想准备；比赛结束要发放奖品等可能会产生费用。因此，需要注意的方面包括：

首先，保证全员全过程参与。要求每一位学生都要撰写演讲稿，从中择优或随机选择学生参加演讲比赛；鼓励学生形成团队，相互合作，如文笔好的学生负责撰写讲稿，普通话标准、形象气质好的学生负责讲演，共同完成任务；演讲比赛结束，请观众（也就是学生）发表感言等。

其次，赛前指导要细致。赛前的指导不仅包括演讲稿的推敲修改，也包括临场心理、仪态仪表、语速语调、参赛礼仪等全方位的培训。

最后，因演讲比赛产生的费用学校应该有一个制度性的解决办法。

案例2：演讲比赛评分细则

分演讲内容、语言表达、形象风度、综合印象四部分对演讲选手进行评分。满分为100分。评委打分后去掉一个最高分和一个最低分，汇总后取平均分，精确到小数点后两位，若出现同分，则精确到后三位，照此类推。

一、演讲内容：40分。要求演讲内容紧扣主题，主题鲜明、深刻，格调积极向上，语言自然流畅，富有真情实感。

二、语言表达：30分。要求脱稿演讲，声音洪亮，口齿清晰，普通话标准，语速适当，表达流畅，激情昂扬，讲究演讲技巧，动作恰当。

三、形象风度：20分。要求衣着整洁，仪态端庄大方，举止自然、得体，体现朝气蓬勃的精神风貌，上下场致意，答谢。

四、综合印象：10分。由评委根据演讲选手的临场表现做出综合演讲素质的评价。

当然，还要注意演讲的时间把握，若演讲时间超时，应酌情作适当扣分处理。

（五）知识竞赛

知识竞赛是以知识问答、知识比拼为主要特征的一种课堂实践教学形式。开展知识竞赛活动，可以激发学生学习热情、拓展知识面、辅助思想政治教育、促进人才成长。作为思政课教育教学范围内的知识竞赛，要选取与现行五门思想政治理论课相关的知识及其拓展知识作为竞赛内容，要注意知识内容的思想导向性。当前，"四史"知识竞赛、法律知识竞赛和时事知识（特别是与党和国家大政方针政策相关的时事知识）竞赛等是思政课课堂教学中较常用的一种实践教学方式。

1. 知识竞赛的基本步骤

（1）确定比赛范围。是历史还是时事，是法律常识还是环保知识，是生活百科还是特殊专题，要先划定一个范围，指定复习书目或者题库，让学生提前做准备。

（2）命制试题。用于知识竞赛的试题应兼具知识性、智慧性和趣味性。一场比较成功的知识竞赛，不仅要含有较大的知识容量，还应该给人们以智慧上的启迪。因此，在知识竞赛题中，智力题一般应占到15%—20%。即使是知识题，也应尽量避免简单对答，而应使之有助于对综合能力的考查。同时，题目应尽量有趣，这是烘托赛场气氛的重要条件。竞赛试题的要求高、限制多、时间紧，因而出竞赛试题是一项艰苦的工作。在出题过程中，教师应根据具体情况对以往的竞赛题进行选择和改造。

（3）组织比赛。通常分为初赛和决赛。初赛采用笔试，目的在于选拔参赛选手。笔试得分最高的前8名同学，抽签决定分成两队，参加决赛。其他同学除去主持人、记分员、评委等决赛工作人员外，也分为两组，作为参赛小组的啦啦队和后援团。教师应对每位参赛同学的表现给出评分并记载，作为平时成绩的依据之一。知识竞赛决赛流程可参见案例3。

2. 组织知识竞赛的注意事项

知识竞赛的组织实施要注意赛前和赛中两个时间点。赛前的重点是竞赛试题的命制，可以请指导教师们群策群力，将有共同的学科专业背景或讲授同一门思政课的教师们分为若干小组，分工合作，拟制出系统、全面、规范的竞赛试题，并形成试题库。竞赛试题从题库中随机抽取。赛中的重点是竞赛秩序的掌控。知识竞赛因其面对面的对抗性，极易吸引学生的注意力，气氛热烈，扣人心弦，课堂参与热情易于调动。但也要防止过于情绪化、现场秩序失控等不利情况，一定要向学生强调遵守竞赛规则的重要性。可以考虑设置"最佳风度奖"，鼓励学生文明参赛。

案例3：知识竞赛（决赛）规则

1. 决赛以知识问答方式为主，辅以游戏方式进行，每队基本分为

100 分。

2. 决赛内容分三个部分。

第一部分：惊险必答。主持人读完题目后，参赛者必须在限定时间内作答，答对加 10 分，答错不扣分。每队 10 道题。也可采取现场求助的方式完成。现场求助只能向参赛队的后援团求助，答对加 10 分，答错不扣分。求助仅有一次机会。

第二部分：快速抢答。当主持人读完题目，参赛者有知道答案的，马上把身边的气球戳破，然后代表取得作答权利，答对题目加 20 分，答错扣 10 分，总共 20 道题目。

第三部分：幸运搭档。每小组轮流上场，其中两名队员面对观众，用肢体语言描述 PPT 播放的事物，另两名队员背对 PPT，猜测队友描述的事物，在规定时间内答对一题加 10 分，每个组 5 分钟。

考虑到知识竞赛过程较长，且有一些服务环节，因此，中间可穿插观众互动活动。如用音乐传气球，当音乐起到音乐停的时候，手上拿着气球的观众就有获得回答问题的机会，并颁发奖品。游戏次数可根据现场时间来具体把握。

3. 宣布结果、颁奖。指导教师进行点评和总结。

～～～～～～～～～～～～～～～～～～～～～～～～～～～～

（六）作品赏析

思政课课堂实践教学中的作品赏析，是指教师在教学计划中，安排专门的时间，在课堂上播放与教学目标一致、与教学内容密切相关的主旋律影视作品，并引导学生进行正确的审美、分析、鉴别的一种教学模式。作品赏析在思政课中有独特的作用。因为影视艺术不以说教和训诫为手段，而是赋予思想政治教育以生动形象的内容与形式，使大学生在真善美的熏陶和感染中树立起正确的世界观、人生观、价值观，自觉养成热爱祖国和人民、诚实善良、正直勇敢的美好品质。

1. 影视作品赏析的基本步骤

（1）精选片源。评价一部影视作品是否优秀，标准有很多。但作为在思政课上播放的影视作品，要更强调思想性、政治性、历史性和文化性。有时，为适应课堂实践教学活动对时间的限制要求，还需适当剪辑。同时，为避免为欣赏而欣赏，所选的影视作品应和教材相关内容、教学目标和教学进度相呼应，前者为后者服务。

（2）组织观看。对于要播放的影视作品，教师必须先审片，并对影视作品的思想艺术价值有所把握。影视作品播放前，教师应先讲解影视作品与教学内容之间的联系，简要介绍剧情，还应给学生观赏活动布置相应的任务，提出赏析要求，如讨论问题或撰写观后感等，让学生带着问题和任务欣赏作品。教师要提醒学生遵守纪律，维持课堂观影秩序。

（3）观感讨论或写观后感。影视作品观赏结束，应组织同学就相关问题或议题展开讨论，老师适时引导、点评，也可以根据事先布置的任务要求同学们写观后感。对每位参加观感讨论或写观后感的同学的表现应给出评分并记载，作为平时成绩的依据之一。

2. 开展影视作品赏析的注意事项

思政课中开展的影视赏析活动，与影视传媒专业的影视赏析和作为美育教育一部分的影视鉴赏选修课的要求应该是有所区别的。因此，在开展影视作品赏析时，应注意：

（1）应该把影视作品的思想性放在第一位，但也不能忽视影视作品的艺术性要求。思政课中的影视赏析的主要目的不是探讨拍摄手法和技巧，而是在影视作品的欣赏过程中受到美好品质的熏陶，从而在不知不觉中接受教育。所以，那些过于娱乐化、戏说化的影视作品，或雷人"神剧"就不宜作为备选片源。

（2）播放影视作品过程中，要注意维持课堂纪律，学生不能随意走动、提前离开或做别的事情，教师应对学生的赏析活动有所引导。

（3）教师应掌握一些基本的影视资料剪辑技术。因受课堂时间限制，课堂影视赏析不宜过长，以影视片段为宜，时间建议控制在20分钟内。若要求同学们完成观后感，也建议在课堂内完成，这样可及时检测学生学习情况，增强教学的时效性。若要进行系列影视赏析和高质量的观后感写作，可在课外实践教学中进行。

三、思想政治理论课网络实践教学

随着互联网技术的普及，人类的生活实践方式正在悄然变化。高校思想政治教育领域在经历了最初的冲击和震荡之后，对大学生网络生活的认知已经趋于理性和成熟。中央相关文件也适时提出，要重视发挥多媒体和网络等信息技术在高校思想政治工作和思政课教学中的重要作用，"要深入研究网络教学的内容设计和功能发挥，不断创新网络教学形式，推动传统教学方式与现代信息技术有机融合"[1]。2019年8月，中共中央办公厅和国务院办公厅再次发文要求"大力推进思政课教学方法改革，提升思政课教师信息化能力素养，推动人工智能等现代信息技术在思政课教学中应用"[2]。2020年以来，网络教学形式更是得到大发展。如今，思政课教学基本形成了以课堂教学为主体、以实践教学和网络教学为两翼的格局。网络实践教学也正成为一种全新的思政课实践教学形式。

（一）网络实践教学概述

网络实践教学也称线上实践教学，是基于互联网技术的支持，以教师为主导，以学生为主体，通过数字化技术，把教学内容和实践活动制作成动画、网页、视频等形式，让教育主体有身临其境的感觉，

---

[1]　教育部：《新时代高校思想政治理论课教学工作基本要求》（教社科〔2018〕2号）。

[2]　中共中央办公厅、国务院办公厅：《关于深化新时代学校思想政治理论课改革创新的若干意见》，中华人民共和国教育部网站。

从而激发学生学习探究的兴趣和参与学习过程的愿望的一种教学形式。[①] 把网络实践教学的一般特征和技术运用于思政课实践教学中，即形成思政课网络实践教学。

网络实践教学的主要特征有：第一，实践活动展开的空间是网络世界、虚拟空间，而不是传统的物理空间、现实空间。第二，实践活动的展开和完成具有高度的技术依赖性。除了要具备网络、电脑等基础条件外，实践主体必须拥有一定的网络运用素养、较为熟练的网络运用能力。而这些方面都是以网络技术、计算机技术、虚拟技术的新成就为支撑的。第三，实践成果以虚拟的、多媒体的形式呈现，不再是单一的纸质形式。虚拟作品往往是思想性、即时性、艺术性的有机融合。

大学生是我国互联网用户人群中最为活跃的群体。大学生借助网络技术构造的网络世界浏览新闻、检索信息、查阅文献。网络已成为其研究、学习的好帮手。大学生也通过制作个人主页、开设博客、微博、微信公众号等，参与网络传播讨论以表达心声、发布观点、交流思想，乃至通过网络模拟经济、法律实践，等等，已成为网络社会实践的主力军。大学生在网络构造的虚拟世界里畅游，被别人改变也改变着别人。这些都为开展思政课网络实践教学提供了广阔的空间。网络实践教学正与现实的课内、课外实践教学共同构成立体多维的思政课实践教学形式系统。目前，网络实践教学形式仍在探索之中，这里着重介绍几种较为常用的课堂网络实践教学形式，对于用时较多的网络实践教学如网络调查，则放在第五章的相关部分进行阐述。

（二）网络竞答

网络竞答也称在线竞答，是依托互联网进行的竞赛答题方式。灵

[①] 潘玲霞，龚新桥：《思想政治理论课与网络资源结合的新形式——以虚拟实践教学为例》，《学理论》2014年第2期。

活、便捷、低成本、及时反馈、参与人数近乎无限，是网络竞答与线下竞答相比的突出优势，不仅非常适合于向大众普及宣传科技、法律、安全、消防、卫生等方面的知识，而且适合向学生进行理论知识的传播，深受师生喜爱。同时，由于市场应用前景广阔，各种竞答平台也纷纷搭建起来，新的答题平台还在不断推出或升级迭代，这为思政课教师采用此方式开展课堂实践教学提供了便利。不过，对于部分中老年思政课教师而言，实施网络竞答等网络实践教学形式还是有一定挑战性的。因此，各高校应出台一些措施，促进思政课教师尤其是中老年思政课教师尽快掌握网络实践教学的一些基本技巧。

1. 竞答平台简介

网络竞答平台可分为网页版和移动版两种，网页版需在台式电脑或笔记本电脑上完成，移动版可在 4G 手机、平板电脑上完成。不少平台可同时提供网页版和移动版两种访问方案，且大多十分友好，不具计算机和编程专业知识的"素人"也可轻松上手。平台通常会提供试题模板，可在短时间内制作完成，试题录入方便，表现方式也灵活多样，文字、图片、图表、语音、短视频等都能兼容，答题方式通常有打擂式、闯关式、互动式等竞赛方式，其竞争性、趣味性、挑战性和新颖性极大地吸引了学生参与。

2. 网络竞答的实施步骤

（1）组织学习。对竞答知识进行系统学习，可采取课堂讲授与自学相结合的方式，为竞答做好充分准备。

（2）创建竞赛考试。填写竞赛名称、参赛须知等基本信息，选择考生参加方式及需要填写的信息。

（3）选择试卷类型并添加试题。试题的类型尽量丰富多样，可采用单选、多选、判断、填空、简答等题型，导入视频、音频、图片、图表等试题素材以丰富竞赛内容。

（4）对竞赛考试进行设置，可以设置参考时间、答题次数、答题时长、防作弊等参数，设置完毕之后就可以发布竞赛考试了。

（5）竞赛结束后进行分析总结，综合答题时长和准确率等因素评选出表现优异的学生予以表扬；对错误率较高、存在普遍性误区的题目要引导学生正确辨析，查漏补缺、巩固知识。

3. 网络竞答的注意事项

（1）适于网络竞答的知识内容应当是有确切且唯一答案的内容，如中国共产党成立以来、新中国成立以来以及改革开放以来的重大事件、重要会议、重要文件、重要人物；法律法规的颁布实施、重要条款、判例运用；党的理论创新最新成果；等等。

（2）不宜在课堂上过多采用网络竞答。这是因为课堂时间本身有限而宝贵，且竞答内容主要是记忆型的知识，对学生综合素质和分析归纳运用能力的培养作用有限。所以，对每门思政课所组织的网络竞答实践形式次数应有所限制，对每一堂课网络竞答的时长也应有所限制。

（3）重视题库建设，适时更新知识内容，特别是要及时反映党和国家最新的大政方针政策，马克思主义中国化的最新理论成果。网络竞答的题库是一个典型的公共产品，如果仅靠个别思政课教师以一己之力完成将费时费力，且可能导致题库知识不够完整丰富，甚至出现有缺陷的竞答题。所以，最好以教研室为单位，群策群力、集思广益，共建共享竞答题库。同时，应形成稳定的题库更新机制，当有党和国家重大庆典、重要会议召开时，或有重要文献发布时，或有了鲜活的时代素材时，都应及时补充进题库。

（三）网络学堂

网络学堂是近年来出现的一种方便师生进行网上交流、学习、互动的教学平台。教师可通过登录网络学堂，利用网络上传教学课件、教学视频、拓展资料，布置作业，解疑释惑。学生也可以通过登录网络学堂，在网上浏览课件、上交作业、参与课程讨论。因此，可以在校园网中设置专门的思政课学习园地，提供更丰富的学习资源和开放式自主学习时间，让学生通过网络课堂来提升自我的思想政治理论修养和自学能力。

1. 创建网络学堂的基本步骤

（1）创建思政课网络教学平台。网络教学平台是网络学堂的载体，通常由四个系统组成：网上教学支持系统、网上教务管理系统、网上课程开发工具和网上教学资源管理系统。创建思政课网络教学平台的方式主要有五种，即直接从公司购买产品、使用开源软件搭建、通过公司和学校合作开发、自主开发和租借购买公司产品服务，其中最常用的是第一种。不管以哪种方式创建的平台，都应该满足以下要求：第一，基本功能齐备。应满足网上备课、网上教学、网络讨论、学生管理、教学资源管理、系统管理等基本需要。第二，具有开放性。一是对平台的使用者开放，每个使用者（包括老师和学生）既可以参加老师和其他同学发起的教学活动，也可以策划并发起特定的实践活动，如辩论、评论等，还可以上传自己的作品、评论别人的作品等，真正实现无障碍沟通和交流；二是对外部网络资源的开放，应能够实现对外部网络资源的远程访问，最大限度地利用和整合思想政治教育网络资源；三是平台本身的技术路线应该是开放的，要为以后的改进留有余地，可以不断吸收师生的意见加以完善。第三，界面友好。使用者不需要专业技能，仅需简单培训或借助平台的帮助页面就能掌握使用方法。

（2）思政课网络教学平台的维护和管理。马克思主义学院应有专人负责管理和维护思政课网络学堂，此外，应由学校信息技术中心负责网络教学平台的技术管理和维护。要适时上传各种教学资源，如思想政治理论课的优秀教学课件、教学视频、拓展资料、阅读书目、实践教学主题、实践教学相关文件和表格、习题试题等，并注意更新维护。老师要根据教学需要进行网上备课、网上教学、发起主题活动、批改作业、录入成绩等。

（3）学生登录思政课网络教学平台获取资源、自主学习。学生进入网络教学平台，自主选取感兴趣的资源进行学习，完成相应的作业并成功提交，以获得相应学分。作业的形式宜多样化、个性化，可以是完成一份读书报告、一篇观后感、一页学习心得，也可以是完成指定的习题，回答问题，或者制作小报、PPT、网页等。学生还可以发起活动、参与讨论和评价作品。

（4）师生进入思政课网络教学平台的互动区参与课程讨论。目前不少高校在自己的校园网都开通了 BBS，成为该校师生互动交流学习的重要平台。但这些论坛发布的信息五花八门，真假难辨，不宜作为思政课及其网络实践教学的交流平台。思政课网络学堂应在专门的课程网络教学平台上进行。思政课任课教师应定期或按"轮流值班"的方式登录思政课网络教学平台，开展了解学生思想动态、"传道解惑"、思想引导等教学活动。还可邀请和选派校内外思政课教学名师担任思政课网络教学平台的特约嘉宾或主持人，提高学生的参与积极性。

2. 创建网络学堂的注意事项

网络教学平台的创建需要学校和教学主管部门从全局和长远高度进行统筹规划，并在资金和技术服务等方面给予大力支持。思政课教师应积极配合思政课网络教学平台建设，提供与思政课及其实践教学相关的课件、课程教学大纲、任课教师简介、视频资料、优秀教案、典型案例、阅读书目，还有实践教学方面的学习资料，如社会调查参考题目，问卷调查表制作基本方法，撰写调研报告、观读心得等的基本要求等。

校方应配置专业的信息技术人员与马克思主义学院密切配合，负责教学资源的上传、调试、维护、更新等工作。学生学习情况的准确及时反馈，也有赖于信息技术的不断成熟完善。总而言之，网络学堂的正常运转非常关键，而这需要多方配合。

思政课网络教学平台的管理同样非常重要。要保持网络教学平台的专题性，即围绕思政课的一些重要理论和实践课题，创建专题性的讨论区，确保讨论主题鲜明。同时，要增强网上论坛主题的开放性，这有利于师生从不同的视角发表各自的意见和看法，实现网上论坛功能最大化。最后，师生要敢于利用网上论坛平台弘扬主旋律，发挥网上论坛的舆论导向功能，以正确的舆论引导人。

（四）思想政治理论课教学游戏

思政课教学游戏是专门针对大学生开发的教育教学类电子游戏，旨在通过游戏让大学生深刻体悟社会主义核心价值体系，并通过实际运用内化为他们的思想观念。其教育性隐含在各关卡任务的挑战过程中，而且反馈（奖励加分、惩罚扣分）及时有效。这种寓教于乐的方式，可以增进学习兴趣，使得学习成为一种自觉自愿的行为。目前已成功开发的历史养成类游戏有：文明系列、三国系列、轩辕系列、隋唐系列等，让学生在游戏中体会中国悠久灿烂的历史文化，置身于当时的历史背景下，思考历史人物的思维过程，在轻松娱乐中学习历史知识，增强民族身份认同和爱国主义情感。继红色旅游、红色网站兴起之后，红色背景的网络游戏也纷纷出现，市场上比较有代表性的红色游戏有《决战朝鲜》《抗日：地雷战》《红岩》等游戏，让学生在虚拟的世界中感受抗日的艰辛，在奋勇杀敌中接受爱国主义教育。

不过，网络游戏常常与暴力、杀戮相伴，加上媒体不时爆出大学生因沉迷网络游戏不能自拔被劝退学的极端案例。因此，网络游戏是否适合进入思想政治理论课实践教学还存有争议。但可以在思政课实践教学中引入相关游戏软件做一些尝试。

需要指出的是，不少研究论文有把思政课网络实践教学泛化的趋势，将之混同于高校网络思想政治教育。实际上这二者是有区别的。高校网络思想政治教育一般是指网络环境下的高校思想政治教育活动，可以细分为校园网建设、思想政治教育专题网站建设或思想政治理论课程网络化、师生网络互动等形式。思政课网络实践教学与高校网络思想政治教育的区别在于：第一，定位不同，侧重不同。思政课网络实践教学是思想政治理论课教育教学的有机组成部分，与理论教学及其他形式的实践教学共同构成思想政治教育的主渠道。网络思想政治教育则是课程教学之外的教育教学形式，通过校园网络文化建设、网络社区、网络化的日常管理和交流互动，春风化雨式地达到教育目的。第二，实施主体有别。思政课任课教师是思政课网络实践教学的组织策划者，当然也是教学规范的制定者、教学流程的监督者。而网络思想政治教育是多元主体，既有宣传部、学工部、共青团等职能部门，也包括辅导员、其他专业教师等，人员构成多样化。第三，主要流程和结果评价不同。作为一种教学活动，思政课网络实践教学必须遵循教学规律特别是实践教学基本规律，注重教学计划制定、实践流程控制，注重发挥学生的主体性，合理评价实践结果并计入课程成绩。网络思想政治教育要取得成效，思想政治教育工作者就必须遵循网络传播的规律，掌握最新的网络技术，注重教育形式的新颖多样和教育内容的动态更新。

第五章
高校思想政治理论课课外实践教学形式举要

思想政治理论课是落实立德树人根本任务的关键课程，加强实践教学是增强思政课理论说服力和对大学生进行知行合一教育的重要路径。大学生在较系统地学习了思想政治理论的基础上，亟须将理论转化为生动的社会实践，在理论与实践的相互作用中形成理性认识，也在实践中坚定理想信念、厚植爱国情怀、加强品德修养、培养奋斗精神。

课外实践教学是思政课实践教学的又一基本类型，甚至是更为重要的实践教学类型。它引导大学生走出校门，到基层去，到工农群众中去，把思想政治理论知识与社会生活实际结合起来，又把思政课实践教学与社会调查、志愿服务、公益活动、专业课实习等社会实践育人形式结合起来。所以，它是非常有效的实践育人课程。课外实践教学不仅有专门的学分学时要求，也有丰富的实践教学形式。本章主要介绍调研类实践教学、观读类实践教学、大学生"三下乡"和"青年马克思主义者培养工程"等比较成熟的课外实践教学形式，也就文艺创作体育运动类实践教学做一些新探索。

一、调研类实践教学

当前，教育部已出台有关文件，明确规定：每个学生在学期间要至少参加一次社会调查，撰写一篇调研报告[①]。可以说，社会调查研

---

① 教育部等：《关于进一步加强高校实践育人工作的若干意见》（教思政〔2012〕1 号）。

究已成为各高校思政课中采用最多、也最普遍的一种实践教学形式，社会调查研究在各类实践教学形式中所占学时学分的比重往往也是最多的。

（一）社会调查概述

社会调查研究，简称社会调查或社会调研，是指用科学方法，对特定的社会现象进行实地考察，了解其发生的各种原因和相关联系，从而提出解决社会问题对策的活动。[①] 它是人们正确认识世界的重要途径，也是科学改造世界的重要前提。社会调查是大学生实现理论联系实际的重要途径，是大学生深入社会联系群众的重要纽带和桥梁，它对于提高大学生思想政治素质和分析解决社会问题的能力有着特别重要的意义。

社会调查根据其调查范围或规模，可分为宏观调查和微观调查。前者如对国家、省、县或如人口等进行大范围或大规模的调查，后者如由数人组成的小组对社会生活中某个单一社会事实进行的调查。根据其调查方式的不同，社会调查主要分为问卷调查和个案调查两类。问卷调查在社会调查中是最为常见的一种调查方式，它被广泛应用于社会问题调查、社情民意调查、市场调查与学术调查中；而个案调查则是针对一个具体典型的案例或事件进行全面详细的了解。随着互联网的迅速发展，网络调查法被广泛应用。网络调查，也称作在线调查，指的是调查者利用互联网对特定对象进行问卷调查或个案访谈。

（二）社会调查的基本步骤

社会调查是大学生在思政课教师或高校政工部门老师指导下开展社会调查活动，写出调研报告的实践教学形式。它是以学生为主体的

[①]　本教材将社会调查研究简称为社会调查，而将社会调查研究的书面成果称为调研报告。

自主社会实践活动，但又离不开教师的参与和指导。因而，大学生的社会调查实践活动便有了更多的环节或步骤。

1. 社会调查的准备

做社会调查，涉及一系列的调查专业技术，而社会调查的实践者是各种不同专业的大学生，因而在组织学生实际开展社会调查前，必须要有一系列的准备活动。

首先，马克思主义学院要组织实践教学教研活动。社会调查对许多思政课教师而言也是一门"新课程"，因而，首先应对承担社会调查教学任务的教师进行相关培训。思政课教师参加实践教学教研活动，接受有关社会调查的技术培训，不仅有利于提高指导学生社会调查实践活动的能力，也有利于提高自身的科研能力和教学能力。培训内容主要是社会调查的系统性知识。

对教师进行调查技术的培训主要有两种形式。一是组织教师参加校外社会调查技术研讨班，二是开展校内实践教学教研活动。校内实践教学教研活动可以聘请有相关专业知识和经验的教师来完成。教研活动的主要内容包括：讲解学生社会调查活动诸多注意事项，如选题问题、分组问题、安全问题；介绍社会调查的基本方法——问卷调查法、个案调查法以及网络调查法；说明社会调查的基本流程、社会调研报告的撰写方法、调研报告的基本格式等基本要求；总结过往学生社会调查开展情况及介绍学生成绩评定中的注意事项等。

其次，任课教师到所任课班级对学生进行社会调查方面的基本理论知识的讲解和培训。要求各类大学生都走出课堂走出校园，参加社会调查活动，无疑是一件繁复的"教学工程"。因此，在学生实际奔赴社会调查的"前线"前，对学生进行系统的理论与技术培训是非常必要的。考虑到学生大多是利用寒暑假开展社会调查且调查研究周期较长，对学生的培训应安排在学期末（第 14 周左右）进行。

对学生培训的主要内容有：（1）讲解大学生参加社会调查的目的、

意义、学时学分；（2）讲解社会调查的主要方法、基本流程和调研报告撰写的基本技巧；（3）指导学生组建社会调查小组，对学生进行安全教育，强调社会调查过程中的相关注意事项；（4）说明完成社会调查活动的时间要求、解读社会调查的成绩评价标准；（5）建立师生畅通便捷的沟通渠道；（6）有条件的还应进行 SPSS 等统计分析软件使用方法的培训；（7）帮助学生选定社会调查方向和拟定选题。

选题是社会调查的重要一环。爱因斯坦曾经说过，发现一个问题比解决一个问题更重要。作为指导教师，应该给学生具体讲解如何进行选题。如何才能有一个好的选题呢？首先，要保持对社会生活实践的敏感性和热情。丰富的社会生活才是题材的最终来源，要留心生活中的点点滴滴，要对一些习以为常的现象多问几个为什么，从现实生活中选取有意义的调查题材。其次，尽量选择与所学专业相关的方向，如理科生可选择民众科普状况方面的题材，师范生可选择义务教育现状等方面的题材等。当然，一些公共话题、热点问题也可以选作调查题材。最后，社会调查选题要遵循三个原则——有用性、创新性和可行性。即所选调查题目对于我们认识或改造社会有价值；所选题目在调查内容或调查角度上与以往的调查相比具有创新性或独特性；所选题目对于学生来说应是切实可行的。同时，拟定一个好的调查题目（名称）也很重要。一个好的调查题目（名称）既能激发团队成员的参与热情，也能吸引公众的注意。[①] 选题、分组等工作应在学生参加培训后、期末考试前完成。

在培训结束后，学生还应填写部分相关表格。表格内容包括社会调查题目，组队情况，本小组（或个人）社会调查的时间、地点，社会调查实施初步方案，经费预算内容等。教师要委托学习委员或指定的联系人，在两周内将班级同学所填报的相关表格以纸质或电子文档

---

① 教材"附录 2"提供了一系列社会调查参考题目，可供参考。

形式交给指导教师，指导教师要对社会调查题目、实施方案等内容进行审查，提出的修改意见要及时返还给学生，以确保社会调查的可行性和科学性。①

2. 社会调查的开展

社会调查的准备工作完成后，学生应完善调查方案并逐步有序地开展社会调查，教师应全程跟踪指导督促学生完成相应调查任务。

（1）完善调查方案。对于学生来说，在社会调查题目和调查小组组队确定后，应马上着手完善调查方案。调查方案应主要包括调查选题的目的及意义、调查内容、调查方法、调查的组织、调查的进度及经费安排、小组分工情况，等等。学生还要围绕相关选题设计问卷或拟制访谈提纲以及进行其他物资准备。调查问卷（或访谈提纲）在设计过程中要紧紧围绕选题进行，不要设计与主旨无关的问题，以免浪费人力物力。

（2）开展实地调查活动。在开展实地调查之前，调查小组长应该协调好调查的准备工作，对可能遇到的困难进行预估且要制定应对措施，对调查组成员分配好调查任务，提出相关要求和注意事项。学生实地开展社会调查的过程中，要严格按调查计划分步完成各项工作，包括调查问卷的发放与回收、调查资料的整理与分析等。问卷（或访谈提纲）的发放要严格遵守相关抽样方案，回收过程中要认真检查，以提高有效回收率。一般来说，明确了调查对象后，调查小组应该明确问卷调查的进度，白天进行调查，晚上总结经验得失，小组长应做好组织协调工作，按时完成整个数据收集任务。调查资料在整理过程中要分门别类存放，要剔除无效资料，并使用相关的定量与定性分析方法进行客观分析，同时也要保存好调查过程中的一些原始资料，比如问卷、现场照片等。

---

① 教材"附录7"提供了相关表格，供参考。

（3）教师全程跟踪指导。社会调查等实践教学活动是以课程方式分配给指导教师的，而一个教学班的学生人数以及学生组队往往较多，同时又是奔赴各地进行调查活动，这决定了教师既无法全程跟队指导又不能放任不管。因此，在学生开展社会调查期间，指导教师应采取多种技术手段与各个调查小组保持沟通联系，对调查过程进行全程全方位的指导，及时处理学生在社会调查中遇到的种种问题，包括如何与调查对象或调查事项负责人进行有效沟通，如何完善调查问卷、访谈提纲等。对于一些重要的社会调查选题，应派教师跟队指导，这也符合思政课教师要参加社会实践的相关要求。

（4）整理调查材料、撰写调研报告。实地调查通常是利用寒暑假、节假日等课余时间进行，而调查资料的整理和调研报告的撰写则应放在返校后进行。指导教师应对学生撰写调研报告的工作做进一步的指导，尤其要防止抄袭、"搭顺风车"等不良学风的出现。如何撰写调研报告参见本章后续内容。

3. 社会调查成果的总结与评价

社会调查的成果主要表现为学生完成的调研报告。班级学生负责人应按时收集并上交各小组或个人的调研报告。该任务应在新学期的第 10 周左右完成。指导教师则应在 4 周内完成调研报告的评阅和推优工作。在评阅过程中，指导教师应根据实践教学成绩评定标准给每组调研报告进行评分。调研报告评分成绩是"实践教学 Ⅱ"总成绩的主要构成部分。指导教师要按一定比例推荐调研报告参加全校性的优秀实践教学成果汇报展。马克思主义学院也要适时开展实践教学教研活动，总结经验，表彰优秀指导教师。

（三）社会调查的基本方法

问卷调查法和个案调查法是社会调查中两种最常见的基本方法，网络调查法是问卷调查法和个案调查法的网络化模式。为满足各类大学生初次开展社会调查活动的需要，教材就问卷调查法和个案调查法做通俗化的讲解，同时对网络调查法做简单介绍。

1. 问卷调查的基本方法

问卷调查法，是以问卷形式作为搜集资料的工具，并对问卷中的内容进行统计分析以达到对社会现象进行分析和认识的一种研究方法，属于定量调查研究法。它主要包括以下程序：调查方案的设计、问卷设计、试调查和全面调查、问卷资料的整理及统计分析。

（1）调查方案设计。选好了调查题目之后，就应着手对调查方案进行详细规划。调查方案主要包括选题的目的及意义、调查的内容、调查的方法、调查的组织、调查的进度安排及经费预算等。选题的目的及意义主要是调查者要明确调查本身是要解决一个什么问题，调查对于人们认识世界和改造世界有何种价值；调查的内容是调查者介绍该项调查将从哪个角度从事相关调查，想要获得哪些方面的资料数据；调查的方法，就是介绍该项调查主要采取哪些具体的方法，一般主要包括抽样方法、问卷填答法以及统计方法等；调查的组织是对整个调查过程的组织安排，包括调查人员的培训以及调查过程的组织，等等。调查团队的组织者应就这些内容认真思考，通盘考虑，并填写好相关表格以备指导教师审核，只有通过审核的调查方案才可付诸实施。

（2）问卷设计。问卷调查的关键是设计出一份好的调查问卷。设计问卷时，一定要围绕调查主题展开，设计的题目不宜过多，问卷的题量控制在被调查者在 10~20 分钟内能答完为宜。一般来说，一份完整的问卷至少包括以下三项内容：封面信、填答说明、问题和答案。封面信是调查者向被调查者简要介绍调查目的和调查内容的一封一两百字的短信。填答说明是介绍问卷填答方法的一段文字，它一般紧跟在封面信后面，在问卷中的具体题目后面的填答提示也属于填答说明。问题和答案是问卷的主体，问题一般包括选择题和填空题两类，选择题都有备选答案，填空题则没有。问卷应以选择题为主，填空题为辅。

在设计问卷时，要注意以下几个原则：在内容上，问卷题目一般包括三个方面——被调查者的个人背景、被调查者的行为事实、被调查者的主观意愿及态度。在题型上，设计选择题时，要注意备选答案的互斥性和穷尽性，填空题要指向明确且不宜过多，开放式的题最好只有一个，且放在最后。在语言上，问卷中的语言表述一定要通俗易懂，不可用生僻字和学术性语言，尽量用肯定句和短句，不要用否定句和长句。在问题的排序上，应遵循先易后难，先简单后复杂的原则。

案例 1 是调查问卷的一个范例。

案例 1：大学生对食堂满意度调查问卷

大学生对食堂满意度调查问卷

问卷编号：

调查时间：　　　　调查地点：　　　　调查员：　　　　审核员：

> 亲爱的同学：
>
> 　　您好！
>
> 　　我们是某某大学（学院）社会调查与研究协会的调查员。我们正在进行一项社会调查，目的是了解大学生对食堂的满意度情况。经过严格的科学抽样，我们选中了您作为调查对象。您的合作对我们了解有关信息，有十分重要的意义。
>
> 　　问卷中问题的回答，没有对错之分，您只要根据平时的想法和做法回答就行。对于您的回答，我们将按照《统计法》的规定，严格保密，并且只用于学术分析，请您不要有任何顾虑。希望您协助我们完成这次访问，谢谢您的合作！
>
> 　　　　　　　　　　　某某大学（学院）社会调查与研究协会
>
> 　　　　　　　　　　　　　　　20　　年　　月

填答说明：

1. 填答时请认真阅读问卷题目，并按题目要求进行填答或选择；

2. 问卷中的选择题若未特别注明，均为单选题，每题只可选择一个答案；

3. 请在所选答案相应的数字下面划"√"。

A 部分：个人基本情况

A01. 您的性别是：

1. 男　　　　　　　　2. 女

A02. 您的学校属于：

1. 重点本科院校　　　2. 普通本科院校　　　3. 专科院校

A03. 您所学专业属于：

1. 理工类　　　　　　2. 文史类　　　　　　3. 艺体类

A04. 您的年级是：

1. 大一　　　　　　　2. 大二

3. 大三　　　　　　　4. 大四

A05. 您的政治面貌是：

1. 群众　　　　　　　2. 共青团员

3. 中共党员（包括预备党员）

B 部分：食堂就餐情况

B01. 您早餐一般是在学校食堂就餐吗？

1. 是　　　　　　　　2. 否

B02. 您午餐一般是在学校食堂就餐吗？

1. 是　　　　　　　　2. 否

B03. 您晚餐一般是在学校食堂就餐吗？

1. 是　　　　　　　　2. 否

B04. 您早餐一般花多少钱？ _____元

B05. 您午餐一般花多少钱？ _____元

B06. 您晚餐一般花多少钱？ _____元

B07. 您在就餐时是否发现饭菜中有异物？

1. 经常　　　　　　　2. 偶尔　　　　　　　3. 从未

B08. 您在就餐时是否发现餐具存在未清洗干净的现象？

1. 经常　　　　　　　2. 偶尔　　　　　　　3. 从未

B09. 您在窗口打饭时是否出现过秩序混乱的现象？

1. 经常　　　　　　　2. 偶尔　　　　　　　3. 从未

C 部分：对食堂的评价

C01. 您对食堂卫生状况的评价是：

1. 非常满意　　　　　2. 比较满意　　　　　3. 一般

4. 不满意　　　　　　5. 非常不满意

C02. 您对食堂工作人员的服务评价是：

1. 非常满意　　　　　2. 比较满意　　　　　3. 一般

4. 不满意　　　　　　5. 非常不满意

C03. 您对食堂就餐环境的评价是：

1. 非常满意　　　　　2. 比较满意　　　　　3. 一般

4. 不满意　　　　　　5. 非常不满意

C04. 您对食堂菜品价格的评价是：

1. 贵　　　　　　　　2. 偏贵　　　　　　　3. 价格公道

4. 便宜　　　　　　　5. 非常便宜

C05. 您对食堂菜品味道的评价是：

1. 非常好　　　　　　2. 比较好　　　　　　3. 一般

4. 比较差　　　　　　5. 非常差

C06. 您对食堂菜品多样性的评价是：

1. 非常好　　　　　　2. 比较好　　　　　　3. 一般

4. 比较差　　　　　　5. 非常差

C07. 您在选择饭菜时主要考虑的因素有：（可多选）

1. 卫生

2. 价格

3. 口味

4. 分量

5. 营养价值

6. 其他_____

我们的调查结束了，您辛苦了！您对此次调查有何建议和要求，请写在下面：

_____

_____

_____

_____

_____

_____

本次问卷调查全部结束，再次感谢您的合作与支持！

（3）试调查和全面调查。问卷初稿设计好之后不要马上展开全面性调查，而应先开展一个小范围的试调查，目的是对问卷的质量进行评估，并对设计中出现的问题进行及时修改。一般来说，试调查在二三十个样本范围内即可。在全面调查开始前还应有一个抽样的方案设计，并在调查过程中严格遵守抽样方案。一般来说，严格的学术调查应使用概率抽样的方法。但由学生进行的小范围调查往往难以严格遵循概率抽样法，一般使用的是偶遇抽样方法——遇到谁就调查谁，谁方便被调查就调查谁。需要指出的是，采用偶遇抽样（非概率抽样）所得出的统计结果只能用以说明样本的情况，而不能用来推论到总体。

（4）问卷资料的整理和统计分析。问卷调查结束后，调查小组应及时整理调查问卷，主要包括剔除无效问卷和录入问卷。剔除无效问卷就是把那些明显填答错误或存在大面积空白的未填答问卷清除，保留有效问卷。有效问卷要录入计算机进行统计，以得出有用的相关数据和图表，为分析工作和撰写调研报告做准备。对问卷进行统计分析，现在有比较专业的统计软件 SPSS（Statistical Product and Service Solutions），即"统计产品与服务解决方案"软件，也可以直接用大家能简单应用的 EXCEL 软件进行统计分析。就目前学生的调查能力来说，学生一般是进行描述统计分析，用的是最一般的频率或百分比分析方法。下面就案例 1 中大学生对食堂满意度调查中的 C03 问题以 SPSS 的统计结果做一个举例。

题目：C03. 您对食堂就餐环境的评价是：

1. 非常满意

2. 比较满意

3. 一般

4. 不满意

5. 非常不满意

用 SPSS 统计分析的图表结果如下：

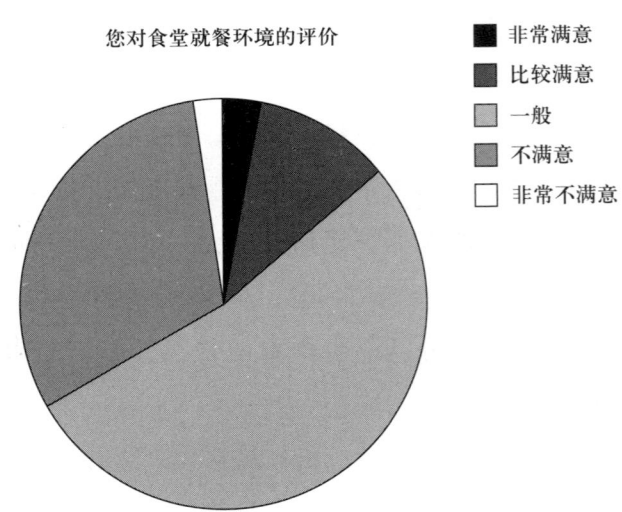

图 5-1　对食堂就餐环境满意度调查结果

表 5-1　对食堂就餐环境的评价统计分析结果

		频率	百分比	有效百分比	累积百分比
有效	非常满意	46	3.1	3.1	3.1
	比较满意	165	11.1	11.1	14.2
	一般	783	52.8	52.8	67.0
	不满意	456	30.7	30.7	97.7
	非常不满意	34	2.3	2.3	100.0
	合计	1484	100.0	100.0	

统计表和统计图在调研报告中可以同时使用，统计表表达更精确，而统计图表达更直观。学生也可以使用 EXCEL 的统计功能做出相差不大的统计图表。

2. 个案调查的基本方法

个案调查法主要是针对一个典型的案例或事件进行全面深入了解，其采用的具体调查方法是观察和访谈。调查的对象可以是个人，也可以是社会群体或组织。相较于问卷调查法，它是一种典型的定性研究法。个案调查的调查方案设计内容与问卷调查法相当，不再赘述。下面介绍个案调查的一般程序和主要用到的观察法和访谈法。

（1）个案调查的一般程序。个案调查主要包括以下几个程序：获准进入、取得信任和建立友善关系、观察和访谈、整理和分析调查资料。调查者选好调查的个案或事件后，首先要进入个案或事件发生的实地中去。这个实地对于调查者来说，可能是个熟悉的环境，也可能是个完全陌生的环境，那么调查者就要通过一些渠道获准进入。一般来说，持有官方介绍信或凭借良好的个人关系进入较好，不通过任何关系直接进入，可能导致被调查对象的不配合。进入个案或事件发生的实地环境后，调查者要尽快与调查对象建立友好关系，尽快融入调查对象的生活，让他们愿意接受自己，这样才能更好地开展深入调查，否则容易受到种种抵触甚至导致信息失真。之后就是采用观察法和访谈法进行个案调查。调查结束，调查者要尽快对大量的观察和访谈数据进行整理和归类，并围绕调查主题厘清资料之间的逻辑关系，为下一步撰写调研报告做准备。返校后，撰写调研报告的提纲并利用调查资料完成个案调研报告。

（2）观察法和访谈法的具体运用。调查者要善于观察。个案调查获取资料的方法一个是看，一个是听，是通过看和听到的内容来还原事情的真相和过程。看，也就是观察。个案调查中的观察主要是参与式观察。所谓参与式观察就是调查者深入调查对象的生活中去，在参与被调查者实际生活的过程中进行观察。在观察过程中，调查者要认真做好观察笔记，不仅要记录观察的内容，同时也要记录观察者当时的主观理解和情绪。方便时，可以运用相机和摄影机记录相关资料。

访谈是调查者与调查对象直接进行面对面对话的过程。个案调查中采用较多的是无结构访谈即所谓的"漫谈"，它是围绕主题，不限制提问的内容，根据面谈的过程及效果开展的自由谈话。访谈法对于调查者的要求比较高，不易驾驭。在访谈过程中要特别注意的方面有：开场白要好。调查者应简要明确地介绍自己是谁，要干什么，不要拖泥带水。要注意相关礼仪，态度要诚恳。要善于换位思考，即你的提问对于访谈对象来说是否合适。要善于倾听，尊重受访者的回答和谈话，同时要做好记录。在获得受访者同意时才可使用录音笔等技术手段。要注意控制访谈节奏，适时引导。总之，访谈过程是一个非常灵活的过程，调查者要事前做好多方面准备，并随机应变。

3. 网络调查法

网络调查也称在线调查，是调查者利用互联网向特定对象进行问卷调查或访谈的调查方式。其中，目前网络问卷调查已被广泛使用，传统的纸质问卷变为电子问卷，通过网络链接或者电子邮件的方式收集数据；个案访谈也可以通过互联网进行，比如通过即时聊天工具与被调查者进行视频、音频访谈或者文字在线交流等。网络调查利用互联网收集数据，具有快速、方便、费用低、不受时间和地理区域限制等优势。在互联网普及的当代，网络调查被广泛应用。下面简要介绍网络问卷调查和网络个案访谈的基本步骤。

（1）网络问卷调查的基本步骤。首先，选择信息技术平台。目前，我国的网络调查平台非常多，主要分为自助免费式、定制收费式和二者兼有三种类型。较为著名的有"问卷星""我要调查网""乐调查"等。学生可以根据实际情况自主选择调查平台。其次，编制调查问卷。设计电子版或网络版的调查问卷，这与设计纸质版的调查问卷本质上是一样的。其方法和注意事项参见本章问卷设计部分内容。再次，创建在线问卷调查网页。进入网络调查平台，创建自己的问卷调查网页。根据提示，依次填写问卷的标题、卷首语、填答说明、问题和答案、结束语等。问卷设置完成，点击"确定"后会自动生成问卷网址。可以把网址发到调查者所要邀请的被调查者的邮箱，或分享链接到博客、QQ 群、微信群里。受访对象点开链接就可以应答问卷。最后，进行统计分析。受访对象填完问卷后，后台会自动把结果记录下来，再下载调查结果，就可做进一步分析了。

（2）网络个案访谈的基本步骤。首先，要根据研究问题拟定好访谈提纲。访谈的问题既要紧紧围绕主题又要具有一定的开放性，同时也要考虑被访者对访谈问题的敏感性。其次，通过各种途径挑选被访者。被访者有的是调查者通过熟人介绍认识的，有的是调查者通过互联网结识的，比如论坛、QQ 群或者微信群等。但要确保被访者是自愿参与访谈，要与被访者建立友善与信任关系。再次，跟被访者约定好访谈的时间以及方式。访谈时间以被访者方便为主，可以采取视频、语音或者文字交流等形式进行。接着，就是按约定好的时间和方式进行具体的访谈。在访谈的过程中要以被访者为主，围绕着主题，引导被访者袒露心扉讲述自己的故事。调查者要做好调查资料的记录工作，比如录像、录音等，但这要征得被访者的同意。最后，对调查数据进行分类整理，为最后的调研报告撰写做准备。

进行网络调查时，最需要注意的就是样本的代表性。因为对于那些不接触网络或者不喜欢上网的对象，我们就很难利用网络调查的方法去搜集资料。再者，网络个案访谈是非面对面的交流，其效果要明显逊于线下面对面的交流，调查者也要尽量创造条件弥补其不足。

（四）调研报告的撰写

进行社会调查最终应形成一定的成果，而社会调查的成果形式主要就是书面的调研报告。调研报告的质量在一定程度上反映了学生开展社会调查活动的实际效果和收获。要撰写一篇优秀的调研报告，首先就必须掌握调研报告的基本要素、基本格式和具体的文字要求。

1. 调研报告的基本要素

一篇完整的调研报告应包括以下基本要素：标题、摘要、关键词、引言、文献综述、调查方法的介绍、概况介绍、资料统计与理性分析、总结和结论或对策和建议、结语、参考文献以及所附的材料等。无论调研报告的题材（内容）是什么，所撰写的调研报告的风格怎样，都应包含上述基本要素。但考虑到大学生初次做社会调查和撰写调研报告的实际，教师在评阅调研报告时可适当放宽要求。

2. 调研报告的基本格式

调研报告的基本格式是调研报告行文表现出来的基本逻辑结构或框架，也就是对调研报告基本要素在行文中所作的合理安排。有了好的格式或结构才能增强调研报告的可读性和科学性。调研报告的基本格式如下：

（1）标题、摘要与关键词。调研报告的标题有单标题和双标题两类。单标题就是一个标题。其中又有公文式标题和文章式标题两种。公文式标题为"事由+文种"构成，如《某某市某某县农村中学音乐教材使用情况的调研报告》。文章式标题，如《某某市某某县农村中学音乐教材的使用情况》；也可以用作者通过调查所得到的观点做标题，如《调整教育政策，增加教育投入》。双标题，就是有一个正标题、一个副标题，如《大学生对食堂用餐的满意度分析——基于某某地区高校的调查》。主标题主要是概括调查的主题，副标题限定调查的对象、范围。

紧接标题后的是摘要和关键词。摘要是对调研报告的主体内容的概括、浓缩，一般来说，字数限定在 200 字左右。摘要不应是调研报告完成之前写好的，而应是在调研报告主体内容完成之后再进行概括总结出来的。关键词是从调研报告中选取出来的用以表示全文主题内容信息的单词或术语。在选取关键词时一定要注意其代表性，一般为 3—5 个关键词。

（2）正文。调研报告的正文包括引言、主体和结尾三部分。

引言。引言也称导言。引言是调研报告的前言，其功能是简洁明了地介绍有关调查的情况，或提出全文的引子，为正文写作做好铺垫。常见的引言有：简介式引言，概括式引言和交代式引言。简介式引言，就是对调查的课题、对象、时间、地点、方法、准备情况等作简明的介绍；概括式引言，就是对调研报告的内容（包括课题、对象、内容、结果、分析和结论等）作概括的说明；交代式引言，即对课题产生的由来（背景和原因）作简明的介绍和说明。引言文字不宜过多，也不宜超过两个自然段。

主体。主体是对调查过程、调查所获取的事实和材料进行叙述，对有关事实和材料（如根据问卷调查或个案调查得来的基本数据等）做出分析或议论，对调查的结果和结论进行说明。主体部分可有不同的结构形式。一是"情况—成就—问题—建议"式结构，多用于反映基本情况的调研报告。二是"成就—具体做法—经验"式结构，多用于介绍经验的调研报告。三是"问题—原因—建议"式结构，多用于揭露问题的调研报告。四是"事件过程—事件性质结论—处理意见"

式结构，多用于揭示案件是非的调研报告。主体是调研报告正文的最主要部分，是引言的引申也是结论的依据，因此应占据调研报告的大部分篇幅。应根据调查内容分段并分层次地撰写。整个调研报告也应分设具有概括性的二级标题甚至三级标题。

结尾。结尾是调研报告主体分析问题、得出结论、解决问题的部分。调研报告的结尾模式主要有四种：对调研报告的归纳说明，总结主要观点，深化主题和提高认识；对事物发展做出展望，提出努力的方向，启发人们进一步思考和探索；提出建议，供决策部门参考；补充交代由于条件限制在正文里未能涉及又值得重视的情况或问题。对于大学生的调研报告，其结尾也可以写成大学生对参加社会调查实践教学的感言，包括收获与不足，以及对完善思想政治理论课实践教学的建议等。结尾部分还包括落款。即写明调查者单位名称和个人姓名，以及完稿时间。若标题下面已注明调查者，落款时可省略。

（3）参考文献和附录。在调研报告的结尾之后，调查者应列出在调查研究过程中所阅读、引用过的文献。指导教师应帮助学生训练标注参考文献的基本方式。附录是将与调研报告有关，但又独立于调研报告内容的问卷、访谈（观察）提纲甚至调查现场图片等附在调研报告正文之后或作为附件单独成册。

3. 调研报告的字数要求

对于学术性的调研报告，一般以 10000—20000 字左右为宜。但对于大学生的业余社会调查，建议以个人形式完成的调研报告，正文应不低于 4500 字；以小组形式完成的调研报告，正文应不低于 6000 字。

案例 2 是调研报告的基本格式，供参考。

案例 2：调研报告基本格式

标题：×××××××（主标题）

　　——基于××××的调查（副标题）

摘要：200—300 字概括全文的主旨

关键词：3—5 个

一、引言：介绍选题的背景以及本调查所要解决的问题。

二、文献回顾：对选题已有的研究成果进行概述和评论，并引出自己的研究内容。

三、资料与研究方法：介绍调查的过程、收集资料和分析资料的方法。

四、结果与分析：将调查的结果进行分点阐述并进行理论分析。

五、小结与讨论：总结调查的结论并探讨调查存在的不足以及未来进一步研究应注意的问题。

二、观读类实践教学

参观爱国主义教育基地、观看红色影视作品和阅读思想政治理论经典文献并撰写观（读）后感统称为观读类实践教学，是另一种较常见的思政课课外实践教学形式。开展观读类实践教学对于充实大学生思想政治理论相关知识，促进思想政治理论教育情感态度价值观目标的实现，锻炼和提高学生的自学能力、表达能力和写作能力具有十分重要的意义。观读类实践教学也是思政课"实践教学 Ⅱ"的重要组成部分，并占一定比例的学分。

学生在完成观读类实践教学的过程中，可以任意选择上述其中一项课外实践教学活动，并提交观（读）后感一篇作为课程作业。观读类作业选题必须是与思想政治理论课教育教学相关的主题，如参观爱国教育基地，观看红色影视作品或阅读思想政治理论经典文献。选题应得到指导教师审核并认可，其后才可以进行下一步的观读活动以及撰写工作。

指导教师应对学生观读类实践教学的选题进行审核把关，并按照思想政治理论课教育教学的要求对学生观读的作品或参观的对象负有推荐审核责任。在整个过程中，指导教师应悉心指导每个学生完成观读类实践教学作业，并根据学生在整个实践教学活动中的表现，综合评定学生观读类实践教学成绩。

由于受思政课实践教学学分学时以及其他条件的限制，观读类实践教学的诸多形式，并不能要求每一届大学生都必须全部完成，但可以根据高校所在地的具体条件有选择地或循环地开展。

（一）参观爱国主义教育基地

1. 爱国主义教育基地的特殊教育价值

爱国主义是中华民族的光荣传统，是中华民族生存、发展和自强不息的精神支柱，是坚持和发展中国特色社会主义，实现中华民族伟大复兴的巨大精神动力，同时也是高校思想政治理论课教育教学的重要内容。对于大学生来说，参观爱国主义教育基地（包括各类博物馆、纪念馆、烈士陵园等）是其学习和践行社会主义核心价值观的重要途径。目前，我国高校所在地一般都有丰富的爱国主义教育资源。各类博物馆、纪念馆、展览馆、烈士陵园等有教育意义的场所大多已免费开放，为高校思政课课外实践教学提供了政策和物质资源保障。

2. 师生在参观爱国主义教育基地实践教学中的职责与任务

参观爱国主义教育基地实践教学涉及学习引导、活动安全等具体事宜，需要教师和学生明确自己的任务、责任并认真实施。

首先，高校或马克思主义学院应积极与当地爱国主义教育基地建立紧密的教育合作关系。作为实践教学的指导教师，则应对本地区的爱国主义教育资源有全面的了解。其次，在具体指导每一次参观活动时，指导教师应提前做好联系工作和其他准备工作，做到心中有数。最后，指导教师要对学生做好动员工作，如告知学生参观基地的任务、目的以及注意事项，特别要注意安全教育，有条件的教师要跟队参观。

各高校也应提供条件让教师积极参与学生的参观学习活动。

学生在大学学习时期，都应积极主动参加学校、学院或班级组织的各种参观学习活动，或者个人利用课余时间参观学习。学生要事先提出申请并填写参观学习的相关表格。在参观过程中，学生要遵守公共秩序，服从指挥，认真听讲，做好参观学习记录。

3. 撰写观后感和开展参观爱国主义教育基地成果报告会

参观结束后应形成实践教学成果，即应要求学生撰写参观爱国主义教育基地的观后感，并提交给实践教学指导教师。指导教师要督促学生撰写完成观后感，并对观后感及学生在参观活动中的表现予以评定。指导教师还应讲授观后感的撰写方法，特别是要防止抄袭等作弊行为。有条件的，指导教师应组织开展班级性或全校性的参观爱国主义教育基地成果报告会。

（二）观看红色影视作品

观看红色影视作品，既是课堂实践教学形式之一，也是课外实践教学形式之一。这里介绍课外观看红色影视作品的实践教学。观看红色影视作品，是学生按要求自行选择片源，利用假期等课余时间，择机观看并写出观影（视）报告的一种课外实践教学形式。其特点在于时间较为充裕灵活，地点不受限制，片源选择范围广且完整。学校也应建立红色影视作品资源库，作为实践教学的重要平台。①

1. 观看红色影视作品的意义

红色影视作品指的是弘扬爱国主义、集体主义、英雄主义和革命精神等思想风貌的电影、电视剧、纪录片和政论片等。大学生观看红色影视作品，不仅可以丰富课余娱乐生活，获得艺术熏陶，也可以通过影视作品更具体生动形象地了解近代以来中国共产党和中国人民不

_____

① 教材"附录4"提供了部分红色经典影视作品目录，供学生选择观看。

懈奋斗的光荣历史和伟大历程，在真善美的熏陶和感染中养成正确的历史观、人生观、价值观，自觉培养爱祖国、爱人民、诚实善良、正直勇敢的美好品质。

2. 观看红色影视作品的注意事项

大学生应在前四个学期里利用课余时间观看至少2—3部红色影视作品，并从中学习和践行社会主义核心价值观。在观看影视作品的过程中，应注意以下几点：一是应选择传播正能量、弘扬社会主义核心价值观的影视作品；二是重点学习、感受和体悟影视作品中蕴含的红色精神和力量；三是教师要善于引导学生用历史分析方法和阶级分析方法来赏析和评判影视作品，树立正确历史观，反对历史虚无主义。

3. 撰写观影（视）报告和开展观影（视）作品品评会

学生应根据所观、所想撰写观后感一篇，作为实践教学成果之一提交给实践教学指导教师。指导教师应向学生推荐相关经典红色影视作品，并对学生的观后感进行审核和评定。指导教师还应讲授观后感的撰写方法，要特别注意杜绝抄袭等作弊行为。如有条件，指导教师可组织开展班级性或全校性的红色影视作品品评会。

（三）阅读思想政治理论经典文献

1. 阅读思想政治理论经典文献的意义

思想政治理论经典文献包括马克思主义经典著作、党和国家的重要文献。马克思主义经典著作、党和国家的重要文献，是时代精神的精华和理论表达。学习思想政治理论经典著作，不仅有助于领会掌握教材中的马克思主义基本理论，更有助于提高大学生的思想政治理论素养，培养理论学习兴趣和钻研精神，增强理论思维能力和创新能力。事实上，高校大都设有"大学生读书月"等活动，把思政课实践教学中的阅读经典文献要求与"大学生读书月"等活动结合起来，可以取得相得益彰的效果。①

2. 阅读思想政治理论经典文献的注意事项

对于普通大学生而言，尤其是对于理工类和艺体类学生而言，受所学专业和兴趣爱好的限制，要读懂弄通思想政治理论经典文献还是有一定难度的。因此，大学生在阅读经典文献时，一定要注意以下几点：

（1）有针对性地选择阅读经典文献。指导教师要结合学生的理论功底和专业背景给学生推荐阅读书目，尤其注意推荐给文史类、理工类和艺体类学生的书目应有所区别。既要结合学生实际选择易读而且有代表性的经典著作，还要注意选择那些篇幅适中、难易程度适中的文献。

（2）阅读过程中要做好读书笔记。读书笔记内容既包括摘录经典文献中的重要思想观点或语句，也包括阅读过程中对文献内容的理解、思考和阐发以及对困惑的文字记录等。

（3）坚持理论联系实际的学习方法。理论联系实际是学习经典文献的根本方法。要善于联系国际国内大局，联系改革开放和社会主义现代化建设的实际以及自己的思想实际去阅读和领会经典文献所蕴含的基本精神和基本原理。

3. 撰写读书报告和开展读书报告会

读书心得要提交给指导教师以评定成绩和获得相应学分。指导教师还应讲授读书报告的撰写方法。有条件的，指导教师可组织开展班级性或全校性的思想政治理论经典文献读书报告会。

（四）观（读）后感的撰写

观（读）后感属于议论文范畴，是参观爱国主义教育基地、观看红色影视作品或思想政治理论经典文献后有所感悟、有所启发而写下

---

① 教材"附录 3"提供有部分思想政治理论经典文献阅读篇目，供学生选择。

的文章。所以必须是先有"观"或"读"，后才有"感"。因此，在写观（读）后感时，先要简要介绍所观或所读的主要内容，然后再找"感悟"点，接下来就该具体地去"感悟"了——要联系现实生活来感悟，最后得出结论。所以，观（读）后感的基本结构是：介绍观读内容，分析观读材料找出"感悟"点，根据"感悟"点联系现实发表议论，结语。观（读）后感的字数应不低于 3500 字。

1. 介绍观读内容

参观爱国主义教育基地，就要简要介绍此基地的基本情况和特色。观看红色影视作品，就要简要介绍影视作品的主要故事内容和主要角色。阅读思想政治理论经典文献，就要介绍所读文献的作者、出版情况以及主要内容。这一部分应简单精要地写。

2. 分析观读材料找出"感悟"点

无论是参观、观看还是阅读，都要引用材料来进行分析，找出让人感悟、启示的论点。引用的篇幅不得过长，重点是自己的认识和分析，而且要注意材料与"感悟"点的逻辑关系。这一部分字数应该适中。

3. 根据"感悟"点联系现实进行发挥

这一部分是观（读）后感的主体，既要叙述，也要说理，约占全文的 50% 左右。因此，作者一定要就"感悟"点深入联系现实生活，用切身体会、实践经验和生动事例来阐明从所观或所读中悟出的道理，并进一步阐述和论证自己的观点。

4. 结语

这一部分主要是综合、升华全文的核心观点，并形成首尾呼应。

特别值得注意的是，目前，在中央相关文件精神的指导下，各高校都极为重视大学生的实践教学问题，明确了实践教学所占学时学分和比重，其中就包括关于读书学分的规定。因此，思想政治理论课的观读类实践教学也应该纳入各高校各专业本科培养方案中的读书学分制度设计中。这不仅可以减少学生阅读活动的"负担"和重复性要求，也能提高阅读质量，并实现思政课实践教学与其他类型实践教学的学分互认、内容互补、效果共显。

三、文艺创作体育运动类实践教学

近年来，不少高校都在探索创新思想政治理论课实践教学的新形式，如文艺创作实践教学或体育运动实践教学（简称"文艺创作体育运动类实践教学"）等形式正在兴起且取得了很好效果。2017 年下半年，国内某高校马克思主义学院举办"赤子初心"全国高校思想政治理论课学生艺术作品巡展活动，活动共收到全国高校近 600 件参赛作品，遴选出的 400 件作品先后在北京、杭州、西安三地巡回展出，社会反响热烈，效果良好。文艺创作体育运动类实践教学已具备推广价值。

思想政治理论课教育教学应该也能够与校园文化（包括体育文化）建设紧密结合，共同实现实践育人目标。一方面，文艺创作、体育运动本身有丰富的思想政治教育元素值得挖掘，另一方面，思想政治理念可借助文艺创作、体育运动等实践教学形式得到渗透。借助文艺创作、体育运动来开展思政课实践教学，不仅丰富了实践教学形式，也为部分专业的大学生探索出了思政课实践教学的最佳修读方式。

（一）文艺创作类实践教学

文艺是文学艺术的简称，是以创作方式还原生活情态的审美表达，其形式有文学、戏曲、电影、电视、美术、音乐、舞蹈等。作为思政课实践教学形式之一的文艺创作，其突出的特点是更加强调其创作题材或主题的思想性和政治性，强调思想政治性与艺术性的统一，要具有美化事物、鼓舞人心、净化灵魂的正功能。把思想政治教育因素融于文艺作品中，让学生在创作过程中发挥主动性、创造性，满足创作欲望，激发创造热情，产生情感共鸣，转变认知态度，甚至更能起到"润物细无声"的教育目的。

由于文艺创作类实践教学形式繁多，且专业特征突出，这就决定了文艺创作类实践教学需要做更多、更细致的准备工作。首先，马克思主义学院和思政课教师应主动与相关学院和专业课教师建立起良好的实践育人合作机制，以期共同完成实践育人基本任务。比如某些文艺创作类实践课可由思政课教师和相关专业课教师联合开展，由思政课教师就文艺创作的题材或主题进行把关，专业课教师负责创作质量方面的把关。其次，由思政课教师和专业课教师共同评定其创作实践成绩，并分别计入思政课实践教学成绩和相关专业课程成绩。学生参加文艺创作类实践教学的，应等同于参加了调研类实践教学活动，其所获学分也与调研类实践教学的学分等同。最后，马克思主义学院应与相关专业课教师共同分类制定文艺创作实践教学成绩的评分标准。

下面介绍文艺创作类实践教学的几种主要形式。

1. 文学创作

文学是以语言文字为工具，比较形象化地反映客观现实、表现作者心灵世界的艺术。文学的形式多种多样，有书信、评论、诗歌、剧本、散文、小说、寓言等虚构性体裁，也有报告文学、新闻特写、长篇通讯、人物传记等纪实性体裁。文学创作类的实践教学，就是要求学生提交由本人或本小组创作的文学作品一件，由指导教师根据作品质量进行考核。常见的作品类型如下：

（1）写感恩书信。要求学生围绕"感恩之心、书写真情"主题写作书信并邮寄给对方。书信内容必须充分体现自己的感恩之情，可以围绕感激父母的养育之恩，感激师恩，感激学校，感激朋友等方面进行书写。文章要有真情实感，文笔流畅，健康向上。

（2）创作文学作品。选择与思想政治教育教学内容相关的主题，如理想信念、爱国、人生价值、中国改革开放的变迁与伟大成就、长征、民族精神、五四运动等主题进行文学作品创作，诗词、散文、戏剧、小说等体裁不限。要求内容积极健康向上，具有原创性和思想性；文字有特点，文笔流畅，能给人以美感；作品有吸引力，不枯燥有新意。

（3）记典型人物。采访身边的典型人物，为她/他写一篇纪实报道。典型人物可以是在助人为乐、见义勇为、孝老爱亲等方面有突出表现，事迹真实感人，身边群众认可度高的道德模范；也可以是曾经为国出征、经历枪林弹雨考验的战斗英模或致富不忘乡亲、带领村民共同致富的实业家；还可以是阳光开朗、积极向上、品学兼优的同龄人。典型人物应该具有榜样示范作用，具有可学可做性。要求内容真实，人物刻画具体、生动、形象，具有启发和教育意义。

2. 美术创作

美术是指用一定的物质材料，如颜料、纸张、画布、泥土、石头、木料、金属等，塑造可视的平面或立体的视觉形象，以反映自然和社会生活，表达艺术家思想观念和感情的一种艺术活动，主要形式包括绘画、雕塑、工艺、建筑、书法、篆刻、设计、摄影等类型。美术创作类实践教学，就是让学生单独或合作完成一件或多件美术作品，并进行展示交流的一种教学形式，其参与者一般是艺术类院校或艺术类专业学生。

（1）画主旋律作品。学生以祖国大好河山、长征、抗战、社会公德、美丽校园、环境保护、辛勤劳动、改革成就、抗疫抗灾等作为素材，创作与思想政治教育主旨相适应的漫画、连环画、工笔画、油画、国画等主题作品，并附上对绘画作品的内涵、创作背景等的解说。作品须具有思想性，内容健康，寓意贴切，主题鲜明，构思精巧，形式活泼，富有特色。

（2）制主题工艺。学生围绕环保、传统文化、节日风俗、新时代、中国梦等与思想政治理论课相关的教学内容，设计制作各种主题手工艺品，如陶瓷、剪纸、编织物、摄影、刺绣、染织、插花、服装设计、各种废品再利用等。创作者对设计作品的设计理念、制作工序、内涵及作品给人们带来的实际意义等进行适当的解说。作品要求主题鲜明，内容健康，造型美观，材料环保。

（3）书青春华章。中国书法在世界上独树一帜，声名远播。从书写工具来分，有硬笔书法和软笔书法两种；从字体风格来分，主要有楷书、行书、草书、篆书、隶书五种。让学生围绕书写青春与理想、共圆中国梦、弘扬民族精神、展现中华艺术国粹等实践主题创作书法作品，可以从党和国家的重要文件、领导人著作当中摘取适当内容书写，也可以摘取历代优秀经典诗文书写。书法作品必须原创。书法作品字体不限，但草书、篆书需另附释文。学生也应对书法作品的背景、构思、内涵、意义进行简要介绍。作品要求章法完整，紧扣主题，健康向上，格调高雅，无须装裱。

3. 表演创作

表演指单位或个人在特定时间特定环境下所举办的文艺演出活动，包括相声、小品、戏曲、朗诵、演唱、话剧、舞蹈等多种形式。表演创作类的实践教学就是让大学生自编自导自演文艺作品，通过表演的方式宣传时代主旋律、传播正能量，寓教于乐，启迪心智，温润心灵。这一教学模式较为适用于艺术类院校或艺术类专业的学生。

（1）讲道德故事。从古今中外重大历史事件、英雄模范人物、感动中国等正面典型形象中，筛选、策划经典道德故事，也可根据本地特色的故事题材创作道德故事作品。要求内容积极健康向上，具有较强的感染性和教育意义；表演者须衣着得体、精神饱满、姿态得体大方；表演方式不拘一格，富有创意，饱含感情，能打动人。组队表演的，要求小组成员表现出团结协作的精神风貌和良好的组织纪律性。表演时配有背景音乐和衬托主题的画面的，可适当加分。表演结束后需要提交故事文本、PPT与图片文字说明、小组总结等。

（2）诵诗歌名言。选择与思想政治理论课教学内容相关或相近的，凸显某一主题如理想、爱国、人生价值、道德、法治等的一组诗歌名言，组织成员进行朗诵。要求内容健康，积极向上，主题突出，结构紧凑，具有较强的感染性和教育意义；表演者应衣着得体，富有朝气，仪态大方，使用普通话，声情并茂。若有配套的课件、音乐或装扮，并恰当运用的可额外加分。表演结束后需提交的材料包括诗歌名言文本、PPT与图片文字说明、小组总结等。

（3）说相声小品。相声和小品是借助机智风趣的语言、巧妙地对矛盾假象反复进行渲染和强调，最后揭露真相，引人会心发笑，得到启迪的一种表演艺术形式。优秀的相声和小品在讴歌真善美、抨击假恶丑等方面，具有特殊的功能价值。学生可以自创或选取内容健康，无低级趣味，符合课程性质，同时语言生动幽默、题材新颖、贴近生活的相声或小品进行现场展演。要求衣着合体，适合剧情气氛，可以有一部分方言，但是不可全部使用方言。原创作品应酌情加分。表演结束后需要提交相声或小品剧本、PPT与图片文字说明、小组总结等。

（4）演情景（音乐）剧。音乐剧、情景剧只需在室内即可完成，且布景、道具可繁可简，剧情可长可短，灵活而富有弹性，在校大学生也能创作和完成，因此适合作为课外实践教学的一个选项。学生可自创或选取内容健康、主题鲜明，紧密联系生活实际，有思想性和启发性的剧本，进行现场展演。要求剧情曲折生动，人物刻画特点鲜明，感染力强，道具、情景设置、配乐等辅助手段能丰富舞台效果、烘托剧情发展，团队成员配合默契、进退有序。若剧本为原创的可根据质量酌情加分。表演结束后需要提交剧本、PPT与图片文字说明、小组总结等。

表演创作类实践教学的形式还有多种，如唱励志歌曲，跳主旋律舞蹈，等等。各高校可根据自身特点继续探索思政课实践教学与表演创作实践的深度融合问题，以共同推动实践育人目标的实现。

4. 微视频创作

微视频创作，是可借以推进思政课实践教学开展的又一新形式。微视频是短则 30 秒、长则不超过 20 分钟，内容广泛、形态多样，涵盖小电影、纪录短片、DV 短片、视频剪辑、广告片段等，可通过 PC、手机、摄像头、DV、DC、MP4 等多种视频终端摄录或播放的视频短片的统称。①"短、快、精"，大众参与性，随时随地随意性是微视频的最大特点。微视频制作简单，成本低廉，传播便利，深受年轻人的喜爱。2017 年教育部指定国内某高校马克思主义学院举办了"我心中的思政课"全国高校学生微电影展示活动。活动历时半年，主办方共收到全国 30 个省份 156 所高校报送的 191 部微电影作品。这次活动社会反响强烈，收效良好。把制作微视频作为一种实践教学形式的时机已经比较成熟。微视频创作类实践教学可初步梳理为以下几种形式：

（1）访成功人物。学生可利用课余时间访问校内外成功人物，了解他们的理想追求和成长历程，学习他们的成功经验，将活动过程拍摄成视频。活动结束后，需要提交活动方案、访谈记录、视频、照片、PPT、小组总结等。

（2）拍微型电影。学生以我的大学、"最美……"、青春、梦想、幸福等作为主题，自编自导自演，拍摄制作微电影，弘扬主旋律，传递正能量。活动结束后需要提交电影剧本、电影视频、拍摄手记、小组总结等。

（3）访实践基地。学生利用课余时间参观爱国主义教育基地如伟人故居、革命遗址纪念馆、当地博物馆、改革开放 40 周年成就展等，将活动过程拍摄成微视频。活动结束后提交活动方案、视频、照片、PPT、小组总结等。

对学生的微视频创作活动，也应制定相应的成绩评定标准，思政

---

① 刘彤、于宁：《微风无限：微时代娱乐景观管窥》，重庆大学出版社 2013 年版，第 111 页。

课实践教学指导教师也可会同相关专业课教师共同完成此项工作。

（二）体育运动类实践教学

1. 体育运动类实践教学的价值

我们党和政府历来重视全民健康和体育事业的发展，尤其重视在校学生的健康教育和体育锻炼。党的教育方针就是要培养德智体美劳全面发展的社会主义建设者和接班人。早在 1952 年，毛泽东就向全国发出了"发展体育运动，增强人民体质"的号召。近年来，习近平总书记多次就我国体育事业做出重要指示："'发展体育运动，增强人民体质'是我国体育工作的根本任务"，"发展体育事业不仅是实现中国梦的重要内容，还能为中华民族伟大复兴提供凝心聚气的强大精神力量。"[①] 所以，不仅体育锻炼对个体德智体美劳协调发展有积极意义，体育工作更具有极高的德育价值，是培养人们团结协作、顽强拼搏、公平竞争精神的重要途径，是中华民族凝心聚气、坚定文化自信的重要方面。

2. 体育运动类实践教学的主要形式

对于体育运动类专业学生而言，要完成思政课实践教学的要求，除了可以参加社会调查、"青马工程"、"三下乡"、参观访问等常规实践形式外，还可以在与其专业特点相结合的新实践形式中得到更好的实现。下面介绍几种较常见的体育运动类实践教学形式。

（1）参加社区居民健身活动辅导和健康知识宣传。学生可利用课余时间深入街道、社区对社区居民的健身运动做辅导或辅助工作，如广场舞编排，街舞辅导等，甚至可做赛队的兼职教练；同时，可以利用社区宣传栏，宣传体育卫生知识。

[①] 《习近平会见全国体育先进单位和先进个人代表等时强调：发展体育运动增强人民体质　促进群众体育和竞技体育全面发展》，《人民日报》2013 年 9 月 1 日。

（2）深入城镇、农村中小学校，宣传中华体育精神。中小学生是祖国的未来，体育承载着国家强盛、民族振兴的梦想。体育生可到中小学校宣讲"体育强则中国强，国运兴则体育兴"的基本道理，宣讲中华体育精神和体育道德风尚，宣传奥林匹克精神以及体育卫生知识。

（3）运动专项辅导等公益活动。体育运动正成为一种积极的生活方式，但一些技术性较高的运动项目，需得到更专业的辅导。体育生可深入社区、学校，发挥自己的运动专项技能，为社区民众、中小学生运动爱好者提供更专业的辅导或承担运动会的裁判工作。

（4）志愿服务。当高校所在地在组织较大型的运动会如全运会或奥运会时，体育生可申请成为运动会的志愿者，既为运动会组织工作提供服务，又获得观摩学习的大好机会。

3. 体育运动类实践教学的注意事项

体育运动类实践教学是一件较特殊又复杂的教学形式。指导教师需在以下几个方面进行重点把关。

（1）它属于思政课实践教学的一种，要有思政课教师的积极参与，思政课教师应配合专业课教师共同完成此项实践教学任务。

（2）需申请并经批准后方能实施。学生要做好整个实践教学的行动计划以及特定实践教学内容的活动方案，要组建小分队并分工合作，注意安全管理和经费管理；事前应与相关社区、学校取得联系，学会沟通协调。

（3）实践教学活动中要秉承中华体育精神，体现体育道德风尚。实践教学结束后，要提交活动方案、活动记录、现场照片以及小分队的总结报告或 PPT 等展示材料。

4. 体育运动类实践教学的学分和成绩评定

体育生完整参加了某一项体育运动类实践教学的，应等同于参加了调研类实践教学，所获学分也与调研类实践教学的学分等同。学生成绩可由思政课教师和专业课教师根据实践教学活动记录，其在小分队中的分工和实际贡献等共同给出每个学生的成绩评定。马克思主义学院应和相关学院共同制定体育运动类实践教学成绩的评分标准。

四、整合实践育人资源 拓展实践教学平台

推动思想政治理论课实践教学与大学生社会实践活动有机结合，整合思想政治理论课教师和辅导员两支队伍，共同参与组织指导实践教学，这既是党和政府对高校思政治理论课及其实践教学一贯的要求和期盼，也是各高校从多年的思政课教育教学实践中和思想政治工作中总结出的重要经验。一方面，思政课实践教学与大学生社会实践的深度融合，既拓展了思政课实践教学平台，丰富了实践教学内容和形式，又提升了实践教学特别是大学生各项社会实践的质量。另一方面，思想政治工作和实践育人教师队伍得到优化整合，实践育人基地等资源实现有效利用和共享。如思政课专任教师可以参加大学生"三下乡""青马工程"等社会实践育人活动，发挥自己的专业优势，而思想政治工作政工人员（辅导员，政工干部等）也可以参加思想政治理论课及其实践教学的教育教学工作，从而使过去基本处于"各自为政""相互封闭"状态的两类实践育人工作队伍有机地结合起来。

（一）以"三下乡"等社会实践为平台搞好思政课实践教学

始于 20 世纪 90 年代中期的大学生文化、科技、卫生"三下乡"社会实践育人活动已开展 20 余年，现已成为各高校大学生参加社会实践、锻炼成才和服务农村基层社区的一项重要的常规化的"传统经典项目"。但"三下乡"等社会实践活动传统上都是在高校团委或学工部主持下，由各个院系的团总支和辅导员带队开展的。尽管"三下乡"等实践活动与思政课实践教学有着相同的价值目标和相近的实践育人形式，二者却处于某种"相互隔离"的状态。因此，探索马克思主义学院与校团委、学工部等部门联手打造实践育人大思政格局，构

建实践育人新机制，谋划实践教学新方法新途径，对于促进实践育人工作取得更新更大的成效具有十分重要的意义。

1. 成立实践育人工作管理机构

组建由马克思主义学院、宣传部、教务处、校团委、学工部等部门参加的校级实践育人工作管理机构，统筹推进实践育人各项工作。该机构的主要职责包括：加强实践育人工作总体规划，把实践育人工作纳入学校教学计划，系统设计实践育人教育教学体系，梳理不同类型实践育人形式，规定相应学时学分，明确各个职能部门的权责关系，统筹安排并落实实践育人经费等，确保实践育人工作全面有序可持续地开展。

2. 思政课实践教学和大学生社会实践实现学分互认

马克思主义学院与校团委等部门要就实践育人工作问题进行协商，制订具体工作规划。特别是要在"三下乡""青马工程"等社会实践与思政课实践教学的学时学分互认方面达成共识，制定学分互认标准；明确双方或多方在实践育人方面的权责要求。

要鼓励更多大学生积极参加"三下乡"等社会实践活动，同时在这些活动中完成思政课中"实践教学Ⅱ"的相关要求，特别是借以开展调研类实践教学。学生凡是参加了"三下乡"等社会实践并提供成果证明的，不仅可以获得各个专业培养方案中规定的实践学分或创新学分，同时能获得思政课"实践教学Ⅱ"的学分。以此鼓励更多学生参加"三下乡"等社会实践活动。

3. 互派教师参加实践育人各项工作

马克思主义学院和校团委、学工部、院系部门等可互派教师参加实践育人的各项工作。例如，可选派思政课教师参加指导大学生"三下乡"等社会实践，以提供相关专业知识方面的指导和帮助，从而提高"三下乡"等社会实践活动的质量。同样，辅导员等政工干部，也可以受聘参加思政课教学工作和实践教学指导工作。事实上，辅导员和部分政工干部兼职思政课教学特别是参加实践教学指导工作还更具有某些优势。

思政课教师参加"三下乡"等社会实践活动的职责包括：（1）为"三下乡"等社会实践主题的申报书、组织策划书、社会实践活动方案设计、问卷调查表设计等前期活动提供知识性和技术性指导，以提高申报质量。（2）跟队协助辅导员管理学生队伍和指导"三下乡"等社会实践活动。（3）帮助学生完善参加"三下乡"、社会调查所撰写的总结报告、调研报告、心得体会。（4）推荐优秀的社会实践成果参加大学生"挑战杯""创新创业大赛"等活动或发表研究性论文。

思政课教师参加大学生"三下乡"等社会实践活动，不仅有利于拉近与大学生的距离，锻炼自己的组织管理能力，丰富理论教学素材，也有利于教师进一步了解国情，了解世界，开阔视野，收集科研材料。教师参加并指导大学生"三下乡"等社会实践活动的，要计入教师的教学工作量。马克思主义学院应对教师参加"三下乡"等社会实践活动的情况进行考评。

（二）通过"青年马克思主义者培养工程"实现思政课实践教学目标

1."青年马克思主义者培养工程"概述

"青年马克思主义者培养工程"（简称"青马工程"）是共青团中央于 2007 年启动的一项青年人才培养工程，其目的是用马克思主义中国化的最新理论成果、用社会主义核心价值观教育青年武装青年，培养理想信念坚定、理论功底扎实、实践能力强的青年马克思主义者和社会主义事业的建设者和接班人。高校团委是"青马工程"的主管单位，不少高校还设有"大学生骨干培养学校"。"青马工程"主要采取理论学习、社会实践、红色教育、交流研讨、课题研究等方式来坚定大学生骨干的共产主义信仰和中国特色社会主义信念，提高大学生骨干的理论水平和社会主义核心价值观的践行能力。

　　"青马工程"的主要内容包括：坚持用马克思主义中国化最新成果，特别是习近平新时代中国特色社会主义思想武装教育青年；加强对重点青年群体（包括大学生骨干、团干部、青年知识分子等优秀青年）的培训；深入开展各类社会实践活动，如"三下乡"、考察交流、挂职锻炼和志愿者服务等实践活动；培养和树立优秀青年典型，带动其他青年共同进步；扶持高校学生理论学习社团；建设理论武装工作的网络阵地等。可以看出，思政课实践教学的价值目标与"青马工程"的价值目标是高度一致的，在教学培养形式上也高度契合。因此，马克思主义学院与校团委等部门应联合实施"青马工程"，并在"青马工程"中实现思政课实践教学目标。

　　2. 借助"青马工程"实现思政课实践教学目标的具体措施

　　首先，由马克思主义学院与校团委就实践育人问题进行沟通，达成共识，落实方案。其内容包括：形成"青马工程"与思政课实践教学的共性认识；制定学生参加"青马工程"培训在思政课实践教学中的学分认定标准；协商认定双方或多方在"青马工程"中的权责关系；实现教育培训资源共享、成果共享等。

　　其次，鼓励更多大学生积极参加"青马工程"的学习和培训。参加"青马工程"学习和培训的成果（如参加习近平新时代中国特色社会主义思想宣讲团的理论学习成果、挂职锻炼等社会实践成果）既可作为思政课"实践教学Ⅱ"或"实践教学Ⅲ"的成绩并计入相应学分，还可以申请各专业培养方案中规定的实践学分或读书学分等，以此鼓励更多学生自觉自愿地参加和接受"青马工程"的实践和理论学习。

　　最后，互派教师参加"青马工程"和思政课实践教学。马克思主义学院应定期选派或由校团委聘请优秀思政课教师参加"青马工程"。教师可以参加学生理论学习社团，为大学生深入"四史"学习、党课学习等提供专业指导和辅导，提高"青马工程"学员的理论修养。教师也可以跟队指导"青马工程"的社会实践活动，以提高社会实践质量并解决"青马工程"指导教师不足的困难。同样，校团委干部、辅导员等也可以受聘参加思想政治理论课的教育教学工作。参加"青马工程"的教师经考核后应计相应教学工作量。

近年来，全国高校积极探索创新社会实践和实践教学内容和形式，涌现出一系列新的社会实践主题和实践育人形式。如"牢记时代使命，书写人生华章""百万师生追寻习近平总书记成长足迹""百万师生重走复兴之路""百万师生'一带一路'社会实践专项行动""敬礼中华优秀传统文化"系列活动等新时代社会实践主题，得到许多高校的积极响应，还有高校学生思想政治理论课学习成果展示系列主题活动，包括"艺术展""微电影""我心中的思政课"和"夏令营"等，也取得了丰硕成果。而所有这些社会实践育人工作都需要各高校高屋建瓴地统筹规划，实现实践育人资源的整合优化，当然也离不开思政课教师、其他专业课教师以及思想政治工作管理队伍的积极参与和相互配合。唯有如此，才能真正实现教书育人与实践育人的高度统一、理论教学与实践教学的高度统一，从而培养出德智体美劳全面发展的社会主义建设者和接班人，培养出担当民族复兴大任的时代新人。

第六章

高校思想政治理论课实践教学的组织管理与保障体系

思政课实践教学与通常的理论教学或课堂教学有所不同，体现出种类多、环节多、涉及的管理部门多等特点，因此需要对思政课实践教学的各个方面进行精心设计和周密组织，对管理部门进行科学分工和职能对接，才能保证其教育教学的实际成效，实现实践教学与理论教学、实践育人与教书育人的相互补充、相得益彰。新时代背景下党和政府对高校思想政治教育提出了新的要求和目标，高校主管部门要有效整合校内外实践育人（实践教学）资源，持续优化实践教学的具体举措，激发师生参与思政课实践教学的积极性，进一步提升思政工作队伍和思政课教师队伍的立德树人能力水平，进一步健全实践教学组织管理体系和实践教学经费保障系统，全方位保障实践教学的有序开展。

一、加强思想政治理论课实践教学教师队伍建设

实践教学既是高校思政课课程体系的重要组成部分，也是高校整个思想政治教育工作体系和实践育人体系的重要组成部分。因此，应着力构建由思政课专任教师、学校党政和共青团干部、院系辅导员、专业课教师共同组成的"立体化"的实践教学教师队伍。其中，思政课教师是主体，学工部门教师和实践基地工作人员、专业课教师等是辅助性主体。这样，既可以保证师资队伍的相对稳定与充足数量，又可以充分利用校内外的各种人力资源。一支能力强、素质高、结构合

理的思想政治理论课实践教学教师队伍是思政课实践教学质量和水平的重要保证。

（一）思政课实践教学教师队伍建设现状

思政课实践教学任务主要由思政课专任教师承担。如何评估思政课教师队伍发展现状，总结教师队伍建设中的成功经验和不足，是高校管理部门和马克思主义学院采取有力措施加强思政课教师队伍建设和提升思政课教师实践育人能力水平的前提条件。

首先，思政课教师对实践教学的认知和态度需要进一步提升。近年来尤其是 2019 年 3 月学校思想政治理论课教师座谈会以来，全社会特别是各高校对思政课及其教师队伍建设的重要性的认识上了新的台阶。高校思政课实践教学改革也不断深化并取得了相应成效，思政课教师对实践教学的认知更为全面、对实践教学的态度明显提升。但是总的来看，思政课教师更看重通过课堂讲授向学生传授思想政治理论知识，参与大学生社会实践活动相对较少，对实践教学在思想政治理论教育教学中的重要性的认识仍有待提升。因此，对于思政课教师来说，需要更深刻理解教书育人与实践育人、理论教学与实践教学之间的辩证统一关系，全面把握实践教学课程的性质、意义，以更大的热情投入实践教学中，更好地实现实践育人。

其次，思政课教师的实践育人水平有待进一步提高。教师自身的社会实践能力，包括实践教学的指导能力，直接关系到实践教学的效果。但现阶段，思政课教师还是更习惯于或更擅长课堂教学，主要是在课堂上通过讲授法向学生传道授业解惑，对于实践教学这种新的课程形式并不擅长甚至有些畏惧指导大规模的课外实践教学活动。虽然各级教育主管部门都十分重视对思政课教师的培训工作，但历年的培训工作主要是集中于提升教师思政理论素养、解读新修订教材内容等。此外，各高校对教师的实践教学指导能力的培训有待在实际操作层面进一步强化。

最后，需进一步充实思政课及其实践教学教师队伍。一是专职的思政课教师队伍需充实。实践教学特别是课外实践教学不能像课堂理论教学那样采用中班甚至大班方式进行，即使勉强采用也很难取得预期效果。一方面，实践教学除了前述"第一课堂"是集中学习培训外，一个班的学生们要分成十几甚至几十个小组，奔赴诸如社会调查、志愿服务、参观访问等社会实践第一线，这使得教师很难跟队指导学生的社会实践活动。另一方面，在实践教学选题、调查方案制定、调研报告和读书报告的撰写、"三下乡"申报书撰写等方面，需要教师对学生进行"一对一"的沟通和指导。这些实践教学的基本要求使得原有师资力量无法完全满足教学需要。二是实践教学教师队伍需拓展。有的实践教学可在校内举行，但更多的是要求在校外实践基地或者其他社会场所进行，这就对实践教学指导教师的多样化提出了更高的要求。因此，除思政课教师之外，还需要打造一支多样化、专业化、特色化的实践教学指导教师队伍，如可邀请博物馆、纪念馆等实践育人基地的专业工作人员进行现场教学，这既能体现不同类型实践教学的特色，又能够体现专业性，提升实践教学的质量。总而言之，有一大批专职或兼职的实践教学指导教师才能有效保障思政课实践教学的实际效果和质量。

（二）打造高素质的思政课实践教学教师队伍

思政课实践教学主要由思政课专任教师完成。要提升实践教学水平，首先要提升专任教师的实践教学业务水平。

1. 进一步转变对思政课实践教学的认知和态度

教师对思政课实践教学的性质、意义等产生科学认识，从而在教学态度上加以重视，这是科学有效开展实践教学的前提条件。首先，要帮助思政课教师深刻认识到实践教学不仅是思政课的重要组成部分，也是高校实践育人体系和思想政治教育工作体系的重要组成部分，思政课教师则是实践育人教师队伍的主力军。其次，教师要认识到思政课实践教学已成为一门单设必修课程，有特定的教学目标、教学大纲、内容体系、学分学时等专门规定，更有特殊的教学方法，因此，必须像对待理论课程那样认真对待实践教学课程，并积极探索开展实践教学的新方法。最后，要加强实践教学指导过程中各环节的质量监控和实践教学成果的质量评价体系建设，通过完善的评价体系保障实践教学指导的实际效果。总之，参加实践育人、指导实践教学是新时代思政课教师的当然之责、分内之事。

2. 进一步加强对思政课教师实践教学指导能力培训

加大教师培训力度是提高思政课实践教学育人水平的主要途径。各高校都非常重视思政课教师培训，也注重通过多样化培训提升教师科研、教学能力。对于实践教学而言，无论老教师还是年轻教师都可谓是"新任教师"，因而都需要参加和接受适应岗位要求的培训和学习。进一步加大教师培训力度，提高教师实践教学育人水平可从两个方面着手：一是各级教育主管部门在相关教师培训中增加实践教学培训内容，从根本上扭转"重理论教学、轻实践教学"的导向。二是有条件的高校马克思主义学院应坚持在实践教学开课前进行任课教师全员培训，做到先培训后开课，每学期至少应开展一次实践教学教研活动。这方面，可以请本校有实践教学指导经验的教师或讲授社会科学研究方法课程的教师承担辅导培训工作。只有坚持不懈地通过多种多样的实践教学教研活动促进指导教师之间的交流和沟通，才能促进教师实践教学指导能力的逐步提升，最终提高思政课实践教学的实效性。

3. 组织思政课教师开展社会实践、学习考察和学术交流活动

要指导学生参加实践教学（社会实践），教师自身必须有较强的社会实践能力和丰富的社会实践经验。思政课教师亲历社会实践，外出学习考察，不仅有助于提升自身的科研能力和政治鉴别能力，进一步开

阔视野、丰富教学素材和提高课堂教学效果，而且有助于提升其实践教学指导能力。这就要求各高校积极落实《高等学校思想政治理论课建设标准》的相关要求。高校应利用好思政课专项经费，有计划、分批次地组织思政课教师开展实践研修活动。

4. 鼓励思政课教师参加大学生社会实践活动

实践教学、军事训练、社会实践活动共同构成我国高校实践育人三大基本类型。中宣部、教育部印发的《普通高校思想政治理论课建设体系创新计划》专门指出："制定印发《高校思想政治理论课实践教学大纲》，进一步规范实践教学。推动思想政治理论课实践教学与大学生社会实践活动有机结合，整合思想政治理论课教师和辅导员队伍，共同参与组织指导实践教学。"因此，思政课教师不仅肩负指导实践教学的职能，也有指导学生参加"三下乡"、"青马工程"、志愿服务、"挑战杯"等社会实践的工作职责。高校应统筹安排思政课教师参与大学生各类社会实践活动，如定期推荐部分教师跟队参加大学生"三下乡"、社会调查、"青马工程"、勤工助学等。这既能够发挥思政课教师的专业优势，也能够锻炼其实践教学的组织管理能力。当然，教师参加和指导学生社会实践活动也应计入教师教学工作量和年度考核内容。详见第五章中"整合实践育人资源 拓展实践教学平台"的相关内容。

（三）重视辅导员队伍在高校实践育人中的重要作用

辅导员具有教师和干部的双重身份，是开展大学生思想政治教育的骨干力量，也是实践育人的骨干力量。充分发挥辅导员队伍在思政课实践教学中的作用，是保证实践教学顺利实施的重要条件。

1. 辅导员队伍是高校实践育人的骨干力量

辅导员是大学生日常思想政治教育和管理工作的组织者、实施者和指导者。事实上，高校辅导员大多兼职承担一些思政课教学任务，在一定程度上缓解了思政课教师数量"赤字"的窘境，还是大学生"三下乡"、"青马工程"、志愿服务、军事训练等实践育人工作的"前线指挥员"。他们不仅具有理论教学的经验，还有丰富的实践育人管理经验。因此，由马克思主义学院聘请辅导员兼任思政课实践教学指导教师当是"顺理成章"之事。由辅导员承担思政课实践教学指导工作，有时还具有"得天独厚"的优势，也更有利于推动实践教学与大学生社会实践活动的有机结合。

2. 发挥辅导员在思政课实践教学中的独特作用

首先，辅导员是思政课实践教学的动员者。思政课课外实践教学前，需要开展集中培训和组织动员，即前述课外实践教学的"第一课堂"。这个环节由辅导员来组织能起到更好的效果，能够提升学生对实践教学意义的认识，激发学生参加实践教学的积极性。

其次，辅导员是思政课实践教学的组织者。思政课课外实践教学，一般都有若干实践教学主题，一个班的学生也将分为若干小组并分头开展实践教学活动。辅导员一般能够较为全面地掌握"班情"（专业特点）和"学情"（学生个性、特长），更容易帮助学生组建实践教学小组并协调小组内部的分工协作关系，有利于设计出更好的实践教学选题。

再次，辅导员是思政课实践教学与其他实践育人形式的协调者。实践教学、军事训练和社会实践是实践育人的基本类型，中央文件精神强调要把实践教学与社会调查、志愿服务、公益活动等有机结合起来。辅导员具有教师和干部的双重身份，是思政课实践教学和其他社会实践育人活动的最佳协调员。

最后，辅导员是思政课教师与学生在实践教学中的沟通者。辅导员与思政课教师都属于思想政治教育工作者，都担负着大学生德育导师的职责。但因职业分工有所不同，思政课教师与学生的交流互动相对较少。在实践教学中，辅导员可以成为思政课专任教师与学生之间沟通交流的桥梁。

当然，辅导员兼职承担思政课实践教学指导工作的，也应纳入其教学工作量核算，同时接受相关培训、考核和督导。

（四）整合高校社团辅导教师力量开展实践指导

随着我国高校大学生数量不断增加，大学生社团也呈现出蓬勃发展的势头，已成为高校素质教育的重要途径和思想政治教育工作的新载体。思政课也可以借助学生社团和社团指导教师来实现其实践教学的目的。

1. 大学生社团活动和思政课实践教学具有相关性

大学生社团是由高校学生依据兴趣爱好自愿组成，并在党团组织的指导下，按照章程自主开展活动的学生群众性组织，是大学生实现自我教育、自我管理、自我学习，拓展课堂教学的重要载体。它对于丰富大学生校园生活、拓展知识眼界、锻炼自我能力起着特殊的作用。学生社团活动已成为实践育人的重要形式。思政课实践教学与学生社团活动在培养大学生成人成才的价值目标上具有一致性，实践教学也应该充分借助学生社团活动，来实现思想政治理论课教育教学目标。

2. 发挥社团指导教师在思政课实践教学中的作用

为了提高社团活动的质量，学生社团一般都聘请威信高、有专长的教师担任社团的指导教师或顾问。社团指导教师不仅更易于挖掘和运用各门专业课程中蕴含的思想政治教育元素，给予学生在学习方面的指导，还以自己的人格魅力对学生在生活、修养、成长成才等多方面施加着潜移默化的积极影响。充分利用和发挥社团指导教师作用是实施好思政课实践教学的重要方面。

第一，建立由校团委、马克思主义学院和社团组织组成的学生社团管理机构，在此基础上，建立思政课实践教学与社团活动特别是理论社团活动的联动机制。一方面，思政课的某些实践教学主题，可以通过某些学生社团来组织和执行；另一方面，学生社团资源和思政课实践教学资源应实现共享。像法律协会、社会调查与研究协会、习近平新时代中国特色社会主义思想宣讲团等都是思政课实践教学可资利用的重要平台。

第二，校团委和马克思主义学院推荐优秀思政课教师到部分学生社团特别是理论社团中任指导教师，给予社团活动以专业知识方面的指导，并以自己过硬的思想政治素质、高尚的职业道德素养来引导学生树立正确的世界观、人生观、价值观和高尚的道德品质。校团委还应注意推荐正直、爱国、品德高尚的其他专业课教师参加学生社团活动，在推荐其任学生社团指导教师时，同样应注意师风师德方面的考量。

同样地，思政课教师参加并指导学生社团活动的，应由马克思主义学院核算教学工作量，同时要接受学院的考核和督导。其他专业课教师参加并指导学生社团活动的，其所在学院也应核算该教师的教学工作量，或由校团委给予其他形式的表彰和鼓励。

二、完善思想政治理论课实践教学组织管理系统

包括思政课实践教学在内的高校实践育人工作是一项系统工程，需要高校所在地的地方政府及其各个职能部门如财政、宣传、文化等部门的大力支持，同时也需要人民团体、企事业单位等社会力量的支持，形成政府、社会、学校协同联动的"实践育人共同体"。各级教育主管部门更要加大对高校实践教学工作的指导和支持力度，发挥好沟通联络作用，积极促进形成实践教学合作机制，进一步完善思政课实践教学的组织管理系统。

（一）思政课实践教学的领导管理机构

领导管理机构在思政课实践教学中至关重要，直接影响着高校思

政课实践教学的有序开展和实施效果。

1. 建立科学合理运行有序的思想政治理论课领导管理机构

根据中央有关文件精神要求，当前，马克思主义学院所在单位要将马克思主义学院作为重点学院、马克思主义理论学科作为重点学科、思想政治理论课作为重点课程加强建设①，为实现这一建设目标，必须要及时建立科学合理运行有序的思政课领导管理机构。

具体地，思政课要由学校党委直接领导，校行政主管部门负责实施，分管校领导具体负责，并成立相应的领导机构。要成立校党委领导的思想政治工作和思想政治理论课建设工作领导小组，由高校党委书记或校长担任思政课建设第一责任人，统筹管理思想政治理论课及其实践教学，特别是统筹推进实践育人各项工作。领导小组一般由校党委书记任组长，主管学生工作的副书记、主管教学的副校长任副组长，宣传部、教务处、学工部、校团委、马克思主义学院负责人为主要成员，学校宣传、教务、财务、科研、图书等相关党政部门和马克思主义学院各负其责、相互配合，落实思想政治理论课教育教学、学科建设、人才培养、科研立项、社会实践、经费保障等各方面政策和措施。

此外，应在马克思主义学院设立"思想政治理论课综合实践教学管理中心"，条件成熟的可成立校级"社会实践育人管理中心"，以"中心"作为开展思政课实践教学或实践育人活动的统一实施运作机构。各高校可结合自身特点和人才培养目标，将思政课实践教学纳入学校各专业的人才培养方案中，特别是融入实践育人体系之中，确保实践教学学分、学时得到贯彻落实，确保中央文件规定的各项经费落实到位。

2. 教务处及相关职能部门要明确职责、完善规章制度

① 《中办印发〈意见〉加强新时代马克思主义学院建设》，《人民日报》2021 年 9 月 22 日。

　　首先，学校教务处为全校思政课及实践教学的职能管理部门。教务处要在学校实践育人工作总体规划基础上，会同马克思主义学院制定思政课实践教学的具体工作方案，建立适应思政课实践教学特点的教务管理制度；审定实践教学大纲；根据各专业人才培养方案下达实践教学开课计划；落实实践教学经费；检查、督导全校的实践教学活动；协助创建校内校外实践教学基地；为学生实践教学成绩考核登录提供技术平台；计核教师实践教学工作量；将思政课实践教学纳入一流课程建设规划，列入教学成果奖评选活动范围等。总之，要实现思政课实践教学的制度化管理，避免出现实践教学安排随意、无序等问题，建立相应的实践教学管理制度是非常必要的。

　　其次，细化学校各相关职能部门的具体工作任务。宣传部、团委和学生处等部门要积极配合、协助开展思政课实践教学活动。尤其是在其组织开展的大学生各类社会实践活动方面、在实践教学基地共建共享方面、在社会实践指导教师选配方面、在社会实践学分互认方面，应多与马克思主义学院沟通协调，努力实现思政课实践教学与大学生其他社会实践的融会贯通，做到学分互认，不给学生增加额外负担。

　　最后，学校财务部门应按相关规定保障思政课包括实践教学正常的教学科研经费的开支，并随着学校经费的增长逐年增加。财务处、图书馆要为思政课实践教学顺利实施所必需的教学设备、办公设备以及图情资料提供相应保障。

（二）马克思主义学院负责思政课实践教学运行管理

　　现在绝大多数高校都成立了马克思主义学院或相同级别的思想政治理论课教学科研机构。在思政课实践教学过程中，马克思主义学院主要负责实践教学的运行管理和教师管理等方面的工作。

1. 思政课实践教学课程管理与建设

马克思主义学院作为思政课实践教学的组织实施单位，应对实践教学的各个具体环节实行全方位的管理。主要职责包括：组织力量编写实践教学大纲和实践教学指导用书；统筹安排实践教学任课教师，修订实践教学课程质量标准和学生实践教学考核办法及标准；检查、督导任课教师的实践教学指导活动；规定实践教学指导教师基本职责和工作量计核办法；组织思政课教师参加社会实践研修和学习培训活动；推动思政课实践教学一流课程建设，创造条件支持思政课教师申报实践教学类教学改革、课程改革课题，参加各种教学科研成果评奖；与校信息技术中心共建实践教学或实践育人中心网站，负责实践教学内容更新、通知发布等。

2. 负责与其他管理部门、专业院系的沟通协调

高校实践育人工作是一个系统工程，也是一个全员育人的工程，不仅有思政课实践教学，也有其他社会实践活动要求；不仅要有思政课教师的参与，也需要学管干部、辅导员和专业课教师的参与；不仅是马克思主义学院的教学任务，也是各院系专业培养方案中的重要内容。实践育人的各类形式在价值目标、开展方式、社会实践基地利用等方面也多有共性。所以，马克思主义学院应积极与负有实践育人工作职责的其他部门在确定实践教学（实践育人）主题、整合思政课教师和辅导员队伍、实践基地共建共享等方面进行沟通协调，以提高实践育人实效性。

马克思主义学院的教学秘书负责实践教学排课和与各院系教学秘书的沟通衔接。具体包括教师任课班级、开课教室和开课时间的安排；发布相关通知；与相关院系教学秘书的沟通衔接等。各院系在奖学金评选制度等方面，应统筹安排、平等对待学生思政课实践教学成绩与其他理论课程成绩，以有效提升师生对思政课实践教学的重视度和参与度。

3. 设置思政课实践教学教研室

一些条件成熟的马克思主义学院应在学院内设置思政课实践教学教研室。此前，高校马克思主义学院大多是根据现行五门思政课程来

设置教研室的，并且思政课教师也被分在各个教研室，主要承担 1~2 门理论课的教学工作，实践教学则由任课教师在课堂上完成。但随着思政课实践教学逐步成为单列课程，以及实践教学课程的特殊性，亟待在马克思主义学院内部设置思政课实践教学教研室，以期通过该教研室进行实践教学的日常教务管理活动。

思政课实践教学教研室的主要职责包括：组织实践教学教研会、经验交流会；根据每位教师学年工作任务情况，分配承担实践教学的具体工作任务；确定学期实践教学内容，提供实践教学主题活动参考题目、思想政治理论经典文献阅读书目、具有思想政治教育意义的影视资料等，并适时更新实践教学主题内容；总结评价实践教学效果；探索创新实践教学新方法、新形式；协助学校和马克思主义学院两级教学督导工作。现在，多数学校都设置了学校和院系两级教学督导室，思政课实践教学作为一门单列课程，也应纳入学校和马克思主义学院两级教学督导范围。

4. 开展思政课实践教学教师培训

教师培训是思政课实践教学得以顺利开展和取得实践育人实效的前提。马克思主义学院和思政课实践教学教研室，要切实承担起任课教师的培训工作。实践教学教师应坚持"先培训后上岗"的要求。对教师的培训主要有两个渠道：一是由马克思主义学院组织外出参加社会实践研修、挂职锻炼、学习考察以及参加教育主管部门组织的培训、学习活动等。二是接受实践教学教研室组织的培训或参加相关教研活动。实践教学教研室培训内容主要包括：思政课实践教学的性质、目的和意义；实践教学的学分、学时及其构成；课外实践教学的基本流程；如何帮助学生选择和确定实践教学主题，问卷调查表、访谈提纲的拟制方法，调研报告的撰写方法及要求；读后感或观后感的写作要领；学生实践教学成绩评定标准解析；其他应告知学生的注意事项，如安全教育、经费预算等。教师须经过这样的教研活动或培训后，方能对学生进行实践教学指导工作。

5. 建设思政课实践教学网络阵地

大学生是我国互联网使用人群中最为活跃的群体。大学生借助网络技术构造的虚拟世界来浏览新闻、检索信息、查阅文献，网络已成为其研究、学习的好帮手，大学生也通过微博、短视频以及其他平台，参与网络论坛讨论来表达心声、发布观点、交流思想，通过网络模拟经济、法律实践等成为虚拟社会实践的主力军。思想政治教育教学要有阵地意识，有学生的地方就要有教育者的声音。因此，如何充分发挥多媒体和网络等信息技术在思想政治理论课教育教学中的重要作用，积极开发网络教育教学资源，形成网上网下教学互动、校内校外资源共享的新局面，成为思想政治理论课及其实践教学的新课题。

近年来，不少高校的思政课教师都在积极探索网络实践教学的新形式。中央政府和地方政府的职能部门，特别是各高校应积极推进网络思想政治教育，包括思政课网课教学、思政课网络实践教学建设等。首先，要建设省级高校网络思想政治工作中心，该中心应成为地方各高校的思想政治工作中心、思想政治理论课中心和社会实践育人工作中心。在条件成熟时，还应建设全国性的高校网络思想政治工作创新发展中心。该中心要统筹高校网络思想政治教育教学各类资源，加强高校思想政治工作信息管理系统共建与资源互享。其次，高校党委宣传部、校团委、学工部、教务处、信息技术中心等部门和马克思主义学院应密切配合，建立包括思想政治理论课、思想政治工作和社会实践育人在内的思想政治教育网络平台。各高校要强化网络意识，提高建网用网管网能力。最后，马克思主义学院和思政课教师要积极探索思政课网络实践教学试点，不断丰富网络实践教学内容。

三、重视思想政治理论课实践教学资源整合利用

不论是思政课实践教学还是其他类别的社会实践育人活动都具有

社会性强、开放性大、涉及面广、制约因素多、实施难度大等特点，同时无论何种形式的实践教学或社会实践，也都离不开一定的物理载体，即各种实体性实践教学资源。因此，应以实践育人基地建设为依托，积极调动整合社会各方面资源，形成实践育人合力和长效机制。已有的实践教学资源主要包括两大类：一是校外实践教学基地，包括高校所在地的博物馆、纪念馆、革命遗址等爱国主义教育基地；改革开放成就显著的工厂、乡镇、社区等社会资源；通过校校合作、校企联合、学校引进等方式建立的实践教学基地，以及高校自己设立的大学生创业基地、实习实验基地、重点实验室、科教合作基地等。二是在高校内的校史馆、图书馆、各种人文景观、重点实验室等教育资源，也包括青年马克思主义者培养工程、读书协会、大学生讲师团、青年志愿者团队等各种社团。这些校内外资源都是思政课实践教学可资利用的重要资源。只有理顺和整合各类实践教学资源，才能充分有效地发挥其实践育人的功能和价值。

（一）思政课实践教学基地的建设与综合利用

实践育人基地是大学生开展社会实践活动和实践教学的重要载体。近年来中央多次发文要求：整合实践资源，拓展实践平台，依托高新技术开发区、大学科技园、城市社区、农村乡镇、工矿企业、爱国主义教育场所等，建立多种形式的社会实践、创业实习基地，[①] 还强调要开门办思政课，推动思政课实践教学与学生社会实践活动结合，鼓励党政机关、企事业单位等就近与高校对接，挂牌建立思政课实践教学基地，完善思政课实践教学机制。[②] 各高校也都逐步加强了实践育人基地建设力度。这些实践育人基地虽然是为大学生总体培养目标而

---

① 参见教育部党组：《高校思想政治工作质量提升工程实施纲要》（教党〔2017〕62 号）。
② 《关于深化新时代学校思想政治理论课改革创新的若干意见》，人民出版社 2019 年版，第 18 页。

设置的，但无疑也是思政课实践教学可资借助的重要资源和教学平台，是重要的实践教学基地。

1. 思政课实践教学基地建设和利用现状

首先，当前，各高校普遍建立了多层次、多类别、多形式的实践教学基地。不仅有校级实践教学基地，也有各个专业院系根据大学生培养目标所建立的实践教学基地。近年来，实践教学基地的建设更加多样化，一些高校与博物馆、爱国主义教育基地以及历史遗迹展览馆等建立了紧密的合作关系，为实践教学的开展提供了更多的选择。

其次，对专业类社会实践基地的利用程度需要进一步加深。学院根据自身专业情况所建立的实践教学基地往往呈现出专业性强的特点，对于专业课程学习以及学生实习实训具有重要作用。目前高校专业类实践教学基地建设普遍存在一些不足之处：其一，各学院各专业实践教学基地相对分散，都比较注重建设有自身特色的实践教学基地，导致实践教学基地的功能相对有限。其二，对实践教学基地的使用时间较为有限，各专业的教学实习基本上都有相对固定的时间段，实践教学基地也只是在特定的时间段发挥作用，而平时利用率相对不高。其三，实践教学基地的人事关系、财力资源等分属不同的单位与部门，难以充分发挥其实践育人作用。

最后，实践教学基地对思政课实践教学的支撑作用需要进一步提升。例如，马克思主义学院拥有雄厚的师资力量、充足的学术资源，而经费资源、组织资源却相对较少，其他思想政治教育管理部门，如校团委、学工部、就业处及其他学院，则拥有更加丰富的组织资源、活动经费及校内外实践教学基地资源，与此同时师资、学术资源又相对不足。因此在实践育人的过程中，两方未能很好地实现优势互补。再如，由于缺少横向联系和沟通协调机制，其他思想政治教育管理部门及学院组织的社会实践活动，诸如"三下乡"、读书月活动、"青马工程"等，很少邀请思政课教师参与，而马克思主义学院承担的思政课实践教学虽然内容相似，却另行单独开展的。两者未能形成实践育人合力。

2. 现有实践教学基地的综合利用

要提升思政课实践教学的质量和实效性，对已有的实践教学基地进行梳理和整合是非常必要的。首先，要实现不同院系不同专业实践教学基地的整合。一个实践教学基地建立以后，其他院系和专业的实践教学活动在协商的基础上都可以利用。其次，不同院系不同专业在充分沟通的基础上，可以排列不同的实践教学时间段。根据实践教学基地的工作安排以及各专业教学的时间安排来合理组织实践教学顺序和周期。最后，实现实践教学基地的综合利用。一个实践教学基地可以开展多种多样的实践教学活动。这些实践教学基地尤其应对思政课实践教学活动开放，马克思主义学院也应积极利用这些平台，寓实践教学于专业实习、校园文化建设、社团活动等各种实践形式中。

3. 开辟新的实践教学基地资源

思政课实践教学要走上可持续发展的道路，就必须开辟更多新的实践教学基地资源，为学生提供更多接触社会和实际的实践平台。除了传统的爱国主义教育基地、国防教育基地如革命历史博物馆、纪念馆等，其他各种类型的博物馆、新农村建设示范基地、新兴产业、工矿企业等都可以作为实践教学的资源。这些新型的多样化的实践教学基地，首先应由校级层面进行创建，或者学校给予资金支持由各个院系进行创建，其经费支出应纳入学校预算。各高校还应积极努力联系各级地方政府，争取政策支持。例如，可以争取各类博物馆、纪念馆、展览馆、烈士陵园等场所对思政课实践教学免费开放，这就为实践教学扩大了基地资源、提供了有力支持。

（二）学校各类实践教学资源的整合利用

高校内已有的许多实践教学资源和实践育人活动，也都是思政课可资利用的实践教学资源。如"青马工程",创新创业大赛,大学生讲师团等社团,各专业大学生培养方案中的实践学分、读书学分、创新学分以及学校图书馆、宣传部,马克思主义学院的图书、影像资料等,都应成为思政课实践教学可以利用的平台。

1. 与校园其他实践活动密切结合

近年来,为满足大学生全面成长的需要,大学生的社会实践活动呈现出丰富多彩的特征。高校学生除了在课堂上的学习,第二课堂也越来越丰富多彩,并且在大学生的素质拓展、全面发展等方面发挥了重要作用。一些校园实践活动开展得有声有色,无论是实际效果还是影响力都在不断提升。比较有代表性的如"青马工程",通过教育培训和实践锻炼等方式,在提高大学生骨干等青年群体的思想政治素质、政策理论水平、实践应用能力方面发挥了重要作用。还有许多高校的大学生讲师团也在政策宣讲、社会实践经验交流等方面承担了重要角色。另外,各种不同类型的大学生社团更是对高校的文化传承、专业拓展等方面起到了重要补充作用。这些校园实践活动和思想政治理论课的关系非常紧密,不仅是大学生社会实践育人活动的组成部分,同时也可以作为思政课的实践内容。学生积极参加校园实践活动过程中获得的成果也可以作为申请思政课实践教学学分的依据。通过丰富多彩的实践活动,学生一方面提升了综合能力,另一方面又能获得相应学分,可在一定程度上提高学生参加社会实践活动的积极性。这些实践活动是实现思想政治理论课的教学目标的重要补充渠道,增强了实践活动的综合效果。

2. 实行各专业读书学分、创新学分与思政课实践教学学分互认

现在,高校的各种专业培养方案中都适当增加了实践教学的比重,并在实践教学中安排了读书学分、创新学分等。读书学分,是指学生在课外阅读学校或学院推荐的书目,撰写读书笔记,通过学院审核后所获得的学分。创新学分,是指学生按规定参加教学计划之外的各种

竞赛性、科研性、实践性活动所取得的学分。从实践育人目的来看，思政课中的实践教学要求与上述读书学分、创新学分要求可以相互融合。例如，理工类专业学生要求阅读一定数量的人文社科类著作，人文社科类专业学生要求阅读一定数量的自然科学类著作。学生按要求阅读了学校或学院（包括马克思主义学院）推荐书目并完成相应要求的，既可以申请专业读书学分，也可以申请思政课观读类实践教学学分。又如，学生所获创新学分，也可用以申请思政课"实践教学Ⅲ"的相应学分。同理，学生完成了思政课实践教学各项内容要求并获得学分的，也可用以申请专业培养方案中所要求的读书学分和创新学分等。在大思政积极推进的背景下，实现专业读书学分、创新学分与思政课实践教学学分的互认，不仅可以让专业课教师和思政课教师共同督促学生多读书、读好书，降低抄袭作弊现象发生率，也可以提高学生参加社会实践的积极性，避免实践教学出现"走过场"和形式主义等现象，从而提高实践育人实效性。

四、思想政治理论课实践教学的经费保障与管理

思政课实践教学特别是课外实践教学，要求学生走出课堂，走出校门，到基层去，到工农群众中去锻炼成长。学生要参加多种多样的社会实践活动，必然要借助一定的社会资源，包括人力、物力和财力资源。因此，要保证实践教学的顺利进行，提高实践教学的质量和效果，就必须要具备一定的物质资源和经费作为保障。加大经费投入并切实加强经费的管理和利用是有效开展思政课实践教学的基础保障和前提条件。

（一）思政课实践教学经费的来源与支出

1. 思政课实践教学经费的来源

首先，高校是思政课实践教学经费的投入主体。高校要统筹安排

好教学、科研等方面的经费，新增生均拨款和教学经费要加大对实践教学工作的投入。早在"05方案"实施之初，相关中央文件就专门要求，高校要为思政课实践教学"提供必要经费"。若是实践教学未得到充分重视，则实践教学经费投入就很难得到落实，实践教学经费不到位是"实践育人特别是实践教学依然是高校人才培养中的薄弱环节，与培养拔尖创新人才的要求还有差距"的原因之一。2008年，中宣部、教育部发文明确要求"各地各高等学校要建立思想政治理论课教学专项经费，列入预算，并随着学校经费的增长逐年增加"①。并且这个"专项经费"还是高校在保障思想政治理论教学科研机构正常的各项经费支出之外单独列支的"专项经费"。特别是随着《高等学校思想政治理论课建设标准》的颁布和对思想政治理论课建设状况的检查评估，多数高校都把实践育人包括思政课实践教学经费列入了预算并加大了经费投入。

值得注意的是，马克思主义学院作为思政课实践教学经费的使用主体，应充分利用政策条件，争取校方的经费拨款足额到位。如《关于深化新时代学校思想政治理论课改革创新的若干意见》明确要求，"本科院校按在校生总数每生每年不低于40元，专科院校按每生每年不低于30元的标准提取专项经费，用于思政课教师的学术交流、实践研修等，并逐步加大支持力度"②。马克思主义学院应积极要求落实，还应积极组织申报各级各类思政课教育教学改革专项或课题来争取更多的经费资助。

其次，高校积极利用各级政府及职能部门资源，加大对高校实践育人工作的指导和支持力度。一是积极派遣本校思政课专任教师参加

---

① 中宣部、教育部：《关于进一步加强高等学校思想政治理论课教师队伍建设的意见》（教社科〔2008〕5号）。

② 《关于深化新时代学校思想政治理论课改革创新的若干意见》，人民出版社2019年版，第10页。

教育部或地方教育主管部门组织的教师研修或培训活动。我国已基本建立起了思政课教师队伍培训体系，其中，中宣部、教育部负责培训学术带头人，各地宣传部门、教育部门负责培训本地骨干教师。除差旅费外，其培训费用由政府部门负担。因此，各高校争取更多名额参加教育主管部门组织的研修和培训工作，其实就是争取了一部分政府经费。二是争取地方政府财政部门对高校实践教学的支持。像实践育人基地建设等往往需要较高的资金投入，这就需要政府加大财政支持力度。所以，高校要通过教育部门积极争取政府财政部门对实践育人基地建设的大力支持，而这类实践育人基地是可以建设成为地方各高校共同利用的实践育人或实践教学基地的。三是积极争取政府委托项目以获得更多的实践教学经费。例如，由地方教育主管部门主导设立的高校师生思想政治工作研究咨政中心、高校网络舆情与思想动态研究咨政中心等，可以委托高校开展具体工作，而高校则因此获得大学生实践教学的专门经费的支持。这种由地方党政部门提任务、出经费，由高校组织大学生开展具体工作的模式，不仅为高校实践教学提供了活动平台，锻炼了大学生社会实践能力，也带来了可观的经费支持。四是积极申报重点马克思主义学院建设单位。凡成功申报重点马克思主义学院或培育点的，都将获得经费支持。

最后，积极争取社会力量支持，多渠道增加实践教学经费投入。2020 年 4 月，教育部等八部门发布文件要求"推动构建政府、社会、学校协同联动的'实践育人共同体'"和"推动形成学校、家庭和社会教育协同育人机制"[1]。高校更应主动沟通地方各级宣传、文化等部门为学生参观爱国主义教育基地、文化艺术场所等提供优惠条件，使各类博物馆、纪念馆、展览馆、烈士陵园等有教育意义的场所，对思政课实践教学实行免票的政策得到落实。特别是高校要加强与企事业

---

[1]　教育部等八部门：《关于加快构建高校思想政治工作体系的意见》（教思政〔2020〕1 号）。

单位的沟通协商，为大学生参加实习实训和实践活动创造条件。企事业单位接受大学生实习实训和实践活动的，应依照法律法规的规定支付给实践学生相应报酬。此外，通过产学研结合的方式创办一些特色项目，既可为实践教学提供良好平台和充足资金支持，又可实现服务社会的目的。

2. 确保思政课实践教学经费合理规范使用

思政课实践教学经费应专款专用。归纳起来，实践教学经费应主要用于以下三个方面：

一是思政课实践教学资源建设费用。像各种层次和类别的，与思政课实践教学密切关联的实践教学基地建设、学生社团建设、图书影视资源数据库建设和网络课堂建设等，都需要较大的经费投入。

二是大学生参加思政课课外实践教学活动所必需的辅助性费用。它包括：学生外出社会调查产生的网络通信费、交通费、食宿费补助；社会调查所需的纸张、印刷费、与社会调查相关的部分图书资料费；实践教学成果汇报、展览费；大学生外出参加实践教学安全保险费等。

三是思政课教师指导实践教学、参加社会实践研修和教师培训所需的费用。主要包括：实践教学指导教师接受培训、参观考察所必需的费用；实践教学指导教师跟队指导学生社会实践的经费，如食宿费、交通通信费、保险费、超课时费或补助等。

（二）加强思政课实践教学经费管理

近年来各高校都加大了对实践育人工作体系的经费投入，思政课实践教学的经费问题也有了很大改观，这进一步要求加强对思想政治理论课实践教学经费的管理。

1. 思政课实践教学经费管理基本原则

首先，量入为出原则。由于高校所在地的经济发展状况不同，高校之间的具体情况不同，因而各高校用于思政课实践教学的经费也有较大差异。但无论何种情况，都要做到量入为出、节俭办事。每年学校和马克思主义学院应根据各方面筹措得到的用于实践教学的"总收入"来计划安排全年各种实践教学的"总支出"，确保思政课实践教学成为可持续发展的有实效的教育教学活动。

其次，专款专用原则。专款专用原则不仅要求将思政课实践教学各种形式所需的经费纳入预算，形成各种"专款"，而且要求其专款必须用在各种实践教学活动中，不得挪为他用。

最后，开源节流原则。在一定意义上，经费总是属于教育教学管理中的"稀缺资源"，因此对于实践教学经费一定要坚持开源节流的经费管理原则。一方面，尽力争取更多政策支持，争取更多社会力量支持，多渠道增加实践教学经费投入。另一方面，坚持节俭办事，使每一笔实践教学经费都用在合理合法的地方，发挥其最大的实践教学效益。

2. 完善思政课实践教学经费管理制度

首先，思政课实践教学各项经费应由学校统筹安排和宏观管理。一方面，实践教学的各项经费要纳入全校整体运行的经费预算之中。另一方面，各类实践教学的经费实行分类管理，包干到院系和有关职能部门，并设置实践教学专门账户。

其次，思政课实践教学经费和教师培训、考察等社会实践专项经费由马克思主义学院会同财务处制定相关管理办法。管理办法的主要内容应包括：明确实践教学经费和专项经费的使用范围，严格经费使用审批程序，在实践教学经费使用额度内开支和开展实践教学等活动，由专人负责实践教学各项经费收支台账。通过制定经费管理办法，实现实践教学经费的规范化管理，确保实践教学的正常开展，合理使用实践教学经费，提高经费使用效率。

最后，学校财务部门要确保思政课实践教学的教学科研经费得以正常开支。一方面对实践教学所需经费予以大力支持，另一方面也要本着节俭办事的原则，严格审核和审计实践教学经费使用情况。

第七章
高校思想政治理论课实践教学考核评价机制建设

任何一门课程的教育教学活动，其教师的教学效果如何，学生的学习效果如何，都需要通过一定方式进行考核评价（以下简称"考评"）。思政课实践教学作为一门单列课程，同样需要接受一定形式的考评。思政课实践教学的考评，是对实践教学实施效果的最终检验，同时其考评结果又对实践教学的进一步改进起着导向作用。所以，考评活动既是本轮实践教学活动的终点，也是新一轮实践教学活动的起点。加强思政课实践教学考评机制研究和创新考评方法，是提高实践教学效果的内在要求，在实践教学课程建设中具有特殊的意义。

一、思想政治理论课实践教学考评概述

在高等教育中，对理论课程的教学效果，特别是对思政课的教学效果，已形成一套较完整的考评机制。但对于思政课实践教学效果的考评及其考评机制的建设，从认知水平到操作方法都相对滞后。而传统的对理论课程教学效果的考评模式又不能完全照搬到对思政课实践教学这种"新兴课程"的考评上。因此，探讨思政课实践教学考评工作的特殊性，探索考评方式改革，努力构建科学合理的实践教学考评机制显得尤为迫切和重要。

（一）思政课实践教学考评的特殊性

思政课实践教学考评的特殊性是由其考评主体和考评对象、考评

内容和考评方式的特殊性所决定的。而准确认识思政课实践教学考评工作的特殊性，是建设科学考评机制的前提。

1. 思政课实践教学考评主体和考评对象的特殊性

在传统的理论课程教学考评中，考评的主体通常是教师，对象是学生。但思政课实践教学的考评呈现出一定特殊性，主要表现在：考评主体还包括了教育主管部门、高校领导和职能机构；考评对象也不仅是学生，既包括高校领导和职能机构，也包括任课教师。这既是由思政课实践教学在我国高等教育中的特殊地位所决定的，也是由思政课实践教学在一定意义上还是一门"新兴课程"的现状所决定的。例如，教育主管部门要对各高校思政课实践教学的领导体制、工作机制、机构建设等实施督查性考评，包括监督核查思政课实践教学的学分学时、教学内容、指导教师和专项经费等的落实情况，以此督促高校重视思政课实践教学的课程建设，推动实践育人工作良性发展。同时，高校领导和职能机构又要对思政课实践教学任课教师实施监督性考评。所以，高校领导和职能机构、任课教师就既是考评主体，也是考评对象。

2. 思政课实践教学考评内容的特殊性

在传统理论课程的教学考评中，考评的主要内容是学生对理论知识的掌握及运用情况。现行几门思想政治理论课也是以考评学生掌握思想政治理论知识的情况为主。而在思政课实践课程的教学考评中，考评的主要内容则是学生在社会实践中的实际表现，既包括对学生提交的相关调研报告、读书报告、观后感、文艺创作作品等书面材料的考评，也包括对学生参加实践教学过程中的态度、积极性、主动性，在实践活动小组中担任的角色，其进步成长状况等的考核和评价。

3. 思政课实践教学考评方式的特殊性

在传统理论课程的教学考评中，一般是以教室为考场，以纸质试卷为手段，以学生试卷作答情况为考评依据。由于知识标准的确定性，理论课程教学考评更具"客观性"。而实践课程的教学考评，虽然也包括结果考评，如对学生提交的调研报告、读书报告、观后感、实践活动总结等纸质材料质量进行的考评，但还包含对学生实践课程的教学考评，这类考评不以统一指定的教室为考场，也不要求在规定的时间内作答，所以其考评的时间、场地更灵活。同时，实践课程的教学考评还偏重于对学生参加实践教学活动时的种种实际表现进行考评，是一种过程考评。因而实践课程的教学考评更具"主观性"，也说明思政课实践教学考评是一件更为繁复、不易标准化的考评活动。

（二）思政课实践教学考评的现状分析

思政课实践教学考评涉及谁来考评（考评主体）、考评谁（考评客体）、怎样考评（考评标准、方法、内容）等内容，其实质就是考评主体"根据思想政治理论课实践教学目的和要求，依据一定的标准，运用科学合理的方法，对思想政治理论课实践教学的过程和效果进行的定性与定量评判"[①]。经过多年探索，思政课实践教学考评机制建设也取得了一些成果，如机制不健全的状况得到改变，实践教学考评内容不够全面、方法不够科学的状况有所好转。但思政课实践教学在考评机制建设上仍然有需要改进的地方。

1. 思政课实践教学考评机制不健全的状况逐步改变

首先，有了对高校领导和职能部门的督促性考评。思政课实践教学实效性的考评本应包括对高校领导和职能部门的考评、对指导教师的考评和对学生的考评三个方面。但由于种种原因，一段时期内对高校领导和职能部门的考评机制建设不受重视，致使一些高校的思政课实践教学和其他实践育人活动处于"各自为政""各行其是"的状况，

① 李邢西：《高校思想政治理论课实践教学考核评价机制构建研究》，《思想教育研究》2017年第1期。

实践教学考评机制建设也基本处于放任自流的状态。究其原因，还是由于高校的教育主管部门缺乏对学校领导和职能部门的督促性考评所致。这种状况直到 2011 年《高等学校思想政治理论课建设标准（暂行）》颁布实施后，才逐步得到改进。教育部要求各地区高校的教育主管部门以及各高校根据该"标准"的相关指标逐项检查或进行自查，对照相关指标对尚未落实的项目制订整改计划。其间，教育部还组织专家督导组到部分高校进行抽样调查和整改督查。自此，思政课实践教学的教育教学以及相关考评工作的"放任自流"的状况才得到扭转，并逐步规范化、正规化起来。2015 年和 2017 年，教育部又先后颁布了经修订后的《高等学校思想政治理论课建设标准》和《高等学校马克思主义学院建设标准》，使教育主管部门对高校领导和职能部门的督促性考评更加清晰化和精细化，促进了高校思想政治理论课建设和相关制度建设的健康发展。

其次，逐步有了对教师实践教学指导工作的监督性考评。加强对教师的实践教学管理和监督性考评，是确保实践教学提高实效性和质量的重要手段。由于思政课实践教学已成为一门单列课程，有的学校制定了"思政课实践教学教师责任和考评办法"，同时将之加入学校"师评网"接受学生的监督评价。中宣部、教育部颁布的《普通高校思想政治理论课建设体系创新计划》中还专门强调要制定"高校思想政治理论课实践教学大纲"①，要以教学大纲的形式规范思政课实践教学的考核评价方法。即便如此，对教师实践教学工作的考核在实际操作中还是不易操控把握。如任课教师是否对学生的实践活动选题的确定、对实践活动方案的拟制、对问卷调查表的制作、对调研报告和观读报告的撰写等进行了认真指导，其所指导班级实践教学实际效果如何，任课教师又是如何给学生评定实践教学成绩的，我们仍然难以对

---

① 中宣部、教育部：《普通高校思想政治理论课建设体系创新计划》（教社科〔2015〕2 号）。

上述情况做出科学的考核和评价。如果不能建立起针对实践教学任课教师指导工作的更科学更规范的考核评价机制，则可能导致教师对实践教学工作的"轻视"或"放任"，进而又会影响学生对实践教学意义的认知和参加实践教学活动的热情，实践教学中出现弄虚作假、"搭顺风车"的现象就在所难免。所以，要进一步健全对教师实践教学工作的监督性考评机制，确保思政课实践教学真正成为学生真心喜爱、终身受益的好课程。

2. 思政课实践教学考评内容不断完善，考评方式得到改进

学生是思政课实践教学的考评对象之一。学生在修读实践教学课程后，自然希望获得相应的学分和评分，至少要与他们的付出相当。虽然一些高校也制定了"思政课实践教学考评办法"，规定了考评内容和范围、考评标准和方式，但如何给修读完实践教学课程的学生做出科学全面准确且客观公正的成绩评定，却仍然是困扰实践教学有效开展和可持续运作的难题之一。当前，思政课实践教学考评内容日趋完善，考评方式得到改进，主要表现在以下三个方面。

首先，实践教学考评内容从片面到全面。任何一门课程都应实现三维目标，即知识目标、能力目标和情感态度价值观目标，实践教学也不例外。那么思政课实践教学的考评也应从这三个方面设计出合理的考核评价标准和内容。但在实际操作中，指导教师在对学生实践教学成绩进行评定时，仍过多倚重学生上交的文字材料，即对调查报告、读书报告或观后感等书面材料的质量进行评定，却忽视了对学生实践教学中的团队精神养成、组织能力训练、意志品质磨炼等方面提升情况的考核。这种考评方式仍然属于知识性考评，是传统的"一张考卷定成绩"的理论课考评方式的变形。现在不少高校思政课教师根据"思政课实践教学考评办法"，开始既重视结果考评方法，也重视过程考评方法，即在对学生实践教学成绩进行评定的时候，不仅评阅学生上交的相关材料，也考查学生是否参加实践教学培训、参加实践教学

活动的态度和实际收获等，也就是在综合考查学生参加社会实践活动的态度、行为表现和提交的实践成果基础上评定出学生的实践教学成绩。这是考评方式上的一个进步，但操作起来却稍显繁杂，耗时耗力，也不是全体教师都能如此开展考评工作的。

其次，实践教学考评方法在探索中不断完善。近年来，一些高校在思政课实践教学考核评价方法方面，做了许多有益的尝试。有的采取"过程与结果相结合"的考评方式，有的采取"教师评价与学生评价相结合"的方式，有的采取"定量与定性评价相结合"的方式等。教育部有关文件提出，"要采取多种方式综合考核学生对所学内容的理解和实际运用，注重考查学生运用马克思主义立场观点方法分析、解决问题的能力，力求全面、客观反映学生的马克思主义理论素养和思想道德品质"①。这为完善思政课实践教学成绩评定标准提供了方向性的指导。但在现有师资条件下，每位老师常常要对上百甚至数百学生的实践教学成绩进行评定，要做到使每位学生的成绩与其付出相匹配，实属不易。例如，一般要鼓励学生以小组形式参加实践教学活动，但小组提交的调研报告或文艺创作实践教学作品属集体作品，不论质量如何，老师很难从中评判出每个学生的参与度和实际表现，并给予相应客观公平的成绩评判。加之实践教学活动一般都是对一个班级的学生进行一次集中培训后，由学生利用周末、寒暑假等节假日完成相关任务。教师并不能全程参与学生的实践教学活动，当然无法判断每个学生在其中的实际付出。

最后，实践教学考评效果逐步显现。主要表现在：一是考评结果反映出实践教学提高了学生对思想政治理论基本知识的学习兴趣和理解。根据对学生参加思政课实践教学后提交的各种"答卷"，如社会调查方案、调研报告、社会实践总结报告或观读心得等的统计分析，

---

① 教育部：《新时代高校思想政治理论课教学工作基本要求》（教社科〔2018〕2号）。

能看出学生知识面得到拓展，动手能力有所提高，尤其是运用马克思主义立场观点方法观察、分析和解决社会问题的能力得到锻炼和提高。二是考评结果和改进后的考评方式促进了学生对该课程本身的认知和持续参与的热情。在逐步克服了初期实践教学内容重复、形式单一以及考评方式不科学的缺点后，学生对实践教学的认知和态度已有了根本性好转。对于学生而言，思政课实践教学不是为了拿到学分、完成学业才不得不参加的学习活动，而是对学生自我学习、自我锻炼、自我成长有重要帮助的大学生活方式。所以，绝大多数学生都能自觉自愿地参加实践教学和其他多种社会实践活动。

（三）加强思政课实践教学考评机制建设

健全完善评价标准，明确评价导向，优化评价机制，构建全面系统、科学规范、运行有效的综合评价体系是高校实施思想政治理论课建设体系创新计划的主要任务之一。实践教学作为思想政治理论课的有机组成部分，其考评机制建设也应遵循此要求。

1. 加强思政课实践教学考评机制建设的意义

首先，促进实践教学课程自身科学、健康、有序地发展。建立科学全面准确的实践教学考评机制是完善实践教学课程建设的重要一环。思政课实践教学课程建设，若没有与之相匹配的考评机制或者考评机制不完善，就难言成熟。实践教学考评工作，不仅是实施实践教学的最后一个环节，也是实践教学实施效果的直接反映，同时对下一轮实践教学的开展具有导向作用。

其次，促进实践教学考评工作向标准化、科学化、公平化发展。建立科学全面准确的考评机制，一方面能够使学生修读实践教学的实际付出和收获相适应，从而提高学生继续参加社会实践的热情，最大限度地避免实践教学流于形式和弄虚作假现象的发生。另一方面，也有利于规范、督促实践教学指导教师投入更多精力，努力提高实践教学指导质量，减少考评工作中的主观随意性。

2. 思政课实践教学考评机制建设的主要内容

首先，建立宽严适度的实践教学考评管理制度和规章。这些制度和规章包括：思政课实践教学课程实施管理办法；思政课实践教学大纲；思政课实践教学教师职责；思政课实践教学经费管理与使用办法；学生实践教学成绩纳入学生奖学金评选有关办法；等等。

其次，设计科学而易于操作的实践教学考评标准。这些考评标准包括：思政课实践教学质量标准；思政课实践教学考评标准和考评办法；学生优秀社会实践教学成果评选规则等。另外，实践教学考评结果，应纳入实践育人教学质量评估体系和思想政治理论课建设质量评估体系，成为上级主管部门测评实践育人工作和思想政治理论课教学质量和水平的重要指标。

最后，实践教学考评工作纳入教学督导范畴。现在，高校大多设立了教师教学质量督导组，各个院系也设有相应机构，对各门课程的教育教学工作开展全过程的教学督导活动。因此，思政课实践教学的实施和考评活动也应纳入学校和学院两级教学督导工作的范畴。

二、对大学生思想政治理论课实践教学成绩的考评

思政课实践教学的考评包括了对大学生的考评、对实践教学指导教师的考评和对高校领导和职能机构的考评三个方面，其中首先是对大学生修读实践教学课程实际效果的考评。同时，这里的实践教学考评主要是针对大学生课外实践教学进行的，即对本教材里思政课"实践教学Ⅱ"和"实践教学Ⅲ"中的相关内容进行的考评。

（一）大学生实践教学成绩考评的总体要求和基本原则

思政课实践教学成绩考评不仅是对大学生课程修读成绩的考评，也是对其综合素质的考评；不仅是对学生的直接考评，也是对任课教

师的教学态度和能力的间接考评。

1. 大学生思政课实践教学成绩考评的总体要求

首先，实践教学考评要与党的教育方针、与实践育人的教育理念相适应。实践教学是党的坚持教育与生产劳动和社会实践相结合的教育方针在思想政治理论课中的贯彻，是我国高校实践育人体系的重要组成部分。立德树人是思政课实践教学的根本任务。因此，凡学生认真修读实践教学课程，积极参加各种社会实践活动，在其德智体美劳的综合素质上有所进步的，在考评成绩上都应得到充分肯定。

其次，实践教学考评重在考查实践教学的实际效果。思政课实践教学既然有学时和学分要求，那么对于学生而言，修读实践教学课程后获得相应的成绩和学分，这是一个合理的诉求。但评定成绩和赋予学分却不是实践教学课程的终极目的，也不是实践教学考评工作的主要目的。考评的主要目的，一是根据考评结果（学生成绩）分析实践教学课程开展的得失情况，进而不断改进教学方式、改进考评方式和完善考评标准；二是根据考评结果分析实践教学在促进马克思主义科学世界观和方法论、社会主义核心价值观进头脑方面的实际效果，重点考查学生运用马克思主义基本立场、观点、方法分析解决实际问题能力的提升状况。

最后，不断探索和完善全方位、全过程的实践教学考评新机制、新办法。创新实践教学考试考核办法，探索建立科学全面准确评价学生思政课实践教学修读效果的评价体系，是思想政治理论课教育教学体系管理的重要内容之一。实践教学特别是课外实践教学周期长、内容多，又常常与大学生其他社会实践活动相互交叉渗透。因此，实践教学的考评，不应是一次性的考评，也不应是仅仅就学生的某一项实践教学活动进行考评，而应努力实现全方位、全过程的考评。

2. 思政课实践教学考评要遵循的基本原则

首先，实践教学考评要遵循民主性原则。所谓实践教学考评的民主性原则，就是要最大限度地吸收学生参与考评活动。学生是实践教学的主体，也应是考评的主体。学生参与考评的主要方式包括学生自评和学生间互评。毕竟多数的实践教学活动都是以团队形式开展的，学生对他们各自在实践教学中的作用和实际付出最为清楚。吸收学生参与实践教学考评工作，不仅是考评民主化的实践，也是考评公正性的体现。

其次，实践教学考评要遵循激励性原则。所谓实践教学考评的激励性原则，就是通过考评工作，让每一个学生体会到参加社会实践的成就感和实际进步，从而激发学生参加实践教学和其他社会实践活动的积极性和热情。所谓"考评"，原本就包含"考核"和"评议"两个方面。"考核"是要赋予学生实践教学成果以一定分数和学分，可谓定量考评。"评议"则是要对学生实践教学过程和成果得失做出一定分析、写出必要的评语，可谓定性考评。对于定性考评，应多以鼓励性、赞扬性、肯定性语言为主，以达到激励的目的。

最后，实践教学考评要遵循导向性原则。所谓实践教学考评的导向性原则，就是通过考评工作，让学生对实践教学有一个正确的认知和态度，并引导其积极参加实践教学和其他社会实践活动。例如，实践教学考评可以通过评定出低分甚至不及格者，让学生意识到实践教学的严肃性，端正修读态度，杜绝弄虚作假、"搭顺风车"等不良现象，也可以通过评定高分，来引导学生选择那些更具有挑战性和现实意义的实践教学主题，并避免学生在选择实践教学主题时出现扎堆现象。此外，导向性原则也体现在将实践教学的考核评价结果作为学生评优评先、奖励资助、推荐为入党积极分子的重要依据，以此鼓励更多学生积极参加"青马工程"、社会调查研究、参观访问等多种社会实践。这种与奖惩关联、与学生自身利益紧密挂钩的导向性，能够形成正向激励作用，促进学生进一步转变对实践教学的态度，积极主动参与实践教学活动，实现实践教学立德树人的最终目的。

（二）思政课实践教学成绩评定标准

制定科学严谨的思政课实践教学成绩评定标准具有重要意义。科学严谨的考评标准，是做好实践教学考评工作的基本依据。通过制定考评标准，一方面，教师在指导实践教学时有可以遵循的依据和程序，避免教师评定成绩时的主观随意性，也可让教师的实践教学工作业绩得到认可。另一方面，有了严格的考评标准，可以较好地保证学生的实践学习成绩与其付出相匹配，得到公正、公平的评价，经得起横向比较，从而调动学生参加实践教学的积极性、主动性，提高实践教学的实效性和针对性。

思政课"实践教学Ⅰ"即课堂实践教学是为课堂理论教学服务的，学生的表现作为其理论课学习的平时成绩，并作为理论课考试最终成绩的重要评分参考。由于思政课课外实践教学分为"实践教学Ⅱ"和"实践教学Ⅲ"，二者开设的学期不同，参与指导和考评的教师不同，应分别制定考评标准。

1. 思政课"实践教学Ⅱ"成绩评定标准的主要内容

思政课"实践教学Ⅱ"包括调研类实践教学和观读类实践教学两种主要形式。因此，在条件成熟时也应分别制定成绩评定标准。教师在给学生的社会调查成果和观读报告评定成绩后，将其输入教务处学生成绩登录系统，系统按一定的比例（如按 7∶3 的比例）自动合成为学生"实践教学Ⅱ"的最终成绩。同时，学生"实践教学Ⅱ"的最终成绩达到及格（60 分及以上）的，应获得相应学分。而"实践教学Ⅱ"的综合考评成绩为不及格（59 分及以下）的，不能获得相应学分且须重修本门课程。至于文艺创作体育运动类实践教学的成绩评定标准，应由马克思主义学院与相关学院共同协商制定。参加文艺创作体育运动实践教学的学生，应获得与参加调研类实践教学的相等的学分，但仍需完成观读类实践教学任务，才能获得"实践教学Ⅱ"的完整学分。

（1）调研类实践教学成绩评定标准的主要内容。主要包括：学生是否积极认真参加实践教学的培训学习活动；在社会调查过程中是否积极认真主动；是否按时撰写完成调研报告；调研报告的质量和规范性；该生在社会调查小组中所担负的职责、任务的多寡等。实践教学指导教师应根据学生在以上各个环节中的实际表现，赋予其相应的评分或等级，并给予相应的评语。在社会调查活动的以上各个环节中均表现优异的，应该评定为优秀成绩，实行百分制的应评定为90分及以上。照此类推，对全体学生的社会调查成果分别给出优秀（90—100分）、良好（80—89分）、中等（70—79分）、及格（60—69分）和不及格（59分及以下）的成绩评定。凡成绩评定为不及格的，或因调研报告系抄袭被计为零分的学生应重新参加调研类实践教学。

各高校还应根据自身的特点，细化实践教学成绩评定标准，使之更具操作性。特别是，在评定社会调查实践教学的优秀成绩时，应有一定的比例限制。如以小组形式开展社会调查并获评优秀的，应该是小组的主要负责人获评为优秀成绩，而不是小组全体成员都获评为优秀成绩。

（2）观读类实践教学成绩评定标准的主要内容。主要包括：学生是否按要求认真阅读或观看指导教师所推荐的书目、视频影视资料；是否独立撰写完成读后感或观后感；读后感或观后感是否有较大的收获或独到见解且基本立场观点正确；读后感或观后感的字数和格式是否符合要求等。实践教学指导教师应根据学生在以上各个环节中的实际表现，赋予其相应的评分或等级，并给予相应的评语。在观读活动的以上各个环节中均表现优异的，其成绩评定应为优秀，实行百分制的其成绩应评定为90分及以上。照此类推，对全体学生的观读类实践教学成果分别给出优秀（90—100分）、良好（80—89分）、中等（70—79分）、及格（60—69分）、不及格（59分及以下）的成绩评定。同时，在评定观读类实践教学的优秀成绩时，也应有一定的比例限制。凡成绩评定为不及格的，或因观读报告系抄袭被计为零分的学生应重新参加观读类实践教学活动。

（3）文艺创作体育运动类实践教学成绩评定标准的主要内容。主要包括：学生是否积极认真参加实践教学的培训学习活动；在文艺作品创作或体育运动宣讲、辅导过程中是否积极认真主动；是否按时完成文艺创作作品或体育宣讲辅导活动；文艺创作作品或体育宣传辅导的质量及社会反应；在文艺作品创作或体育宣传辅导小组中所担负的职责、任务的多寡等。实践教学指导教师应根据学生在以上各个环节中的实际表现，赋予其相应的评分或等级，并给予相应的评语。在文艺作品创作或体育宣传辅导的以上各个环节中均表现优异的，应评定为优秀成绩，实行百分制的应评定为 90 分及以上。照此类推，对全体学生的艺体类创作作品分别给出优秀（90—100 分）、良好（80—89分）、中等（70—79 分）、及格（60—69 分）和不及格（59 分及以下）的成绩评定。同时，在评定文艺作品创作或体育宣传辅导的优秀成绩时，应有一定的比例限制。凡成绩评定为不及格的，或因文艺创作作品、体育运动宣传辅导系挂名被计为零分的学生应重新参加"实践教学Ⅱ"的学习。

2. 思政课"实践教学Ⅲ"成绩评定标准的主要内容

思政课"实践教学Ⅲ"包含大学生在规定年限内，利用课余时间所必须参加的多项社会实践活动，如：参加生产劳动（学工、学农、学商、植树活动）、志愿服务、公益活动、科技发明、勤工助学以及校园文化活动等，各高校还可以根据本校特色细化这些社会实践活动的具体事项。因活动类型众多，高校难以为每一项具体社会实践活动制定一个评分标准。但学生在参加这一系列社会实践活动过程中，只要态度端正、积极主动、遵守纪律，并有一定的创造性实践成果，出色地完成了"实践教学Ⅲ"所规定的最低任务量，达到了相应的学时学分要求的，就应该得到充分的肯定并评定为优秀成绩，实行百分制的应评定为 90 分及以上。照此类推，对全体学生参加"实践教学Ⅲ"的成果分别给出优秀（90—100 分）、良好（80—89 分）、中等（70—79 分）、及格（60—69 分）、不及格（59 分及以下）的成绩评定。同时，学生"实践教学Ⅲ"的综评成绩达到及格及以上的，应获得相应的学分。而"实践教学Ⅲ"的综评成绩为不及格的，或被认定弄虚作假计为零分的，不能获得相应学分，且须重修"实践教学Ⅲ"。

学生参加"实践教学Ⅲ"时，首先应向学校提出修读该门课程的申请，并在学校的"实践育人管理中心"或"思想政治理论课综合实践教学管理中心"下载并填写"思想政治理论课实践教学Ⅲ学分认定申请表"，此后该生的社会实践活动都应记载在该申请表内。学生参加"实践教学Ⅲ"中的每一项社会实践活动时都应争取相关机构出具证明材料。实践教学指导教师，主要是通过学生提供的证明材料来对其成绩做出评定。

需要指出的是，"实践教学Ⅲ"是高校"实践育人工作总体规划"中的重要组成部分。实践教学、军事训练、社会实践活动是实践育人的主要形式。因此，将学生必须参加的社会实践活动纳入思政课实践教学课程范畴，是顺理成章之事。进一步推动思政课实践教学与学生社会实践活动、志愿服务活动相结合是思政课实践教学与大学生其他社会实践融会贯通的表现。与此同时，不仅思政课教师有承担"实践教学Ⅲ"指导工作的义务和责任，高校辅导员、相关部门的"政工干部"和其他专业教师也都负有实践育人的重要责任，所以，对于"实践教学Ⅲ"的成绩考评应由思政课教师、辅导员和其他相关教师共同完成。这也符合"整合思想政治理论课教师和辅导员队伍，共同参与组织指导实践教学"[①] 的相关要求。也就是说，实践教学指导教师应

---

① 中宣部、教育部：《普通高校思想政治理论课建设体系创新计划》（教社科〔2015〕2 号）。

在参照其他实践育人主体对学生社会实践活动成果做出评定的基础上，就学生提交的证明材料做进一步的审核和认定，最终给出学生"实践教学Ⅲ"的综评成绩。

（三）思政课实践教学成绩考评主要方法

为科学全面准确考评学生思政课实践教学成绩，应采取结果考评与过程考评相结合、定量考评与定性考评相结合、教师考评与学生考评相结合的方法。

1. 结果考评与过程考评相结合的方法

结果考评就是根据大学生参加实践教学的成果来评定其成绩。如根据学生提交的社会调研报告、社会实践总结报告、读后（观后）感、文艺创作作品、文艺表演脚本等进行考评。这种考评方法的优点是便于操作，可行性强，有较成熟的评价标准。结果考评方法仍是应该坚持的，但它也是有缺陷的。例如，有时难以考评出学生在实践教学中付出的实际辛劳和进步的程度，甚至可能出现考评失真。

过程考评就是通过考察大学生参加实践教学全过程的实际表现来评定其成绩。过程考评更侧重于以学生在实践教学各个环节中的能力表现、情感态度和实际收获作为考评的内容，具体讲，就是将学生参加实践教学活动的出勤率，在实践活动中承担任务的多寡，团队合作精神，以及在知识领会、理论运用方面的能力表现作为考评内容。但过程考评的难度较大，教师难以对全体学生的实践教学表现做到全程跟踪和考察，故必须实行结果考评和过程考评相结合的方法。

2. 定量考评与定性考评相结合的方法

定量考评就是依据所考评的内容及标准，对大学生实践教学成果以计分的方式做出定量评价。学生完成实践教学相关任务后，获得一定的分数进而获得学时学分。定性考评是以评语的方式，对大学生在实践教学中的实际表现做出定性的评价，一般可分为五等，如"优秀""良好""中等""及格""不及格"。定量考评和定性考评所得出的结果，就是被考评学生的考评成绩。

3. 教师考评与学生考评相结合的方法

思政课实践教学是典型的以学生为主体、以教师为主导的教学行为。学生是教学的实施者、承担者，也是受益者。从实践课题的选定、相关资料的收集、实践方案的设计和完善、实践过程的展开、实践中的团队管理到实践结束后的总结反思，都是学生在亲身参与，虽然其中也有教师的帮助、辅导，但学生在实践教学中的主体地位是确定无疑的。因而学生也应成为实践教学课程考评的主体之一，成为实践教学的自我评价者。让大学生参与实践教学考评，既是尊重学生实践教学主体地位的表现，也是实践教学考评"民主性原则"的体现。具体地，由参加了实践教学的学生进行自我考评、互相考评，再结合教师对学生实践教学过程的观察和对书面成果的评判，就形成最终的考评成绩。当然，学生参与考评的前提是，要事先制定"实践教学学生自主考评标准和程序"，甚至制成"思想政治理论课实践教学学生自主考评量化表"，以统一标准，便于学生操作。同时要注意的是，学生自主考评结果应只是学生最终成绩的重要参考。

（四）思政课实践教学考评激励机制建设

在学校教育中，考评已然是一种激励机制了。但任何单一激励，都会受制于边际激励效用递减规律。因此，应不断完善和发掘考评机制的激励功能，并辅之以其他激励方法，才能促使学生以饱满热情参加思政课实践教学，并在实践教学活动中实现思想政治教育教学目标。对学生思政课实践教学的考评激励包括精神性激励和物质性激励两个方面。

1. 实践教学考评的精神激励

为了用好用活实践教学考评的精神激励功能，需采取多种手段和方法。首先，在定性考评时，应多以鼓励性、赞扬性、肯定性语言激励为主。教师应更多看到并指出学生参加实践教学所取得的成绩和进步，善意指出其不足，从而激发学生参加实践教学和其他社会实践活动的积极性和热情。其次，对优秀的实践教学成果，如优秀调研报告、优秀观读报告或优秀艺体类创作作品等，应组织思政课实践教学成果展，或评选实践教学优秀团队和个人，并以一定形式在全校或全院进行表彰，让学生产生强烈的成就感和荣誉感。最后，对优秀实践教学成果，还可推荐其参加更高级别的创新实践教学活动，如挑战杯、推荐发表论文等。

2. 实践教学考评的物质激励

首先，在各类评优评先活动中重视学生的实践教学成绩。学生实践教学成绩应和其他理论课学习成绩一样，纳入奖学金评定范围。获评实践教学优秀个人或团队的，优先推荐获评单项奖学金。此外，获评实践教学优秀个人或团队的，可作为推荐入党、推荐参加学校组织的大学生学习考察等活动的依据之一。

当然，在实践教学成绩与奖学金及学分绩点挂钩的条件下，对教师的考评工作也应提出更高更严格的要求。

(五) 思政课实践教学成绩网络化考评方式

网络实践教学是思政课实践教学的新形式。正如其他许多课程都在逐步试行网络化考评方式一样，探索思政课实践教学成绩的网络化考评方式已具备一定条件。

1. 实践教学成绩网络化考评的必要性

首先，网络化考评是提高实践育人实效性的需要。通过网络平台实施实践教学及其考评工作，可以使学生在一些轻松多样的活动中完成实践教学任务，并接受实践教学检验和考评，在一定程度上可减轻学生对参加考试的压力和厌烦情绪，也能够在一定程度上转变学生对思政课实践教学的成见，提高学生对实践活动的热情。例如，把实践教学考评题目放在网络教学平台上，要求学生在规定时间内去完成相关任务。这样，学生完成任务的时间是自由的，查阅相关资料的条件也是充分的，从而在一定程度上避免形式主义，达到提高实践育人实效性的目的。

其次，网络化考评是减轻思政课实践教学任课教师评阅负担的需要。当前，思想政治理论课的"师生比"长期处于失衡状态的情况已有所改变，到 2020 年年底已基本达到了有关中央文件规定的比例要求。但大多思想政治理论课教师仍然承担了繁重的课堂教学任务和试卷评阅任务。以指导 1 个班（100 人左右）的实践教学任务为例，教师要评阅 100 份左右的观读报告和 30 份左右的小组调研报告或艺体类创作作品，还要承担学生其他社会实践成绩的审核评定工作。而实践教学网络化考评方式要求学生在网上完成撰写任务并提交相关材料，教师通过网络进行评阅。这种评阅方式，在时间上具有灵活性，也减少了以往教师要单独登录教务系统，一个一个输入学生成绩的烦琐事务。

最后，网络化考评是提高学生实践教学成果真实性并杜绝抄袭等作弊行为的需要。现在实践教学大多采用的是教师在培训课堂上布置任务，学生课后完成并在规定时间内上交纸质成果，教师对纸质成果进行评定的方式，教师很难鉴别学生提交的成果的真实性，也难以杜绝学生的抄袭等作弊行为。以观读类实践教学为例，采用网络化考评后，相关观读材料都是事先输入在网上考试平台上的。学生在规定时间内完成相关观读任务和撰写读后（观后）感后，再在网上当场提交。这样在很大程度上保证了学生实践教学成果尤其是读后感、观后感的真实性。

2. 实践教学成绩网络化考评的具体措施

首先，要建立实践教学主题库。思政课实践教学也可以像思政课理论教学那样，建立较完整的教学主题库。如可以把社会调查的各类参考题目、阅读书目、红色影视资料、艺体类创作主题等经整理后放在"思想政治理论课综合实践教学管理中心"或"社会实践育人管理中心"的网站平台上，或者建立实践教学网络教学在线平台。学生可通过网络平台从实践教学主题库获取和选择自己感兴趣或有能力开展的实践教学主题。

其次，建立实践教学课程学习资源库。学习资源库的内容主要有：（1）思政课实践教学大纲；（2）思政课"实践教学Ⅱ"的主要内容和要求，如社会调查研究选题，拟制调查问卷表和访谈提纲的基本方法，撰写调研报告和观读报告的一般方法和基本格式，经典文献阅读书目等；（3）思政课"实践教学Ⅲ"的主要内容和要求，如参加"三下乡"、"青马工程"、"挑战杯"、志愿者服务的一般流程，学生需填报的申请书和相关表格等。要将这些内容和信息输入实践教学网络平台，以便学生在开展实践教学的过程中，随时上网查询、学习或下载。

最后，建立实践教学考评平台。学生的各类实践教学成果，都应在网络平台提交，实行无纸化作业提交，保护环境，节约纸张。指导教师则通过网络平台在规定时间内对学生的实践教学成果进行成绩评定。

三、对思想政治理论课实践教学指导教师的考评

思政课教师是实践教学的主导主体，是思政课实践教学的指导者、调控者，他们对实践教学的认知和态度，对实践教学的指导能力和实际指导过程，直接关系到实践教学的成效。因此，加强对实践教学任课教师的监督性考评是很有必要的。各高校应结合本校的具体情况，健全思政课实践教学任课教师考核评价制度，坚持管理与激励并重的原则，注重考核教师指导能力和教学实绩。对指导教师实践教学实绩的考评，包括学校教务处等部门的质量监控、马克思主义学院的考评和所指导班级的教学反馈三个方面。

（一）学校教务处等部门的质量监控

学校教务处是全校思政课实践教学的职能管理部门，检查、督导、协调全校的思政课实践教学活动。督导组作为全校教学质量的监控机构，对任课教师指导实践教学的全过程进行督导。

1. 由学校教务处统筹制定实践育人管理规范性文件

健全的管理规章是对实践教学指导教师开展有效质量监控的前提和依据。各高校应结合自身实际和专业特点，制定实践育人管理规范性文件。这些规范性文件的主要内容有：一是把实践育人放在与教书育人同等重要的地位，扎实推动实践育人，健全组织管理方式，形成马克思主义学院、宣传部、教务处、学工部、团委等协调配合的实践育人协同工作机制。二是落实中央文件规定的实践教学的学时和学分，把实践教学纳入日常教学计划中，根据"原则上哲学社会科学类专业实践教学不少于总学分（学时）的15%，理工农医类专业不少于25%"的要求①，制定并逐步落实实践育人教学工作的教师编制。三是制定实践育人专项经费使用办法。四是建立一套符合各高校实际的实践育人教学质量评价体系，制定并不断完善实践育人教师工作绩效的考核办法和表彰奖励机制，如可设置"实践育人优秀教师"奖，并进行统一表彰，或将教师的实践育人工作纳入各种教师荣誉称号的评选范围，以增强实践教学指导教师的责任感和荣誉感。同时要把教师参与实践教学情况和指导效果作为教师考核评价、岗位聘用、评优奖励、选拔培训的重要内容。在教学成果奖、教材奖等各类成果的表彰奖励工作中，突出实践教学成果分量，加大对实践教学建设优秀成果的支持力度。高校有关部门要特别探索建立符合思政课教师职业特点的职务职称评聘标准，对思政课教师指导实践教学工作的考评结果要

---

① 教育部党组：《高校思想政治工作质量提升工程实施纲要》（教党〔2017〕62号）。

与教师的职务聘任、晋级、奖惩等挂钩，如实践教学指导教师发表的相关理论文章、调研报告被有关部门采纳并发挥积极作用的，应作为专业技术职务评定的依据以及纳入学术成果范畴等。[①]

2. 建立思政课实践教学课程教学督导制度

现在各个高校都建立有校、院（系）两级教学督导室，通常由各学科中具有丰富教学经验的专家教授组成。现阶段督导专家主要是针对课堂理论教学开展督导工作，而思政课实践教学大多是在课外（户外）进行的，尚未纳入督导工作范围。思政课教师主要是凭借教师的职业素养和经验开展实践教学的指导工作，这导致实践教学指导水平和教学实效参差不齐。但思政课实践教学既然是一门单列课程，又有专门的学时和学分要求，就应该纳入教学督导范围。各高校应根据实践教学的特点建立有针对性的教学督导制度。例如，督导专家组可以评估教师实践教学方案、计划是否合理，检查指导教师是否按实践教学基本流程完成指导工作，听取教师所指导班级学生的意见和建议，与教师进行实践教学方面的经验交流，等等。通过这些督导活动，加快推动思政课实践教学步入正轨并提高实践育人实效性。

（二）马克思主义学院的考评

马克思主义学院是思政课实践教学的组织实施单位，对实践教学任课教师的工作安排、监督考评负有首要职责。因此，马克思主义学院的考评是教师实践教学考评工作的最重要一环。

1. 制定实践教学教师考评的相关规范性文件

马克思主义学院要根据学校思政课实践教学的总体安排和要求，制定有关实践教学教师考评工作的实施细则，细化考评工作的具体措施。这些实施细则主要有：教师指导实践教学的基本工作流程，实践

[①] 教育部：《高等学校思想政治理论课建设标准》（教社科〔2015〕3号）。

教学教师指导职责，实践教学教师工作量计算办法，定期或不定期的实践教学工作总结交流会制度，思政课实践教学教研会制度等。这些都是学院对实践教学任课教师的工作进行考评的基本依据。以实践教学教师工作量计算办法为例，它包括明确教师指导一个班级实践教学的总学时和总工作量，实践教学各环节的学时分配，跟队指导学生社会实践的工作量核定办法等。通过这些实施细则的落实，一方面能够规范教师的实践教学指导工作，另一方面可有效避免教师对实践教学指导工作的敷衍搪塞现象的发生，此外也有利于对教师的实践教学指导工作做出客观公正的评价。需要注意的是，相关实施细则制定出来后要严格执行，否则，对实践教学指导教师的考评久而久之就会流于形式，实践教学就会慢慢失去其教学实效性。

2. 过程考评和结果考评相结合的考评方法

对实践教学指导教师的考评应注重对教学指导能力和教学实绩的考核，主要有过程考评和结果考评两种形式。过程考评是通过规定每个环节的教学工作量，对教师指导实践教学的各个环节是否到位进行考评。如某个指导环节没有得到执行，将不计算其相应的工作量。再如教师跟队参加并指导了学生社会调查活动的，应给予其更多课时的工作量核定，而教师未完成某个必需的教学环节的，则要扣减一定课时的工作量。结果考评是根据教师指导实践教学的实际效果进行考评。这可通过检查指导教师所推荐的学生优秀调研报告和实践教学总结报告等书面材料的真实性和质量、格式的规范性、教师指导记录等得到验证。教师在这两个方面的考评结果，将作为评选实践教学优秀指导教师的主要依据。

（三）指导班级的教学反馈

学生的教学反馈意见也是考评思政课实践教学任课教师教学指导效果的重要参考。可通过学校和马克思主义学院的督导组或思政课实践教学教研室召开学生座谈会，了解学生对实践教学指导教师工作情况的意见和建议，也可通过发放实践教学信息调查表、网上评教等方式，了解每位教师实践教学的指导情况。教务处、马克思主义学院通过分析所收集的学生反馈信息，了解教师指导实践教学的优点和不足，并通过与指导教师交流，提升指导教师在下一轮实践教学中的教学实效。

不论是采取期末学生网上评教，召开学生座谈会的方式，还是采用问卷调查方式进行教师考评，都应包括如下内容：教师是否到场做过实践教学的课堂培训，培训时是否讲清楚了本门课程的相关内容；是否对学生的实践教学活动特别是课外实践教学，诸如社会调查、参观爱国主义教育基地等进行了全程指导；是否与学生建立了稳定联系并经常性沟通交流；是否对学生实践教学成果如社会调研报告、实践教学总结、读书报告等进行了必要指导；是否按规定推荐了学生优秀实践教学成果；等等。

四、对思想政治理论课实践教学管理机构的考评

思政课实践教学开展的实际状况和效果很大程度上与实践教学的管理机构是否健全，措施是否到位有着直接的关联。各级教育主管部门"要把实践育人工作作为对高校办学质量和水平评估考核的重要指标，纳入高校教育教学和党的建设及思想政治教育评估体系"①。因此，对思政课实践教学管理机构实施考评，是整个考评工作的又一重要环节。

（一）对思政课实践教学管理机构考评的意义

对高校思政课实践教学管理机构的考评是一种督促性考评，它不

---

① 教育部等部门：《关于进一步加强高校实践育人工作的若干意见》（教思政〔2012〕1号）。

仅对思想政治理论课建设，而且对整个实践育人机制建设都具有积极意义。

首先，通过考评能够促进高校积极、自觉转变办学理念。高校要牢固树立实践育人与教书育人同等重要、社会实践教学与课堂理论教学同等重要的认识，强化实践育人的先进教育教学理念，认真贯彻党的教育要与生产劳动和社会实践相结合的教育方针。思政课实践教学作为实践育人工作体系的重要组成部分，已成为高校深化教育教学改革、提高人才培养质量的极为重要的方面。因此，对实践教学管理机构的考评，在一定程度上是对高校办学理念先进性的检验。

其次，通过考评能够促进高校进一步贯彻落实实践育人的具体措施。在理论认知上，各高校都知道强化实践育人特别是强化思政课实践教学的重要性，但在实际操作中往往又过多强调实践教学的诸多困难，在行动上总是"慢几拍"。因此，实施考评，就是要促进高校狠抓政策落实，建立起包括思政课实践教学在内的实践育人长效机制，真正改变"实践育人特别是实践教学依然是高校人才培养中的薄弱环节"的状况。

（二）思政课实践教学管理机构考评的主体和对象

各高校党委、行政部门、学校教务处以及马克思主义学院是思政课实践教学的组织管理结构，学校宣传部、团委和学工部等机构也负有协调、支持实践教学的职责。因此，考评的对象是高校的相关机构，高校内部相关机构是接受考评的一方。而实施考评的主体则是高等学校的教育主管部门。在我国，中华人民共和国教育部是国家教育行政主管部门，当然也是高校思政课实践教学考评的主体，即考评工作的组织者和实施者。同时，我国绝大多数高校都是由省（自治区、直辖市）的教育行政主管部门在直接实施管理，因此，地方教育行政主管部门是思政课实践教学考评的又一个主体。从更广义上看，高校思想政治理论课的管理机构也是实践教学考评的主体，即自我考评的主体。

（三）对思政课实践教学组织管理机构考评的主要内容

依据高等学校思想政治理论课建设标准和高等学校马克思主义学院建设标准，特别是依据《关于加强新时代马克思主义学院建设的意见》①，对思政课实践教学管理机构进行考评的主要内容如下：

1. 对思政课实践教学组织管理的考评

对思政课实践教学组织管理的考评包括了领导体制、工作机制、机构建设和专项经费四个方面。

一是对领导体制的考评。就是要通过考评，推动建立高校党委书记、校长带头抓思政课机制，推动积极稳妥地建立由学校党委直接领导，协调校行政部门负责实施，分管校领导具体负责的实践育人领导机构，或建立由高校主要领导牵头的实践育人工作领导小组。

二是对工作机制的考评。就是要通过考评，督促高校把包括思政课实践教学在内的实践育人工作列入学校事业发展规划，学校党委常委会、校长办公会每学期至少召开一次会议专题研究思政课建设，至少召开一次会议专题研究包括实践教学在内的实践育人工作建设；学校党委常委会、校长办公会定期听取思想政治理论课及其实践教学工作汇报，将思政课实践教学作为学校重点课程来建设，切实解决实践教学工作中的实际问题；高校党委书记、校长每学期至少给学生讲授4个课时思政课，高校领导班子其他成员每学期至少给学生讲授2个课时思政课；各高校还要接受上级部门对思政课建设和实践育人建设工作的专项督查。通过组织管理考评，推动建立学校宣传、人事、教务、研究生院（处）、财务、科研等党政部门和马克思主义学院各负其责、相互配合的格局，共同落实思政课及其实践教学在学科建设、

———————————

① 《中办印发〈意见〉加强新时代马克思主义学院建设》，《人民日报》2021年9月22日。

人才培养、科研立项、社会实践、经费保障等各方面的政策和措施。

三是对机构建设的考评。就是要通过考评，推动高校设置直属学校领导的、与学校其他二级院（系）行政同级的思政课教学科研机构，配齐机构主要负责人，承担全校专科、本科、研究生层次的思政课教学及其实践教学任务。二级机构领导班子是否配齐等也应纳入考评范围。马克思主义学院是否设置了实践教学教研室以及开展实践教学教研活动的情况，也应纳入考评范围。另外，教学设备、基本图书资料、各类基本办公设备配备情况也应纳入考评范围。

四是对思政课专项经费使用状况的考评。就是要通过考评，督促学校落实关于"本科院校按在校生总数每生每年不低于40元，专科院校按每生每年不低于30元的标准提取专项经费，用于思政课教师的学术交流、实践研修等，并逐步加大支持力度"①的要求，做到专项经费安排使用明确，专款专用。

2. 对思政课实践教学的教学管理考评

对思政课实践教学的教学管理考评包含在对思政课教学管理的考评之中，主要包括管理制度、课程设置、教材使用、实践教学基地建设、教学方法改革、实践教学实效等方面的考评。

一是对实践教学管理制度的考评。通过考评，促进包括学校教务处、马克思主义学院在内的教学管理机构有针对性地建立和完善实践教学管理规章制度，具体如集体备课制度，实践教学质量评价制度和评价标准，实践教学指导教师职责，实践教学课程大纲，实践教学档案管理，网络实践教学（实践育人）平台管理制度等。

二是对课程设置、教材使用的考评。通过考评，促使学校和思政课教师转变教学观念，像重视课堂理论教学那样重视实践教学，有条

---

① 《关于深化新时代学校思想政治理论课改革创新的若干意见》，人民出版社2019年版，第10页。

件的高校都应积极推动将实践教学设置为相对独立的一门课程，赋予实践教学课程以专门的学分和学时。同时，要通过考评推动各高校积极编写实践教学相关教材或教辅资料。当前，在没有国家统编的思政课实践教学教材的情况下，高校应采取措施鼓励马克思主义学院组织力量编写实践教学教材或教辅资料。

三是对实践教学基地建设的考评。通过考评，促进学校重视实践教学基地建设，特别是逐步建立起相对稳定且形式多样的校外实践教学基地。一定意义上，实践教学基地建设和利用状况既是检验高校是否真正转变了"重理论轻实践、重知识传授轻能力培养"的人才培养旧观念，是否真正树立起实践育人与教书育人同等重要，学思结合、知行统一的人才培养新观念的"试金石"，也是检验高校是否构建了实践育人长效机制的重要标尺。

四是对实践教学方法改革和实践教学实效的考评。思政课实践教学在一定意义上还属于新兴课程，也是极具开放性的课程，不论是实践教学内容还是实践教学形式和方法都处于探索和发展的过程中。因此，对实践教学的教学方法改革和实践教学实效进行考评，就是要促进高校重视实践教学实效性，不断创新实践教学方法，把加强实践教学方法创新改革作为学科建设的重要内容，总结实践教学经验和成果，推动全国高校的实践育人机制创新建设，完善实践教学课程体系建设。

3. 对思政课实践教学教师队伍建设和管理的考评

高校教师队伍建设状况直接关系到实践育人包括思政课实践教学的成败和成效。因此，对高校教师队伍建设状况进行考评是十分必要的，目的是评建结合，以评促建，以评促管。对思政课实践教学教师队伍建设和管理的考评包括政治方向、师德师风、教师选配、培养培训、职务评聘、经济待遇、表彰评优等内容。

一是对思政课实践教学教师队伍政治方向和师德师风的考评。要建立思政课专任教师资格制度，制定思政课教师任职资格标准，把政治立场作为教师聘用的首要标准，严把教师聘用政治关。通过政治方向和师德师风的考评，就是要强化教师队伍的马克思主义理论素养，树立走中国特色社会主义道路的坚定信念，在事关政治原则、政治立场和政治方向的问题上要与党中央保持一致，增强思政课教师培养社会主义建设者和接班人的使命感和责任感。要按照相关文件的要求，确保思政课教师要有理想信念、有道德情操、有扎实学识、有仁爱之心，坚持教书和育人相统一、言传和身教相统一、潜心问道和关注社会相统一、学术自由和学术规范相统一，政治强、情怀深、思维新、视野广、自律严、人格正，做先进思想文化的传播者、党执政的坚定支持者、学生健康成长的指导者。

二是对师资选配的考评。通过考评，督促高等院校严格按照中央有关文件关于要按"师生比不低于1：350的比例设置专职思想政治理论课教师岗位，为每个教研室（组）配足师资"①的要求，配齐思政课和实践教学专任教师。思政课新任教师原则上应是中共党员，并具备马克思主义理论相关学科硕士研究生以上学历。即使是实践教学兼任教师，如辅导员、其他党务行政管理干部，也应对其专业背景和社会实践经验等方面有所要求。思政课兼职教师应具有硕士研究生以上学历（专科院校兼职教师一般具有本科以上学历）和相关专业背景。

三是对思政课教师培养培训政策落实情况的考评。近几年，地方教育行政主管部门和各高校都加大了对思政课教师队伍的培养培训工作。但这些工作仍然偏重于教师的思想政治素质、马克思主义理论素养提升以及新教材内容的培训，而缺乏对教师实践教学指导能力的针对性培训。因此，对教师培养培训工作的考评，就是要促使各高校转变教师培养培训的思路和内容，加大对教师实践教学指导能力的培训力度，为不断提高教师实践育人水平创造积极条件。一方面，要积极

---

① 教育部：《新时代高校思想政治理论课教学工作基本要求》（教社科〔2018〕2号）。

组织思政课教师开展社会实践、学习考察，丰富思想政治理论课和实践教学的教学素材。例如，各高校是否落实了"每学年至少安排 1/4 的专职教师开展学术交流、实践研修和学习考察活动"①，是否统筹安排了思政课教师、辅导员和团干部指导和参加学生的社会实践活动，是否鼓励和积极选派思政课教师到社会各部门进行挂职锻炼等，都应作为考评的内容。另一方面，实践教学指导教师要按照先培训、后上岗的原则要求，积极参加实践教学教研活动和实践研修、学习考察活动。学院应为其计核一定的教学工作量。

另外，思政课教师职务评聘、经济待遇、表彰评优等也应纳入考评范围。通过考评，确保思政课教师在职务评聘、经济待遇、表彰评优等方面获得与其他专业课教师一致的工作环境条件。特别是教师指导实践教学和其他社会实践活动的，不仅要计核教学工作量，而且计核方法是否科学也应成为考评的内容之一。

4. 对思政课学科建设、特色项目的考评

一是通过考评推动各高校理顺马克思主义理论学科点和思想政治理论课的关系。马克思主义理论学科点要设在思政课教学科研单位即马克思主义学院。马克思主义理论学科点的首要任务是为思政课教育教学服务。

二是通过考评推动各高校把思政课实践教学建设列入学校事业发展规划。实践教学要和各门思想政治理论课一样作为重点课程来建设，并实现实践教学与大学生其他社会实践的有机统一。

三是通过考评推动各高校重视和加强对思政课教师科研能力的培养，把包括实践教学在内的思政课教学改革作为重要选题，列入高校的科研工作、教育科学研究和人文社会科学研究规划中，项目单列，单独评审，单独检查。如积极申报国家社科基金规划项目、教育部人

---

① 教育部：《高等学校思想政治理论课建设标准》（教社科〔2015〕3 号）。

文社科研究项目的思政课专项，开展思政课教学重难点问题和教学方法改革创新等研究，逐步加大对相关课题研究的支持力度。各级教育行政主管部门参照设立相关项目并给予经费投入。

四是通过考评推动各高校积极开展思政课实践教学方法改革和创新。具有特色或示范意义的实践教学新方法应纳入教育部主推的思政课教学方法改革项目择优推广计划，并在各省（自治区、直辖市）进行推广。

（四）考评实践教学管理机构的主要方法

要实现对思政课实践教学管理机构的科学考评，首先要制定切实可行的标准。在此基础上，可采取定期考评与随机抽查考评或专项巡察相结合的考评方法。

1. 制定考评思政课实践教学管理机构的标准

国家教育行政主管部门要把包括思政课实践教学在内的实践育人工作作为高校办学质量和水平评估考核的重要指标，纳入高校教育教学和党的建设及思想政治教育评估体系。中宣部、教育部等部门颁布的相关文件是对思政课管理机构进行考评的主要依据。同时，各高校要制定实践教学和实践育人成效考核评价的具体办法或可以量化的"测评体系"，使之成为可操作的考评标准。

2. 采取定期考评与随机抽查考评或专项巡察相结合的考评方法

定期考评就是教育部等各级教育行政主管部门要定期对高校贯彻执行中央文件精神的情况进行全面检查，及时发现问题，总结经验。随机抽查考评或专项巡察就是各级教育行政主管部门要组织专家对高校思政课实践教学和实践育人工作情况进行抽查考评或专项巡察，要与地方和学校有关负责同志一起研究解决问题的办法，制定改进工作的方案，做到揣着问题下去，带着问题回来，最终促进思政课实践教学成为大学生真心喜爱、终身受益的思想政治理论课优质课程。

高校思想政治理论课实践教学大纲

为规范高校师生思想政治理论课实践教学活动，提高实践教学质量和实效性，进一步贯彻落实党和政府关于"实践教学纳入教学计划，统筹思想政治理论课各门课的实践教学，落实学分"等一系列指示精神，并依据《高校思想政治理论课实践教学实用教程》（第三版）的基本内容，制定本大纲。

一、基本信息

课程名称：思想政治理论课实践教学

课程代码：XXXXXX

所属学科：马克思主义理论

课程性质：公共政治理论课

修读性质：必修课

课程类别：实践课程

适用专业：全校本、专科各专业

开课方式：课外实践和线下实践为主，课堂实践和线上实践为辅

考核方式：过程考核与结果考核相结合

学分学时：2+1 学分；32+16 学时

开课学院：马克思主义学院（思想政治理论课教学科研机构）

参考教材：《高校思想政治理论课实践教学实用教程》（第三版）（高等教育出版社 2023 年）

关联课程：思想道德与法治、中国近现代史纲要、马克思主义基

本原理、毛泽东思想和中国特色社会主义理论体系概论、习近平新时代中国特色社会主义思想概论、形势与政策、应用文写作。

二、指导思想和基本原则

（一）指导思想

思政课实践教学以马克思列宁主义、毛泽东思想、邓小平理论、"三个代表"重要思想、科学发展观、习近平新时代中国特色社会主义思想为指导，坚持不懈用习近平新时代中国特色社会主义思想铸魂育人，贯彻落实教育必须为人民服务，为中国共产党治国理政服务，为巩固和发展中国特色社会主义制度服务，为改革开放和社会主义现代化服务，必须与生产劳动和社会实践相结合的教育方针。全面落实立德树人根本任务，培养担当民族复兴大任的时代新人，培养德智体美劳全面发展的社会主义建设者和接班人。

（二）基本原则

1. 思想性原则。思政课实践教学以立德树人，为党育人、为国育才作为教育教学的根本任务。必须坚持实践教学的育人导向，突出实践教学的价值引领。

2. 实践性原则。思政课实践教学以思想政治理论为课程内容，以实践为课程教学基本形式。坚持以思想政治理论为统领，以实践教学为载体。

3. 互动性原则。思政课实践教学以学生为主体，以教师为主导。尊重学生的主体地位，发挥学生在实践教学中的主动性、能动性和创造性，肯定教师的主导作用。教师要对学生实践活动给予理论指导、教学督导和精神关怀。互动原则包括师生互动、教学相长；同学互动、共同进步；环境互动，良性循环。

4. 实效性原则。思政课实践教学以促进学生德智体美劳全面发展为准则，以帮助学生有效学习思想政治理论并内化为科学理想信念和践行能力为着力点。

三、教学目标

思政课实践教学目标与其理论教学目标高度一致。但实践教学更侧重于对大学生情感价值目标的塑造和能力目标的提升。

1. 情感价值目标。筑牢马克思主义、共产主义科学信仰；树立对社会主义核心价值观的认同；坚定中国特色社会主义"四个自信"；增强为实现中华民族伟大复兴而奋斗的自觉性、使命感和责任感。

2. 知识目标。初步掌握实践教学课程基础知识；深化理解和掌握思想政治理论课中的基本知识、基本原理；拓展社会知识和生活知识，特别是增进对党史、新中国史、改革开放史、社会主义发展史的认识。

3. 能力目标。增强对书本知识和经典著作的阅读理解力和融会贯通能力；训练社会实践活动中的组织协调能力；锻炼创新思维能力和动手能力；提升科研论文的撰写能力和语言表达能力。

四、主要内容和基本形式

（一）思政课实践教学主要内容

实践教学以思想政治理论课的核心内容为主要内容，即通过实践教学深化理解理论知识，进而转识成智，内化于心，外化于行。

1. 有关马克思主义基本原理的实践教学。通过马克思主义经典读书会、学术讲座、"青年马克思主义者培养工程"等实践形式，巩固马克思主义的世界观、人生观、价值观；深刻认识中国共产党为什么能，中国特色社会主义为什么好，归根到底是因为马克思主义行；增强辩证思维能力、战略思维能力、底线思维能力、创新思维能力；正确体察价值规律在社会主义市场经济条件下的作用；坚信只有社会主义才能救中国，只有中国特色社会主义才能发展中国，树立共产主义的崇高理想。

2. 有关中国特色社会主义理论体系的实践教学。通过参观访问、调研座谈等实践形式，加深对中国特色社会主义本质特征、新时代社会主要矛盾的认识；深刻领会新时代中国特色社会主义建设和发展所处的历史阶段和新的历史方位，充分认识中国特色社会主义事业"五位一体"总体布局和"四个全面"战略布局；坚定中国特色社会主义"四个自信"，做到"两个维护"。

3. 有关"四史"学习中的实践教学。通过影视赏析、参观访问、社会调查等实践形式，实现"历史再现""历史反思"，提高历史思维能力，认清历史趋势。在重温"四史"中，传承红色基因，知史爱党、知史爱国，不忘初心；深刻理解中国人民选择马克思主义、选择中国共产党、选择社会主义道路、选择改革开放的历史必然性，体悟中国式现代化实现的历史进程。

4. 有关理想信念的实践教学。通过"观经典作品""走红色之路""访革命旧址""畅青春梦想"等主题活动，树立正确的理想信念、培养家国情怀，增强对中国共产党的政治认同、思想认同、理论认同、情感认同；做忠诚、理性的爱国者，维护祖国统一，促进民族团结；正确认识青年学生所肩负的时代使命，增强实现中华民族伟大复兴的信心和决心；引领学生牢固树立中国特色社会主义共同理想，实现个人理想与社会理想的有机统一；自觉践行社会主义核心价值观，在实践中创造有价值的人生。

5. 有关思想道德修养和法治素养的实践教学。通过"学雷锋""走访道德楷模""模拟法庭""法律援助"等实践形式，促进学生自觉向道德楷模看齐，自觉扬善抑恶，恪守公共道德，遵守职业道德，继承家庭美德；帮助学生树立社会主义法治理念，培养社会主义法治思维，善于运用法律武器保护自己的合法权益，敢于同违法犯罪行为做积极斗争。

（二）思政课实践教学基本形式

实践教学是思想政治理论学思用贯通、知信行统一的桥梁。根据实践教学开展的空间场域和时间要求的不同，可分为课堂实践教学和课外实践教学两大教学形式，每一类别可根据各门理论课教学的需要和学生的专业特点采用更多样化的实践教学形式。根据是否赋予学分，又分为"实践教学Ⅰ""实践教学Ⅱ""实践教学Ⅲ"三种实践教学基本形式。

1．"实践教学Ⅰ"（课堂实践教学）的主要形式。分为课堂讨论，情景模拟，主题演讲，知识竞赛，影视作品赏析等。课堂实践教学以帮助学生提高理论教学实效性为主要目的。"实践教学Ⅰ"不占学分。

2．"实践教学Ⅱ"（课外实践教学之一）的主要形式。主要分为调研类实践教学和观读类实践教学。前者要求学生参加社会调查并撰写调研报告；后者要求学生阅读经典著作，观看影视作品，参观爱国主义教育基地等，并撰写观读心得或论文。

3．"实践教学Ⅲ"（课外实践教学之二）的主要形式①。包括但不限于高校社会实践育人体系设置的生产劳动、志愿服务、公益活动、科技发明、勤工助学以及"三下乡"、"青马工程"和习近平新时代中国特色社会主义思想学习宣讲团等。各高校还应根据其专业特色，对"实践教学Ⅲ"进行更具体的实践教学形式细分。

文艺创作体育运动类实践教学还应探索更丰富多样、体现专业特点的实践教学形式。

---

① "实践教学Ⅲ"是根据"推动思想政治理论课实践教学与大学生社会实践活动有机结合，整合思想政治理论课教师和辅导员队伍，共同参与组织指导实践教学"（教社科〔2015〕2号）的要求而设置。

五、开设学期和学分设置

（一）思政课实践教学开设学期

1."实践教学Ⅰ"在各门思想政治理论课的开设学期由授课教师根据授课计划灵活安排。课堂实践教学不得占用过多课堂理论教学时间。

2."实践教学Ⅱ"自第三学期期中始至第四学期期中止，或自第四学期期中始至第五学期期中止。学生规模较大的高校，可分两批开课。

3."实践教学Ⅲ"要求学生在前六个学期内通过参加各种社会实践育人活动来完成。

（二）思政课实践教学学分设置

思政课实践教学为 2 学分，再从各高校都有的社会实践育人学分中"借出"1 学分，构成 3 学分。其具体配置如下：

1. 开展社会调查并撰写调研报告为 1.5 学分。（注：文艺创作体育运动类可探索开展文学艺术创作或体育运动辅导等形式的实践教学。完整开展这类实践教学的学生，应获得与社会调查研究实践教学等同的学分。）

2. 参观爱国主义教育基地、阅读经典著作或观看影视作品并撰写观读心得为 0.5 学分。

3. 在读期间参加各类社会实践育人活动 3~4 项（参见前述"实践教学Ⅲ"的主要形式）并开具证明为 1 学分。

六、实施流程

思政课课外实践教学一般分为四个基本阶段。

（一）理论准备阶段

思政课实践教学应在学期的中后段（第十四周左右）启动。理论准备阶段指任课教师到任课班级进行思政课实践教学的讲解和培训，主要内容有：实践教学的目的和意义，实践教学学分学时构成，如何选题和组队，问卷调查表和访谈提纲拟制方法，资料收集，实践教学考评方式，安全教育和注意事项等。参加文艺创作如舞蹈、话剧等实践教学的，要求有文字脚本或构思说明等，参加体育运动实践教学的，要求学会拟制活动实施方案、做好活动记录等。

指导教师在开课前应先参加实践教学教研活动或接受实践教学技能培训。

（二）学生实际开展各种社会实践活动阶段

学生利用寒暑假或节假日等课余时间奔赴社会生活第一线开展各类实践教学活动。实践活动内容有：组队（1个小组的成员数应限制在5人以内），选择并申请实践主题，如社会调查、观读篇目、公益活动等，拟制调查表或访谈提纲和行动计划，收集保存资料，实地开展社会调查、观读活动、志愿服务等。

学生开展社会实践活动期间，指导教师应与其保持有效通信联系，对学生实践活动给予督促、解惑和指导。条件允许的，教师应带队或跟队指导。

（三）学生整理、撰写实践教学成果阶段

社会实践活动完成后的新学期里，学生应对实践收获，如各种数据、访谈记录、观读笔记、实践心得等进行整理或完善，使之形成系统化、理论化的实践成果。参加文艺创作或体育运动实践教学的学生，也要对其作品的文字脚本或构思说明，对体育运动的活动方案、活动记录等做进一步完善。学生应在该学期第十周左右完成这一阶段任务。

因此，学生返校后，指导教师应再次（新学期第三周左右）集中学生进行交流或答疑解惑，尤其应就调研报告撰写的基本方法、观读心得体会和社会实践总结报告撰写的基本要求、参考文献和注释著录方法等对学生进行专门辅导。

（四）实践教学成果成绩评定和汇报展示阶段

指导教师给学生实践教学结果进行成绩评定，并录入学生成绩登录系统。应推选一定比例的优秀实践教学成果或优秀实践团队和个人，举行一定范围内的汇报交流会、成果展示会，意在表彰先进、激励朋辈。应在本学期第十四周左右完成。

教师应参加教研活动，总结交流指导实践教学的经验得失，评选优秀指导教师，迎接新一轮的思政课实践教学指导任务。

七、考评方式

（一）重视对实践教学考评机制的研究和完善

这是由实践教学课程的特殊性所决定的。实践教学既有"结果考评"，但更应注重"过程考评"，不仅有对个人成果的考评，也有对集体成果的考评，教师考评的主观性往往强于客观性。

（二）根据不同实践教学形式分别制定考评标准

1. "实践教学 I"即课堂实践教学是为课堂理论教学服务的，由任课教师作为理论课考评的重要加分点灵活处理。

2. "实践教学 II"包括调研类和观读类实践教学。（1）调研类实践教学的考评重点有：学生须参加培训活动，全程参与社会调查活动，按时撰写完成调研报告，所提交调研报告的质量和规范性，字数应达到最低要求，其在小组中担负的职责。凡在以上各个环节中表现优异的，应给予优秀的成绩评定，实行百分制的应评定为 90 分及以上。照此类推，对参加了社会调查的全体学生分别给出优秀、良好、中等、及格或不及格的成绩评定。成绩评定为不及格的，或因抄袭行为被记为零分的，不能获得相应学分，学生应重新参加调研类实践教学。对以小组形式开展社会调查并获评优秀的，应是小组主要负责人获评优秀成绩。文艺创作体育运动类专业学生以其他实践形式（如音乐、绘画、影视、文史创作、体育运动辅导等）替代完成社会调查研究实践教学的，思政课教师会同相关专业教师制定更科学的成绩评定标准。

（2）观读类实践教学的考评重点有：学生应按要求阅读或观看教材或指导教师所推荐的书目、影视作品，或参观爱国主义教育基地，独立撰写观读报告或心得，字数达到最低要求。凡在观读活动的各个环节表现优异的，其成绩评定为优秀，实行百分制的应评定为 90 分及以上。照此类推，对完成观读类实践教学的全体学生分别给出优秀、良好、中等、及格和不及格的成绩评定。在评定优秀成绩时，应有一定的比例限制。凡成绩评定为不及格，或因抄袭被记为零分的，不能获得相应学分，该生应重新参加观读类实践教学活动。（3）以上两项成绩，在教务处的成绩登录系统中应按 7∶3（调研报告成绩∶观读报告成绩）的比例输入，系统自动合成为学生"实践教学Ⅱ"的最终成绩。

3. "实践教学Ⅲ"的考评重点。学生在规定年限内，完成社会实践活动 3~4 项并开具有效证明。凡在系列活动中态度端正、积极主动、遵守纪律，并获得社会好评的，其成绩应综合评定为优秀，实行百分制的应评定为 90 分及以上。照此类推，对参加了"实践教学Ⅲ"的全体学生分别给出优秀、良好、中等、及格和不及格的成绩评定。凡"实践教学Ⅲ"综评成绩为不及格的，或被认定弄虚作假的，该生不能获得相应学分。学生参加"实践教学Ⅲ"时，应先向教务处申请修读该门课程，并下载填写"思想政治理论课'实践教学Ⅲ'成绩认定申请表"，学生以后的社会实践活动都应记录在表内，开出的证明材料亦要黏附在其上。

"实践教学Ⅲ"是由思政课教师和校团委、院系学管干部等共同指导完成的，因此，学生的成绩评定也应由思政课教师和其他相关教师共同完成。

八、组织管理

（一）成立校党委领导的思想政治理论课领导小组

高校要成立由学校党委直接领导，校行政部门负责实施，分管校领导具体负责的思想政治理论课和思想政治工作领导机构，统筹规划和管理思政课及其实践教学，统筹协调实践教学与社会实践育人各项工作。

学校各职能部门各负其责、相互配合，确保《高等学校思想政治理论课建设标准》《普通高校思想政治理论课建设体系创新计划》《新时代高校思想政治理论课教学工作基本要求》《关于深化新时代学校思想政治理论课改革创新的若干意见》等文件中关于思政课教育教学、学科建设、人才培养、科研立项、社会实践、经费保障等各项规定得到全面落实。

（二）马克思主义学院负责思政课实践教学常规管理

马克思主义学院负责制定思政课实践教学实施方案、实践教学课程质量标准和学生实践教学考核办法，推动打造实践教学一流课程，组织教师参加社会实践研修和培训活动。在学院内设置实践教学教研室，成员包括全体思政课教师，不定期开展实践教学教研活动。同时，有关部门应确保思想政治理论课各项经费特别是专项经费合理合规使用，强化思政课实践教学质量督导和检查。

思想政治理论课实践教学（社会调查）参考题目

一、校园热点现象或问题调查

1. 大学生理想信仰问题的调查

2. 大学生践行社会主义核心价值观现状调查

3. 大学生党员先锋模范作用调查

4. 大学生对"青年马克思主义者建设工程"的认知与态度的调查

5. 本校所在地爱国主义教育基地建设和利用情况的调查

6. 校园文化设施建设情况的调查

7. 大学生劳动教育现状的调查

8. 大学生创新创业大赛实施效果情况的调查

9. 大学生网络消费情况的调查

10. 大学生寒暑假打工（勤工俭学）现状调查

11. 大学生对参加"三下乡"、志愿服务等社会实践的认知与态度的调查

12. 大学生创业的个案调查

13. 基础教育"双减"政策背景下，大学生兼职中小学生教学辅导情况的调查

14. 大学生心理健康及教育现状的调查

15. 大学生参加社团活动情况的调查

16. 大学生课外阅读情况的调查

17. 大学生对所学专业满意度的调查

18. 大学生参与"四史"教育活动的调查

19. 大学生对思政课实践教学现有模式的满意度调查

20. 大学生掌握论文参考文献和注释著录技巧情况的调查

二、农村热点现象或问题调查

1. 全面实施乡村振兴战略的相关问题调查

2. 全面建成小康社会"百城千县万村"社会调查

3. 农村（少数民族地区）基层党组织建设情况的调查

4. 农村村民参与养老或医疗保险情况的调查

5. 农村空巢老人的生活现状调查

6. 当地特色农业建设现状的调查

7. 农村居民接种新冠肺炎疫苗情况的调查

8. 农村家庭收入情况的调查

9. 乡村旅游（农家乐）发展状况的调查

10. 对家乡的革命军人、劳动模范的访谈

11. 基础教育"双减"政策背景下，农村女子教育现状调查

12. 农村环境污染状况及解决措施落实情况的调查

13. 农村拆迁补偿问题的调查

14. 党的惠民政策在家乡的落实情况的调查

15. 农村文化建设情况的调查

16. 农村民间信仰和风俗问题的调查

17. 农村巩固脱贫成果的调查

18. 乡村振兴战略的典型个案调查

19. 农村中小学教育质量的调查

三、城市热点现象或问题调查

1. 基础教育"双减"政策背景下，课外辅导机构运营状况调查

2. 社区建设与社区服务实证调查

3. 城市居民闲暇生活情况的调查

4. 小区居民维权情况的调查

5. 城市居民对治安情况的满意度调查

6. 社区文化建设情况的调查

7. 小区物业管理中的问题调查

8. 城镇居民掌握防疫、防灾知识情况的调查

9. 基础教育"双减"政策背景下，学校延时服务情况调查

10. 城市居民的环保意识和环保行为调查

11. 城市居民对食品或药品安全的满意度调查

12. 基础教育"双减"政策背景下私人课外辅导情况调查

13. 新冠肺炎疫情背景下城市居民旅游意愿情况调查

14. 共享经济（共享单车、无人货架）发展困境及出路的调查

15. 城市居民对房价看法的调查

16. 社区抗击新冠肺炎疫情的调查

17. 城市居民压力状态情况的调查

18. 城市居民对当前物价的满意度调查

19. 城市居民对政府办事效率的满意度调查

20. 城市家庭生育意愿调查

思想政治理论经典文献阅读书目

一、马克思主义经典作家相关著述

马克思、恩格斯：《共产党宣言》，《马克思恩格斯选集》第 1 卷，人民出版社 2012 年版。

马克思：《〈政治经济学批判〉序言》，《马克思恩格斯选集》第 2 卷，人民出版社 2012 年版。

恩格斯：《反杜林论》（节选），《马克思恩格斯选集》第 3 卷，人民出版社 2012 年版。

恩格斯：《社会主义从空想到科学的发展》，《马克思恩格斯选集》第 3 卷，人民出版社 2012 年版。

恩格斯：《路德维希·费尔巴哈和德国古典哲学的终结》，《马克思恩格斯选集》第 4 卷，人民出版社 2012 年版。

列宁：《谈谈辩证法问题》，《列宁选集》第 2 卷，人民出版社 2012 年版。

列宁：《帝国主义是资本主义的最高阶段》，《列宁选集》第 2 卷，人民出版社 2012 年版。

列宁：《共产主义运动中的"左派"幼稚病》（节选），《列宁选集》第 4 卷，人民出版社 2012 年版。

二、毛泽东相关著述

《湖南农民运动考察报告》，《毛泽东选集》第 1 卷，人民出版社

1991 年版。

《中国的红色政权为什么能够存在？》，《毛泽东选集》第 1 卷，人民出版社 1991 年版。

《实践论》，《毛泽东选集》第 1 卷，人民出版社 1991 年版。

《论持久战》，《毛泽东选集》第 2 卷，人民出版社 1991 年版。

《中国革命和中国共产党》，《毛泽东选集》第 2 卷，人民出版社 1991 年版。

《新民主主义论》，《毛泽东选集》第 2 卷，人民出版社 1991 年版。

《论联合政府》，《毛泽东选集》第 3 卷，人民出版社 1991 年版。

《论十大关系》，《毛泽东文集》第 7 卷，人民出版社 1999 年版。

《关于正确处理人民内部矛盾的问题》，《毛泽东文集》第 7 卷，人民出版社 1999 年版。

三、邓小平相关著述

《马列主义要与中国的实际情况相结合》，《邓小平文选》第 1 卷，人民出版社 1994 年版。

《解放思想，实事求是，团结一致向前看》，《邓小平文选》第 2 卷，人民出版社 1994 年版。

《一个国家，两种制度》，《邓小平文选》第 3 卷，人民出版社 1993 年版。

《建设有中国特色的社会主义》，《邓小平文选》第 3 卷，人民出版社 1993 年版。

《改革是中国的第二次革命》，《邓小平文选》第 3 卷，人民出版社 1993 年版。

《用坚定的信念把人民团结起来》，《邓小平文选》第 3 卷，人民出版社 1993 年版。

《科学技术是第一生产力》，《邓小平文选》第 3 卷，人民出版社 1993 年版。

《在武昌、深圳、珠海、上海等地的谈话要点》，《邓小平文选》第 3 卷，人民出版社 1993 年版。

四、江泽民相关著述

《坚持依法治国》，《江泽民文选》第 1 卷，人民出版社 2006 年版。

《高举邓小平理论伟大旗帜，把建设有中国特色社会主义事业全面推向二十一世纪》，《江泽民文选》第 2 卷，人民出版社 2006 年版。

《继承和发扬五四运动的光荣传统》，《江泽民文选》第 2 卷，人民出版社 2006 年版。

《教育必须以提高国民素质为根本宗旨》，《江泽民文选》第 2 卷，人民出版社 2006 年版。

五、胡锦涛相关著述

《树立社会主义荣辱观》，《胡锦涛文选》第 2 卷，人民出版社 2016 年版。

《在庆祝中国共产党成立九十周年大会上的讲话》，《胡锦涛文选》第 3 卷，人民出版社 2016 年版。

《在纪念辛亥革命一百周年大会上的讲话》，《胡锦涛文选》第 3 卷，人民出版社 2016 年版。

《坚定不移沿着中国特色社会主义道路前进　为全面建成小康社会而奋斗——在中国共产党第十八次全国代表大会上的报告》，人民出版社 2012 年版。

六、习近平相关著述

《实现中华民族伟大复兴是中华民族近代以来最伟大的梦想》，《习近平谈治国理政》第 1 卷，外文出版社 2018 年版。

《依靠学习走向未来》，《习近平谈治国治理》第 1 卷，外文出版社 2018 年版。

《在实现中国梦的生动实践中放飞青春梦想》，《习近平谈治国治理》第 1 卷，外文出版社 2018 年版。

《把宣传思想工作做得更好》，《习近平谈治国治理》第 1 卷，外文出版社 2018 年版。

《在纪念毛泽东同志诞辰 120 周年座谈会上的讲话》，人民出版社 2013 年版。

《在纪念邓小平同志诞辰 110 周年座谈会上的讲话》，人民出版社 2014 年版。

《习近平谈治国理政》，外文出版社 2014 年版。

《习近平谈治国理政》第二卷，外文出版社 2017 年版。

《习近平谈治国理政》第三卷，外文出版社 2020 年版。

《习近平谈治国理政》第四卷，外文出版社 2022 年版。

《决胜全面建成小康社会　夺取新时代中国特色社会主义伟大胜利——在中国共产党第十九次全国代表大会上的报告》，人民出版社 2017 年版。

《在纪念马克思诞辰 200 周年大会上的讲话》，人民出版社 2018 年版。

《在庆祝改革开放 40 周年大会上的讲话》，人民出版社 2018 年版。

《在纪念五四运动 100 周年大会上的讲话》，人民出版社 2019 年版。

《在庆祝中国共产党成立 100 周年大会上的讲话》，人民出版社

2021 年版。

《论中国共产党历史》，中央文献出版社 2021 年版。

七、其他相关文献选读

《关于若干历史问题的决议》，《建党以来重要文献选编（1921～1949）》第 22 册，中央文献出版社 2011 年版。

《关于建国以来党的若干历史问题的决议》，《中共中央文件选集（1949 年 10 月—1966 年 5 月）》第 1 册，人民出版社 2013 年版。

《中共中央关于党的百年奋斗重大成就和历史经验的决议》，人民出版社 2021 年版。

中共中央文献研究室编：《毛泽东邓小平江泽民论世界观人生观价值观》，人民出版社 1997 年版。

中共中央宣传部编：《科学发展观学习纲要》，学习出版社、人民出版社 2013 年版。

季明主编：《培育和践行社会主义核心价值观学习读本》，人民日报出版社 2014 年版。

本书编写组编著：《党的十九大报告辅导读本》，人民出版社 2017 年版。

中共中央党校中共党史教研部编、罗平汉主编：《中共党史知识问答》，人民出版社 2021 年版。

金一南：《苦难辉煌》，作家出版社 2020 年版。

谢春涛主编：《中国共产党如何改变中国》，人民出版社 2019 年版。

欧阳淞总主编：《中国共产党人的故事》，中国方正出版社 2017 年版。

中共中央宣传部编：《习近平新时代中国特色社会主义思想三十讲》，学习出版社 2018 年版。

程冠军主编：《大道：从站起来、富起来到强起来》湖北教育出版社 2021 年版。

张荣臣、蒋成会：《大历史观背景下三个中国故事》红旗出版社 2019 年版。

红色经典影视作品推荐

一、电影和电视剧

《大决战》《南京！南京！》《南昌起义》《开天辟地》《邓小平》《孔繁森》《唐山大地震》《集结号》《南京大屠杀》《建国大业》《建党伟业》《开国大典》《焦裕禄》《国歌》《雷锋》《青春之歌》《鸦片战争》《东京审判》《亮剑》《潜伏》《长征》《八路军》《重庆谈判》《解放》《东方》《五星红旗迎风飘扬》《深圳湾》《下海》《觉醒年代》《红星照耀中国》《中流击水》《跨过鸭绿江》《外交风云》《战狼 2》《我和我的祖国》《长津湖》《山海情》。

二、政论片、纪录片

《赶考路上》《大道》《一带一路》《百年潮·中国梦》《信仰》《将改革进行到底》《强军》《辉煌中国》《不忘初心继续前进》《复兴之路》《大国崛起》《百年中国》《故宫》《美丽中国》《正道沧桑——社会主义 500 年》《激荡·1978—2008》《伟大的历程》《破冰》《坐标》《我们走在大路上》《山河岁月》《同心战"疫"》《典籍里的中国》《故事里的中国》《美术经典中的党史》。

山城"棒棒军"的生存境况调查
——基于 360 份问卷调查的统计分析

刘达培　　杜中波　　周　琳

（重庆师范大学政治学院，重庆　401331）

摘要：山城"棒棒军"是重庆城市化过程中产生的一种富有地域文化特色的经济社会现象，在重庆的大街小巷随处都有"棒棒"的身影。本研究以问卷调查法为主，辅以个案访谈和实地观察的方法，以重庆市沙坪坝、渝中、渝北、江北四区的 360 名"棒棒"为样本，从个人及家庭基本情况、生活境况、工作情况、社会支持状况和社会心理等五个方面进行定量的描述和分析，整体展现了山城"棒棒军"当前的生存境况。

关键词：山城；棒棒军；生存境况

项目基金：本文系重庆市大学生创新创业训练计划项目（项目编号：201410637023）资助课题"双重资本匮乏下的群体地位边缘化与凝固化——关于山城'棒棒军'的生存境况调查"阶段性成果。

一、引言

1997 年一部名为《山城棒棒军》的电视剧进入了大众的视野。这部电视剧的播出引起了社会各界对这一群体的关注。随着时间推移，人们似乎渐渐遗忘了他们的存在。2014 年 4 月 27 日李克强总理在重庆万州港考察时接见了"棒棒"代表，李克强对"棒棒"们深情地说："你们很了不起！每一分钱都是流汗挣来的，是中国人民勤劳的象征。"他说，中国发展有潜力，有韧性，最重要的是人民勤劳。推动中国发展需要负重前行、爬坡越坎、敢于担当、不负重托的"棒棒精神"。总理的慰问再一次引起了社会和学术界的关注。陆续有媒体报道，有大学生利用假期了解"棒棒"的生活，重庆市委党校的学员也利用群众路线教育实践活动到基层了解、关注"棒棒"。对山城"棒棒军"生存境况开展实证性研究，在学术上和实践中均具有重要价值。

山城"棒棒军"（以下简称"棒棒军"或"棒棒"）是重庆城市化过程中产生的一种富有地域文化特色的经济社会现象：地理上的坡陡坎多造成的交通不便，使人力搬运成为人们解决货物运输的主要方式；迅猛发展的城市化，使得大量的剩余劳动力（既包括农民工也包括城镇的下岗失业人员）在城市中寻找就业机会。两者的自然结合产生了一批靠原始劳动力谋生的体力劳动者。山城的简单体力劳动者因其标志性的劳动工具——竹棒和绳子而被称为"棒棒军"，其所从事的简单劳动以搬运为主，兼干其他杂活，城市的街头巷尾、商场、市场、车站等地成为其寻找就业机会的主要场所。山城"棒棒军"指的是在重庆城区从事搬运兼干其他杂活的体力劳动者这一群体。"棒棒"这一群体的基本结构是怎样的？他们的生活工作境况如何？他们的社会支持情况多还是少？他们有怎样社会心理？这些现象之间有何内在联系？这都是笔者在本文中所要回答的问题。

二、文献回顾

目前，关于山城"棒棒军"的社会学研究成果甚少。在已有的研究中，有学者从灵活就业的角度对"棒棒军"的劳动生活进行了实证性调查，总结出"棒棒军"生存状况的基本特征——劳动方式以原始体力支出为主，劳动时间灵活，劳动场所非固定化，劳动安全保障缺乏，劳动收入兑现快并体现多劳多得，劳动关系为临时雇佣关系（夏进，1998）。这一研究主要是从就业方式的角度对农民工的进城务工特征进行了简单的描述性研究，但没有对其生活方式、生活内容进行研究。也有研究从理性化的角度，从逻辑与现实上阐述了农民工进城务工这一实践行动经由生存理性向经济理性过渡的过程，认为山城"棒棒军"是在现有的社会结构下不断适应与反思自己的实践行动，部分山城"棒棒军"通过自己的实践能力来达到向上流动（黄颖、张大勇，2006）。这一研究从理论上对山城"棒棒军"的实践行动进行了研究，并提出了人力资本、社会资本以及政府政策对于社会底层群体向上流动的重要性，但缺乏实证性数据的支持。还有学者通过长时间的田野调查，从人类学的角度考察了"棒棒军"进城方式、进城动机；并通过深度访谈，对"棒棒军"的社会心理、情感以及社会关系体等方面进行详细的研究，取得了颇为丰硕的研究成果（秦洁，2013）。也有研究者通过问卷调查的方式研究了"棒棒"的居住状况和社会保险状况，得出结论："棒棒"租住的房屋类型多为廉价房、简易房；室内严重拥挤，通风采光条件差，家电设施简单；室外绿化面积小，对居住区环境的评价不高（肖世忱、马春丽，2010）。"棒棒"们对养老保险、医疗保险、工伤保险以及失业保险的需求强烈但实现程度较低（肖云、刘慧，2008）。已有的研究成果基本上都是从某一个角度对"棒棒"群体进行研究，以致读者很难快速地从整体上了解"棒棒"的生存境况，特别是"棒棒"的生活状况和工作状况。

直接以山城"棒棒军"为研究对象的社会学研究不多，"棒棒军"是重庆的特产，它具有一定的地域性。但对与山城"棒棒军"同处社会底层、同样从事简单体力劳动的群体的研究却层出不穷。有的是研究城市里的农民工，有的是研究城市的下岗失业人员。无论是对山城

"棒棒军"专门性的研究,还是一般性的关于社会底层群体的研究,都是本研究可以积极借鉴的研究成果,有利于笔者在前人的基础上做出更进一步的研究。

三、资料与方法

本研究以问卷调查法为主,辅以典型个案深度访谈和实地观察的方法。抽样方式采取非概率的偶遇抽样。在重庆市沙坪坝、渝中、渝北、江北四区共抽取 400 个"棒棒军"作为样本,各区的样本分别从街头、商场、车站、市场等地偶遇抽取。问卷调查为期两个月,共回收问卷 384 份,回收率 96%,笔者对部分缺失值进行了删除处理,实际用于 spss 技术分析的个案为 360 个,符合调查和分析规范与标准。

调查问卷主要从个人及家庭基本情况、生活境况、工作情况、社会支持情况和社会心理等五个方面进行。其中,个人及家庭基本情况操作化为"棒棒军"的性别、年龄、文化程度、健康状况、户口、婚姻状况等;生活境况操作化为"棒棒军"的饮食水平、住宿方式、居住条件、娱乐活动等;工作情况操作化为工作年限、日工作时间、月收入、工作中身体意外受伤情况及解决方式、选择"棒棒"职业的原因、"棒棒"职业存在的最大问题、雇主对"棒棒军"的尊重情况等;社会支持情况操作化为亲朋关系的经济与社会地位、政府和社会提供的职业培训、政府和社会对"棒棒军"的关注情况、社会保障情况等;社会心理则通过对生活的满意程度、对自身社会地位的定位、对富人的态度、别人对"棒棒"职业的态度等来体现。

此外,本研究在以上四区各选取了 20 个个案进行半结构式访谈,访谈对象在做问卷调查过程中选取,选取标准主要是熟悉所在调查区域内"棒棒军"群体的生存情况、具有代表性的"棒棒"。访谈主要了解"棒棒军"群体或者某部分群体(如单身"棒棒"群体)的整体生活境况，群体内存在的普遍而突出的问题和诉求等。

问卷调查与访谈、定量与定性相结合，优势互补，从而使获得的资料更准确、深入、全面，有利于笔者深入分析和研究。

四、结果与分析

（一）个人及家庭基本情况

调查对象的基本情况直接反映了这一群体的结构特征，是深入了解山城"棒棒军"生存境况的基础。此项调查对"棒棒军"基本情况的描述主要有：性别、户口、年龄、文化程度、健康状况和婚姻状况。目前"棒棒军"的总体情况是什么样的？较之于人们已有的了解、报道和研究，"棒棒军"群体结构又发生了哪些变化呢？下面是对"棒棒军"个人及家庭基本情况的调查结果（见附表1）。

附表1　"棒棒军"群体的结构特征 （$N=360$）

			频数	百分比/%
有效	性别	男	348	96.7
		女	12	3.3
	户口	城镇户口	6	1.7
		农村户口	354	98.3
	年龄	39岁及以下	16	4.4
		40—49岁	106	29.5
		50—59岁	163	45.3
		60岁及以上	75	20.8
	文化程度	没读过书	72	20
		小学	186	51.7
		初中	90	25
		高中（中专）及以上	12	3.3

从附表 1 的结果可以看出：男性占了"棒棒军"队伍的绝大多数，比重高达 96.7%；"棒棒"几乎全部来自农村，拥有城镇户口的仅占 1.7%。从年龄结构上看，中老年"棒棒"占主体，40 岁以下"棒棒"的比例不到 5%，其中，年龄最小者 30 岁，最大者 77 岁（见附表 2）。此外，"棒棒军"的平均年龄高达 52.25 岁，60 岁及以上的"棒棒"比例也超过了 20%。这说明，"棒棒军"群体的年龄总体上处于以中老年为主、向老年趋近的阶段。从文化程度上看，"棒棒军"群体的文化程度普遍偏低，96.7%的人都是初中及以下文化。

附表 2　"棒棒军"的年龄描述统计量

	N	极小值	极大值	均值	标准差
您的年龄是多少岁	360	30	77	52.25	7.752
有效的 N（列表状态）	360				

作为"近于原始体力支出"的劳动者，"棒棒军"的结构特征除了以中老年农村男性为主、文化程度普遍偏低外，还有哪些特征呢？调查发现，总体上，"棒棒军"的身体状况普遍较好，只有 6%左右的人感觉身体较差或者非常差，很少有重大疾病（见附表 3）。

附表 3　"棒棒军"当前的身体状况

		频数	百分比/%	有效百分比/%	累积百分比/%
有效	非常健康	38	10.5	10.5	10.5
	比较健康	208	57.8	57.8	68.3
	一般	92	25.6	25.6	93.9
	身体较差	19	5.3	5.3	99.2
	身体非常差	3	0.8	0.8	100.0
	合计	360	100.0	100.0	

这一结果印证了"棒棒"职业几乎纯体力劳动的性质。劳动既作为"棒棒"职业生存的必要条件，也是大多数"棒棒"最具优势的人

力资本，可以说，体力是"棒棒"生存的最大支柱。但是，基于经济条件等因素，大多数"棒棒"在没有明显感到身体不适的情况下，一般不会进行身体检查，他们对自己身体状况的评价，仅仅是基于平时的自我感觉。因此，调查显示的身体状况并不包括潜在的疾病风险。

作为社会的基本单位，家庭是构成"棒棒"结构特征的重要组成部分。调查结果显示：已婚者占"棒棒军"的主体，占到总数的87%左右，8.6%的"棒棒"至今未婚，4.4%的"棒棒"离异或丧偶（见附表4）。然而，我们在访谈中了解到，未婚"棒棒"的比例远远超出了这一数字。我们从众多的访谈对象那里得知：每一"坨"（意思与普通话中的"一拨"接近）"棒棒"中，有1/3左右的单身"棒棒"，有的区域甚至半数以上都是单身。

附表 4　"棒棒军"的婚姻状况

		频数	百分比/%	有效百分比/%	累积百分比/%
有效	未婚	31	8.6	8.6	8.6
	已婚	313	87	87	95.6
	离异	12	3.3	3.3	98.9
	丧偶	4	1.1	1.1	100.0
	合计	360	100.0	100.0	

为何统计数据与访谈结果差距如此显著？原因在于，面对问卷调查，单身"棒棒"明显具有回避性，主要表现在两个方面。其一，在对一"坨""棒棒"进行调查的时候，一些"棒棒"故意避开，不愿接受调查。这时旁人往往就会告诉我们："他是单身汉，不要采访他。"其二，接受调查的那部分"单身"群体，他们在面对调查员的时候，更倾向于选择在远离同伴甚至偏僻的地方与我们交谈。这也说明偶遇抽样的代表性显得不足。

（二）生活境况

生活境况是一个人幸福感的重要源泉，也是衡量"棒棒军"生存境况的重要指标。在本研究中，笔者主要从饮食水平、居住条件、娱乐生活三个方面进行了考察。

1. 饮食水平

对饮食水平的调查，问卷设计了三道题目，分别是：解决三餐的方式，每一餐的消费支出和"棒棒"对饮食水平的主观评价。附表 5 是对"棒棒军"三餐情况的调查结果。

附表 5　"棒棒军"解决三餐的方式（$N = 360$）

	三餐	方式	频数	百分比/%
有效	早餐	自己做	280	77.8
		在外面吃	80	22.2
	午餐	自己做	122	33.9
		在外面吃	238	66.1
	晚餐	自己做	297	82.5
		在外面吃	63	17.5

从附表 5 的结果可以看出："棒棒军"解决早、中、晚三餐的方式各异：早、晚两餐大多自己在家做，分别占到 77.8% 和 82.5%，午餐多数在外面吃，占 66.1%。调查发现，这是与"棒棒军"的工作性质和生活习惯密切相关的。"棒棒军"几乎全部来自农村，大都按照早出晚归的生活习惯，天没亮就起床，将就吃过头一天剩下的饭菜便匆匆出门。中午呢，要么是因离家较远，要么就怕耽搁活路，通常不回家吃饭，因此选择在外面吃饭的"棒棒军"占了大多数。为了少花钱，他们的晚餐多半回家解决，不过通常情况下早已过了饭点。

　　由于"棒棒军"自己做饭所花的费用难以计算，在外面吃的花费也有较大的不确定性，因此统计结果没有全部呈现。就调查所获得的数据显示，早餐的平均消费在4元左右，午餐和晚餐消费主要集中在7~10元，晚餐消费略高于午餐。除了客观的数据呈现，"棒棒军"对自己的饮食水平也作了自我评价（见附表6）。

附表6　您现在的饮食水平怎样

		频数	百分比/%	有效百分比/%	累积百分比/%
有效	非常好	8	2.2	2.2	2.2
	比较好	67	18.6	18.6	20.8
	一般	244	67.8	67.8	88.6
	比较差	35	9.7	9.7	98.3
	非常差	6	1.7	1.7	100.0
	合计	360	100.0	100.0	

　　从附表6可得知，认为现在的饮食水平非常好或非常差的比例均很低，加起来不到4%，认为比较好或比较差的比例总共也不到30%，多数"棒棒军"认为自己的饮食水平一般。这里我们需要明白，"棒棒军"对自己饮食水平的评价标准主要是与同一层次的人进行比较，比如所在区域的其他"棒棒"或者自己以前生活在农村时的饮食水平。之所以倾向于选择一般，一方面是因为同一"坨""棒棒"的饮食水平差异并不明显；另一方面，他们对生活的追求并不是很高，只要不饿肚子，偶尔能吃上一顿肉他们就已知足。

　　2. 居住条件

　　要研究生活状况，吃、住问题是少不了的。"棒棒军"是怎样解决住宿问题的呢？他们的居住条件如何呢？下面是本研究对"棒棒军"住宿情况的调查结果（见附表7）。

附表 7　"棒棒军"的住宿方式

		频数	百分比/%	有效百分比/%	累积百分比/%
有效	与其他棒棒集体租住	66	18.3	18.3	18.3
	在自己家居住	44	12.2	12.2	30.5
	个人或家庭租住	245	68.1	68.1	98.6
	在亲戚家借住	2	0.6	0.6	99.2
	在外面流浪	3	0.8	0.8	100.0
	合计	360	100.0	100.0	

附表 7 结果显示，个人或家庭租住是"棒棒军"主要的住宿方式，占总数的 68.1%，与其他"棒棒"集体住的也占了 18.3%，而在自己购买的房子里居住的只占 12.2%。因此，租住是绝大多数"棒棒"的住宿方式。他们的居住条件，则通过附表 8 呈现。

附表 8　您目前的居住条件如何

		频数	百分比/%	有效百分比/%	累积百分比/%
有效	非常好	3	0.8	0.8	0.8
	比较好	55	15.3	15.3	16.1
	一般	213	59.2	59.2	75.3
	比较差	68	18.9	18.9	94.2
	非常差	21	5.8	5.8	100.0
	合计	360	100.0	100.0	

附表 8 结果表明，认为目前居住条件非常好的比例最少，不到 1%，认为非常差的也比较少，只有 5.8%，多数集中在比较好、一般和比较差这三项，分别占到 15.3%、59.2% 和 18.9%，总体上接近对称分布。由此看出，"棒棒军"对目前的居住条件的评价多表现为一般，总体比较差，"棒棒军"的居住条件有待改善。

3. 娱乐生活

　　随着生活水平的提高，娱乐成为人们生活中一个必不可少的元素，娱乐生活的内容和丰富程度是体现生活水平高低的重要标志之一。"棒棒军"作为生活在城市边缘的独特劳动者，工作地点灵活，工作时间自由，多数时间用在等活儿和揽活上面。因此，从这个角度上讲，他们的闲暇时间相对较多。那么，在等活儿或者晚上回家以后，他们是怎样打发自己的闲暇时间的呢？我们在附表9中可以找到答案。

附表 9　　"棒棒军"的娱乐生活情况

| | | 响应 | | 个案百分比/% |
		频数	百分比/%	
您平时有哪些娱乐活动	聊天	273	35.8	76.0
	打盹儿	139	18.2	38.7
	斗地主或打麻将	114	14.9	31.8
	看书刊、杂志	21	2.8	5.8
	看电视	183	24.0	51.0
	上网	4	0.5	1.1
	几乎没有娱乐活动	29	3.8	8.1
总计		763	100.0	212.5

　　通过附表9可以看到，"棒棒"主要的娱乐活动有聊天、看电视、打盹儿和打牌，看书刊、杂志和上网的人很少。此外，有 8.1% 的"棒棒"认为自己几乎没有娱乐活动。那么，"棒棒"们对自己的娱乐生活是否满意呢？附表 10 显示：35.3% 的人认为非常满意和比较满意，认为一般的最多，占 55.6%，有少部分人（9.2%）明显感到不满意。这说明，虽然他们的娱乐方式比较单一，内容并不新鲜，但他们对自己的娱乐生活依然比较满足。

附表 10 "棒棒军"对目前娱乐生活的满意度

		频数	百分比/%	有效百分比/%	累积百分比/%
	非常满意	6	1.7	1.7	1.7
	比较满意	121	33.6	33.6	35.3
有效	一般	200	55.5	55.5	90.8
	不满意	27	7.5	7.5	98.3
	很不满意	6	1.7	1.7	100.0
	合计	360	100.0	100.0	

（三）工作情况

劳动创造了人类光辉灿烂的文明，工作是人们生活的保障，职业类别和工作环境是衡量一个人社会地位的重要标准之一。"棒棒军"群体是重庆城市化进程中特有的富有地域特色的经济文化现象，深入了解"棒棒军"生存境况必须要对其工作境况进行分析。"棒棒"们从事这个职业多少年了？他们每天工作多长时间？收入水平怎样？"棒棒"行业存在什么比较大的问题？他们的职业地位如何？这些问题都是笔者在接下来所要分析的。下面是本调查研究有关"棒棒军"工作情况的数据统计表（见附表 11）。

附表 11 "棒棒军"工作情况的描述统计量

	N	极小值	极大值	均值	标准差
您平均每天工作多少小时	360	5	15	10.69	1.933
您从事"棒棒"工作几年了	360	1	40	12.92	7.372
您的月收入大概是多少元	360	300	6000	2021.81	990.198
有效的 N（列表状态）	360				

注："棒棒"的工作时间是从早上出门算到晚上回家的。

从附表 11 可以看出："棒棒军"群体的工作年限比较长。在调查数据中，从业年限最低的为一年，最多的达到 40 年之久，平均从业年限为 12.92 年。不难看出，"棒棒军"群体从事这个职业的年限一般比较长，并且流动性很弱，有很强的职业凝固性。"棒棒军"的日工作时间比较长。其中，日工作时间最少的有 5 小时，最长的高达 15 小时，平均日工作时间 10.69 小时。"棒棒军"群体的日平均工作时间远远高于国家规定的 8 小时。"棒棒军"的收入差距比较大。统计数据显示"棒棒"的月收入最低的只有 300 元，最高的有 6000 元，平均月收入 2021.81 元。

　　"棒棒军"除了工作年限和日工作时间比较长，收入水平差距比较大之外。在"棒棒军"看来，"棒棒"这个职业存在最大的问题是收入太低。从附表 12 可以看出：有高达 50.3% 的"棒棒"认为"棒棒"这种工作存在最大的问题是"收入太低"，除此之外还有 24.2% 的"棒棒"认为存在最大的问题是"棒棒太多，导致活少"。认为"棒棒太多，导致活少"这一原因其实也是间接地承认"棒棒"工作存在最大的问题是"收入太低"。因为"分蛋糕"的人多了自然收入就少。也就是说，实际上有 74.5% 的"棒棒"认为"棒棒"职业存在的最大问题是"收入太低"。

附表 12　您觉得棒棒这种职业存在的最大问题是

		频数	百分比/%	有效百分比/%	累积百分比/%
有效	棒棒太多，导致活少	87	24.2	24.2	24.2
	收入太低	181	50.3	50.3	74.5
	不被尊重，常受歧视	37	10.2	10.2	84.7
	工作安全得不到保障	55	15.3	15.3	100.0
	合计	360	100.0	100.0	

（四）社会支持情况

　　人是一切社会关系的总和，个人的发展需要得到社会的支持。社会支持也就是一种社会资源。本研究对这种社会资源主要界定为"棒棒军"所在农村或社区开展职业培训情况、"棒棒军"参加职业培训情况、政府和社会团体对"棒棒军"的关注情况以及"棒棒军"的社会保障情况。社会资源的多寡决定了"棒棒军"社会支持状况的好坏。那么，"棒棒军"这一庞大的群体的社会支持状况如何呢？

调查结果表明，"棒棒军"获得社会资源的机会很有限，社会对这一群体的关注还很不够。如附表 13 所示：

附表 13　"棒棒"居住的农村或社区针对无业人员的职业技能培训开展情况和
"棒棒"参加培训的情况

		是否开展		您是否参加	
		频数	百分比/%	频数	百分比/%
有效	是	31	8.6	13	42
	否	329	91.4	18	58
	合计	360	100.0	31	100

从附表 13 可以看出，只有 8.6% 的"棒棒军"在"您生活的农村或社区是否开展过专门针对无业人员的职业技能培训？"这一栏中选择"是"，然而却有高达 91.4% 的"棒棒军"选择了"否"，也就是说"棒棒军"群体获得职业培训的机会是非常少的。在这些有机会参加职业培训的"棒棒军"中，参加过职业培训的人更少，仅有 13 人参加过。同时，在"棒棒军"看来，他们基本上是一个被忽视的群体，受到政府和社会团体的关注很少。附表 14 是本研究中政府有关部门和社会其他团体对"棒棒军"关注情况的数据分析结果。

附表 14　政府有关部门和政府以外的社会团体对"棒棒军"的关注情况

		政府相关部门		其他社会团体	
		频数	百分比/%	频数	百分比/%
有效	非常多	8	2.2	4	1.1
	比较多	50	13.9	27	7.5
	一般	48	13.3	65	18
	很少	83	23.1	92	25.6
	没有关注	171	47.5	172	47.8
	合计	360	100.0	360	100.0

通过附表 14 不难得出：在"棒棒军"看来，政府部门对"棒棒军"群体的关注很不够。从数据上看，认为政府关注得非常多或比较多的只有 16.1%，认为关注一般的有 13.3%；然而认为政府很少关注甚至没有关注的分别达到 23.1% 和 47.5%，总和达到 70.6% 之多。可见，政府部门对"棒棒军"的关注很不够。除了政府外，其他社会团体对"棒棒军"群体的关注也很有限。从附表 14 可以看出：除政府之外，其他团体或个人对"棒棒军"群体的关注同样非常少。很少关注或和没有关注的比例之和达到 73.4%。可见，"棒棒军"基本上处于一种被忽视的地位。

（五）自我评价及社会心理

社会由一个一个的群体组成，群体的社会心理对社会的和谐稳定具有重要作用。"棒棒军"这一重庆城市化过程中特有的群体，对他们的社会心理的研究是本研究应有的内容。"棒棒军"对自己的生活满意吗？对待富人的态度如何？社会地位怎样？在他们看来社会上其他人对"棒棒军"作何评价？这就是接下来所要探讨的问题。

调查数据的分析结果显示：绝大部分的"棒棒"认为自己是社会的底层人士，但他们对自己的生活还比较满意。有 73.9% 的"棒棒军"对自己的生活"满意"，然而也有高达 26.1% 的"棒棒军"对自己的生活不满意甚至还有负面情绪。总体说来，"棒棒军"对自己的生活比较满意（见附表 15），但"棒棒军"的生活满意度还有待进一步提升。

附表 15　"棒棒军"对个人生活满意度情况

		频数	百分比/%	有效百分比/%	累积百分比/%
	满意	266	73.9	73.9	73.9
有效	不满意	94	26.1	26.1	100.0
	合计	360	100.0	100.0	

我国正处于社会贫富差距比较严重的阶段，社会群体对富人的态度直接影响到社会的和谐稳定。"棒棒军"群体对待富人的态度如附表 16 所示。

附表 16　　"棒棒军"对富人的态度

		频数	百分比/%	有效百分比/%	累积百分比/%
有效	仇恨	23	6.4	6.4	6.4
	羡慕	41	11.4	11.4	17.8
	无所谓	296	82.2	82.2	100.0
	合计	360	100.0	100.0	

从表中可以看出：绝大部分（82.2%）"棒棒军"对富人抱无所谓的态度，但也有一小部分人（6.4%）对富人怀有仇恨的心理。调查得知，"棒棒军"口中的无所谓主要有两种表现：一是富人同样是靠能力吃饭，认为能者多得是正常的；二是认为富人与己无关，表现出对富人冷漠的态度。

五、小结与讨论

通过对以上五个方面的分析，可以看出"棒棒军"实质上是重庆城市化过程中从事简单体力劳动的灵活就业者。由于"棒棒军"从事的是最简单的体力劳动，其工作条件、收入水平、日常基本生活水平、劳动保障与社会保障水平等远远低于大众的平均水平，社会经济地位处于一种非主流的、被排斥、被忽视的状况，其总体的生存境况处于社会的边缘。"棒棒军"群体年龄普遍偏高，文化程度低，基本上没有专业技能，更没有得到良好的职业培训，人力资本非常低下。同时，"棒棒军"很少得到政府部门或社会团体提供的帮助和服务，社会资本也极其匮乏。双重资本的匮乏使得"棒棒"们难以找到劳动回报高的就业机会，只能从事城市里的简单体力劳动，其政治、经济与社会地位必然处于一种边缘化的状态。不难推断出，人力资本的低下与社会资本的匮乏是山城"棒棒军"群体地位边缘化的根本原因。

边缘化的延续使得山城"棒棒军"的人力资本与社会资本的积累始终处于一个匮乏状态，他们难以向上流动，致使其政治、经济与社会地位长期处于同一水平，其地位呈现凝固化倾向——山城"棒棒军"难以实现有效的向上的社会流动。因此，人力资本的提升与社会资本的丰富及有效利用是这一群体走出边缘化，实现有效向上流动的根本途径之一。

最后需要说明的是，鉴于被调查者文化程度普遍较低且可能临时有活儿，故调查员在调查每一位调查对象时均始终陪同，并时常对问卷内容进行解释，或者用口头方式叙述，根据被调查者的回答代为填写，这难免会在一定程度上影响调查结果的准确性。因此，研究结果的代表性和概括性显然受到一定的限制。但即便如此，这一结果足以帮助我们了解山城"棒棒军"群体的生存境况。

参考文献：

［1］李克强：中国发展需要负重前行的"棒棒精神"［EB/OL］. 新华网， http：//news. xinhuanet. com/politics/2014 － 04/27/c ＿ 1110432719＿ 3. htm

［2］夏进. 进城农民生存状况实证研究——关于"山城棒棒军"劳动生活的调查与分析［J］. 城市研究，1998（4）.

［3］黄颖，张大勇. 外出务工农民的行动反思与调整——重庆"棒棒"群体城市生存轨迹的社会学思考［J］. 农村经济，2006（2）.

［4］秦洁. 农民工的都市想象——基于对重庆"棒棒"入城动机的人类学考察［J］. 湖北民族学院学报（哲学社会科学版），2013（3）.

［5］秦洁. 事实的家与情感的家——基于对重庆"棒棒"的深度

访谈 ［J］. 广西师范大学学报（哲学社会科学版），2013（5）.

　　［6］秦洁. 实践中的社会关系体研究——基于对"棒棒"群分类概念"坨"的解读 ［J］. 广西师范大学学报（哲学社会科学版），2014（3）.

　　［7］肖世忧，马春丽. 重庆市都市圈进城务工人员居住状况研究——以渝中区"棒棒"为例 ［J］. 安徽农业科学，2010（29）.

　　［8］肖云，刘慧. 低层灵活就业群体社会保障需求与对策研究——基于重庆市 363 名"棒棒"的调查分析 ［J］. 南方人口，2008（2）.

辛勤汗水浇灌出的红辣椒

——石柱县下路镇辣椒种植业现状的社会调查

马秋蓉

（重庆师范大学外国语学院 2011 级英语（师范）3 班）

摘要：辣椒种植业及加工业已成为石柱县农业经济中的重要一环，也是新农村建设的一个重要方面。但调查显示，石柱县在发展辣椒种植业及其加工贸易业方面，还存在许多制约因素。如辣椒市场价格波动大制约了辣椒种植的规模化发展，辣椒种植规模化程度低又影响了经济效益，交通不便增加了辣椒种植丰收却无收益的风险，劳动力素质不够高，科学种植水平低等也是制约辣椒产业发展的因素。因此，石柱县的辣椒产业应探索走规模化、公司化发展的道路，还应设法提高辣椒种植户的"科学种椒"技能，以求科学"种椒"。石柱县政可利用少数民族自治县、三峡库区淹没县等"特殊身份"，争取上级政府在交通、网络等硬件设施建设加大投入，特别是加大辣椒产业的科技投入，促进辣椒深加工发展，以增加辣椒产品的附加值。

关键词：辣椒种植；农村经济；社会调查

从 2013 年 6 月到 2013 年 11 月，在学校统一安排下，在马克思主义学院老师的指导下，我们 2011 级英语专业的全体同学参加了思想政治理论课实践教学活动，其核心内容是要利用暑期做一次社会调查，并撰写调查报告。我因为来自农村，对农村、农业问题比较了解也有浓厚的兴趣，就选择了回家乡石柱土家族自治县，就当地的传统农业辣椒种植业的现状及其问题进行社会调查。返校后经过多次修改写成了这篇调查报告。

先要说明的是，在放假前，学校马克思主义学院的老师就对思想政治理论课实践教学的目的和意义做了专门说明和强调，特别是对社会调查的基本方法，包括如何拟制调查问卷和访谈提纲，如何做调研计划，如何收集材料和整理材料，以及如何撰写调查报告等问题对同学们进行了专门培训，使我们这些非相关专业的大学生做社会调查活动也有了相当的底气和信心。我在实地调查的过程中，也得到了当地村民的配合支持。当地村民热情好客，毫无保留地道出他们在劳动中特别是辣椒种植与买卖中的酸甜苦辣，喜悦困惑，使这次调查进行得非常顺利。就个人而言其情感触动甚至大于知识收获。

一、辣椒，从居民的传统"美食"到商品化的种植产业

2013 年 8 月 12 日至 14 日，我开始了为期 3 天的对家乡辣椒种植情况的调查活动。按照事先的计划，我第一天主要走访下路镇，对镇政府领导进行采访，并对辣椒问题进行初步了解或"扫盲"。再经镇领导推荐，准备下到村组采访几家有代表性的辣椒种植户。因这次调查活动恰好赶上辣椒成熟收获的季节，所以还在去镇里的路上，就已经见到辣椒地里满目墨绿中镶嵌着的簇簇火红火红的辣椒。在阳光照射下，它们闪烁着像红宝石一样的灿烂光泽，煞是可爱。心情大好。通过镇上相关领导（他们有一位专门负责辣椒生产和万亩园建设的干部）的介绍，我对辣椒的相关知识以及石柱县辣椒的生产经营情况有

了初步了解。我知道了，由于特殊的地理环境，这里比较适合种植辣椒，石柱县也有种植辣椒的悠久历史。我了解到辣椒是石柱居民生活中的一种既普通又流行的传统"食材"（一种辛辣却很开胃口的蔬菜），村民们几乎家家种辣椒、食辣椒。辣椒成为餐餐顿顿不离的"美食"。据介绍，早在 20 世纪 50 年代石柱辣椒就曾出口到韩国、斯里兰卡等国和地区。经过多年努力，石柱县已成为西南地区最大的辣椒种植基地县。① 辣椒种植面积达 20 余万亩，无公害辣椒年收入 2 亿多元，更享有"中国辣椒之乡"的美誉。石柱县还在打造辣椒"百里长廊"，建设已具雏形。石柱县还拟开发辣椒精加工技术，取辣椒红色素制口红——听起来多么不可思议，却正在变为现实。由单一种植方式到种植与精深加工兼顾，石柱辣椒产业正发生着质的飞跃。据说重庆市市长还曾为石柱产辣椒题名"石柱红"呢。石柱县农户还成功注册有"三益牌""三宜红"等好几个辣椒商标，"石柱红"集体商品，"石柱红辣椒""辣椒之乡"两个网络实名商标和"石柱红辣椒"网络商标。石柱县还围绕辣椒产业培育了 40 多家辣椒加工企业，特别是引进了重庆德庄辣椒科技产业有限公司、重庆小天鹅百福食品有限公司、重庆怡留香食品有限公司、重庆香水火锅有限公司、重庆康欣源食品有限公司等加工企业。显然，辣椒种植业及加工业已成为石柱县农业经济中的重要一环，也是新农村建设的一个重要方面。我为石柱县辣椒产业的发展感到十分喜悦和欣慰。

在接下来的两天里，经推荐我分别来到下路镇上进村的高兴组、花园组，雷庄村的飞翔组，对几家比较具有代表性的辣椒种植户进行了单独访谈和实地调查。通过访谈，我对辣椒生长过程和种植过程有了初步认识。辣椒生长分为发芽期、幼苗期（花蕾显露时）、开花结果期。适宜辣椒生长的温度在 15～34℃之间。种子发芽适宜温度 25～

---

① 来自石柱土家族自治县政府网站。

30℃，发芽需要 5~7 天，低于 15℃或高于 35℃时种子不发芽。苗期要求温度较高，白天 25~30℃，夜晚 15~18℃最好。幼苗不耐低温，要注意防寒。辣椒如果处于 35℃时会造成落花落果。辣椒对水分条件要求严格，它既不耐旱也不耐涝，喜欢比较干爽的空气条件。诸多条件显示，辣椒并不像水稻玉米般易于种植。看来要种植好辣椒的确不是件容易的事。

虽说辣椒是当地村民日常生活中的必备蔬菜，但作为辣椒种植专业户，他们更多地还是从经济效益角度关心辣椒种植和买卖的各个环节。辣椒种植要成为具有经济效益的农产品，其实是受到种子和品种，气候与土壤，种植方法与科学管理，还有市场价格波动、交通条件乃至全国各地同业竞争等诸多条件制约的，其中的风险与变数还非常多。访谈中，我更多感受到的是辣椒种植户的诸多不易，既为辣椒种植户因辣椒丰收带来的喜悦而开心，也为辣椒种植户因市场价格波动大、经济收益不确定带来的焦虑而困惑。

二、石柱县下路镇辣椒种植业进一步发展的诸多制约因素

1. 气候和土壤条件对辣椒种植和丰收具有重要影响。据介绍，石柱的气候和土壤条件还是适合辣椒种植的，百姓也有种植辣椒的传统。但辣椒却是一种很"娇气"的农作物。热不得也冷不得，旱不得也涝不得。气候条件稍有异常，都容易导致辣椒的产量和品质波动。而石柱县的气候条件恰恰多变。这无疑给石柱的辣椒种植业，特别是给辣椒种植专业户的经济收益带来了很大的不确定性或风险性。

2. 辣椒市场价格波动大成为制约辣椒种植规模化发展又一不确定因素。尽管石柱县政府为推动辣椒种植规模化发展，对辣椒收售方面制定了一些保护性的政策措施，但辣椒市场价格仍然飘忽不定。毕竟全国许多地方都适合辣椒种植，同时全国许多地方也都有种植辣椒的传统。此地的辣椒要打入他地的市场已属不易。而村民们多是根据当

年的价格来决定第二年辣椒种植面积的多少。然而，当年辣椒的价格并不能决定第二年的价格，村民们就不能得到他们预期的收益。一旦发生估测性错误，就会打击村民对辣椒种植的积极性。于是他们便可能缩小辣椒种植用地面积，这就影响了辣椒种植业的规模化发展。

3. 辣椒种植的规模化程度低又影响了经济效益。在各家各户"各自为政"种植辣椒的格局下，因无法掌握辣椒价格波动因素，散户们往往是种一点点自己食用，自家消费不完的才拿到就近的镇农贸市场出卖，以换点"油盐钱"。这当然就很难从辣椒种植中获得可观的经济收益了，更谈不上规模化经营。根据我的观察，我所调查的上进村和飞翔村村民的生活水平即使与石柱县内其他乡镇的村民相比较也是较低的，远谈不上"小康"水平。这其中，与辣椒种植规模化程度低也有一定的联系。据介绍，石柱县其他几个发展了辣椒种植园区并形成辣椒种植基地的乡、村，仅在辣椒种植这一项的经济收益就比我所调查的两个村村民的收益高了许多。其生活水平也比规模化发展辣椒种植业前好了许多。据说，红棉村（也是石柱县重要的辣椒种植示范基地）还因此被邀请参加了湖南卫视一档综艺节目。这样一来，红棉村村民因种植辣椒仿佛脸上都多了一些自豪感，更加激发了人们种植辣椒的积极性，也加快了当地辣椒规模化种植的发展。

4. 交通不便增加了辣椒种植丰收却无收益的风险。我所调查的石柱县下路镇上进村地处偏远山区，早些年那里还没有修通公路，到目前也只有一条蜿蜒崎岖的山路通往那里。有句话说得好："要想富，先修路。"尽管当地政府和村民都知晓这个道理，但修路不是一件简单的事情。修路总要占用部分土地，还要家家户户出一部分资金，而这些土地又早已"包产到户"，因此修路问题难免与部分村民的眼前利益相冲突。解决了土地问题，资金又成为一大难题。从 2005 年开始，当地政府就已经开始准备接通上进村到下路镇的公路。正所谓"罗马不是一天建成的"，村民们盼了一年又一年，终于在 2010 年，上进村扶贫公路动工了。但是，直到现在，这条公路还是崎岖不平的石子路，哪怕是下一场小雨就不能通车了。每到辣椒收获的季节，政府都会组织村民们修整公路，方便运输辣椒和其他农作物的车辆通行。但这终究不是一个长期有效的办法。出售辣椒的收益可能又贴在整修公路上了。由于夏季雨水多，带来交通不便，经销商会隔很长一段时间才到村里收购辣椒。而夏季辣椒成熟快，一遇雨水，很多辣椒就烂在了地里，这又造成了一大笔损失。

5. 劳动力素质不够高，科学种植水平低是制约辣椒产业发展的内在因素。石柱县和周边县一样，受过一定教育的青壮年劳动力继续留在农村安心务农的已经很少了，大都外出打工去了。所以留守在农村的多是"6038部队"的成员①。老人和妇女群体中接受过高中教育的都极少，绝大部分都只是接受过小学教育，甚至有没有上过学的。由于受教育程度低，在接受新知识、采取科学种植方法等方面就受到了很大限制。就拿辣椒种植来说，对辣椒种子的甄别和品种的选用，化肥、农药的配比和使用时机的把握，辣椒育苗技术的掌握，还有田间管理等都是需要具备相关科技知识和理解力的，更不用说还要具有对市场需求信息和市场运行规律的把握能力了。比如说，辣椒的品种就很多，有的特别辛辣，有的中辣，有的却演变成"甜椒"了；辣椒的形状长相也千差万别，有的适合家用，有的适合就地销售，有的适合远销，有的需制成干辣椒销售，有的可以用于提取辣椒素进行深加工，等等。而所有这些，对于留守的老人和妇女来说，确实是不小的"挑战"。也因此对于上进村和雷庄村而言，要想使辣椒种植成为一项有经济效益的产业，感觉还有好长的路要走。

---

① "6038部队"意指青壮年劳动力外出务工后留守在农村的老人、妇女。

三、对石柱县下路镇辣椒产业进一步发展的思考

下路镇的辣椒产业也是风光过一段时间的。但如何进一步发展，却似乎遇到不少"瓶颈"，需要专家、政府和经营者的共同努力解决这些问题。我在实地调查过程中，也听当地政府官员介绍了如何发展辣椒产业的一些规划和打算。所以，这里所谓的思考，并非就是我个人的思考，而是综合了各方面的意见的，当然它更不是成熟的思考。我也在网上查阅了一些关于"三农"问题方面的文章，试图把它们的好建议"嫁接"在辣椒产业发展上面。

1. 下路镇的辣椒产业应走规模化、公司化发展的道路。所谓"规模化"发展，大致是要较大幅度地提高辣椒的种植面积，并且对辣椒种类和品种要有意识地做出安排，尽可能成片地种植某一特别品种。这样的好处是可以在辣椒育苗、肥料施用、田间管理、采摘时机和运输以及劳动力投入方面降低成本，从而获得较高的收益。在调查中，我欣喜地知道，当地政府正打造辣椒生产的"十里长廊"和"万亩园"基地，这无疑正是辣椒种植"规模化"的表现了。但是，规模化也可能带来一个风险，就是一旦出现不良气候条件或者是市场价格大幅度波动，就有可能"全军覆没"。所以，辣椒产业还应走公司化发展的道路。就是要请专业化的辣椒经营公司入驻当地，共同打理辣椒产业，实现风险共担、收益共享。也就是通过多种形式的"土地流转"① 和合同规定，由专业公司负责辣椒产业的生产经营管理，包括品种选择、种子提供、管理方法、对外销售等，而辣椒种植户则按要求进行栽种和田间管理，获得劳动收益和土地"入股"分红收益。这样一来，农户可能无法获得较高的经济收益，但却可能得到较稳定的

---

① "土地流转"涉及法律、经济等多方面知识，我还需专门研习。就是觉得在土地流转过程中如何保护农民利益，还是摆在当地政府面前的一个极严肃的问题。

收益。

2. 必须提高辣椒种植户科学素养和劳动技能，以求科学"种椒"。在石柱县，虽然辣椒种植具有悠久的历史和传统，广大农户也有很好的种植辣椒的经验，但要使辣椒种植真正成为产业化商品化的生产和经营活动，仅靠传统经验是很不够的。前面也提到，现在农村里主要是老人和妇女在家做农活，种的都是"懒庄稼"，基本谈不上科学种田或科学"种椒"。因此，迫切需要努力提高农村劳动力科学文化素养和科学劳动技能。这方面，政府应该可以有所作为。如政府可出面聘请农业专家、辣椒种植能手免费对农村劳动力进行相关知识培训，定期派科技人员指导科学"种椒"以及进行科学种椒示范活动。

3. 交通等硬件设施建设要跟上。石柱县因主要地貌为中、低山区，传统上属于交通不便之地。但事实上近年来石柱的交通"大环境"已有了极大改善，有数条高速公路过境，还有渝利高铁通过石柱县，黄金水道长江也过境石柱县。但石柱县境内的省道、县道公路还有待大发展。而交通是高投入的建设项目，乡镇领导、村民们虽然知道"要想富，先修路"的道理，但在资金上仍是无能为力的，需要上级政府的大力支持。互联网建设也应连接到村、组，网络消费方面也应有政策性优惠。发展交通和互联网事业，不仅对辣椒产业的发展，而且对石柱县的各行各业的发展都有很大好处的。

石柱县本来就具有丰富的旅游资源，正在打造旅游强县。我觉得在规划旅游产业时，也可以把辣椒产地"附带"纳入其中，把辣椒产业园区做成观光旅游或乡村旅游的一个项目，至少是一个"节点"。

4. 加大对辣椒产业的科技投入，促进辣椒深加工发展，增加附加值。众所周知，农产品若不能深加工，只是当作初级农产品来买卖是很难赚到大钱的。但若能开发出更多深加工产品，则其附加值将大大提高。如前面提到的"辣椒红素"提炼等。笔者在这里特别建议石柱县政府要充分利用本县作为自治县、三峡库区淹没县和国家扶贫工作重点县的"特殊身份"，争取上级政府在资金、政策方面的更多支持。如辣椒产业可以"项目"的方式向上级政府或农业管理部门争取科研等方面的支持力度。石柱县本就已经是"国家农业标准化生产示范区"，也可以进一步打造成国家辣椒种子培育研发基地什么的。再比如与西南大学、重庆市农科院进行深度联合，这无疑是实现"科学种椒"好办法。

四、参加实践教学和社会调查活动的一些心得体会

思想政治理论课实践教学虽说重要，但说实话一开始并没有引起我的真正兴趣。和许多同学一样，不过是将它理解成为完成学业获得学分而必须做的一门功课而已。在参加完暑期社会调查活动后，我才真正体会到大学生参加实践教学和暑期社会实践活动确实是非常必要的，对于大学生成人成才有着很特别的意义。

首先，通过参加社会调查活动，我学到了真知识，获得了真本事。"理论联系实际"是思想政治理论课各门课程都十分强调的学风。但只有实际参加社会实践后才能真正体会到这是至理名言。为了搞好这次社会调查，我们先要学习拟制调查问卷表，撰写访谈提纲，学着准备参加各种社会实践的必备资料和"装备"。还好我是回家乡搞调查，还没有遇到太多麻烦。为了搞好社会调查，我们还要求填写各种表格，要就社会调查等实践活动选题做出说明和论证，要做出时间与地点的安排，要就所采用的方法做出说明，这些本身就是长"本事"的经历。由于我是选择的农业经济（辣椒种植），又逼着我去恶补所欠缺的相关知识。在整理材料和撰写并反复修改调查报告的过程中，我的写作能力得到了极大锻炼，这也使我发现了自己在诸多方面的不足。

其次，通过参加社会调查活动，我了解了国情，拉近了与群众的心理距离，增进了与群众的感情。我觉得所谓国情教育，真不是在课堂上能够完成的，或者说仅仅靠课堂教育是无法很好地完成的。在参

加社会调查活动的过程中，我不仅真切感受到了祖国经济社会发展的巨大变化并由衷感到自豪，如我的家乡也通了高速公路和高速铁路，各方面都得到良好发展和改善。我也体会到家乡作为民族自治县、三峡库区淹没县、国家重点扶贫工作县，在经济社会发展的各方面与发达地区相比，还有很长的路要走。记得在刚开始采访时，就是与村民打个招呼，我都要脸红，提问也结结巴巴的。但现在我可以很自然地做这些事了，因为其实我就是他们中的一员。家乡人民生性乐观、热情好客、吃苦耐劳，这些都是值得我学习的优秀品质。

最后，我要感谢重庆师范大学马克思主义学院的老师。他们对我们参加实践教学，特别是参加社会调查实践活动和撰写工作进行了辛勤指导。指导老师特别指出了本调查报告的重大不足。一篇关于农村经济发展的调研报告怎能没有相关经济数据的支撑呢？对此我只能说，一个外语专业大学生只有看将来能不能弥补这一缺憾了。

附录 6
论文（含调研报告）参考文献和注释著录规则

学习和训练所撰写论文（包括调研报告）参考文献和注释的著录方法是高校学生实践教学一个特殊的重要内容。根据《中国学术期刊（光盘版）检索与评价数据规范》（CAJ-CD B/T 1—2006）和《信息与文献 参考文献著录规则（GB/T7714-2015）的规定，这里归纳出著录参考文献和注释的一般要求。但有的期刊的要求会略有不同。

一、参考文献和注释的基本解释

1. 参考文献。参考文献是作者写作论文（包括调研报告）时所引用、参考的文献资料，包括引文出处和观点出处。写作中凡是引用或参考了他人文献资料的，都必须按一定的规则标注出来。这是对他人劳动成果的最低限度的尊重，是知识产权法律法规的基本要求，也是学术活动规范化的基本要求。

2. 注释。注释是作者对文章内的特定内容（如引用数据、观点或结论、特定用语）所作的进一步解释或补充说明。

二、参考文献类型标识及示例

（一）参考文献类型标识符号

以纸张为载体的参考文献类型标识符号：普通图书（专著）[M]；论文集 [C]；报纸文章 [N]；期刊文章 [J]；学位论文

［D］；报告［R］；标准［S］；专利［P］；汇编［G］；论文集中的析出文献［A］；未定义的文献［Z］。

各种电子文献类型标识符号：数据库［DB］；计算机程序［CP］；电子公告［EB］；磁带［MT］；磁盘［DK］；光盘［CD］；联机网络［OL］。

（二）参考文献著录示例

参考文献应按正文中出现的先后顺序集中列于文末，正文中的序号与文末的序号保持一致。正文里的序号用右上角标注，如[1]。文末序号用带方括号的阿拉伯数字加以标注，如［1］［2］［3］。同一文献在文中被反复引用的，应以第一次出现的序号标示。参考文献的每一条最后均以小圆点"."结束。

1. 普通图书、论文集、资料汇编、工具书的著录格式：［序号］主要责任者．文献题名［文献类型标识］．出版地：出版者，出版年．（是译著的还应标明原作者国别和译者，所引文献的页码建议标注在正文序号后面）示例如下：

［1］张世英．哲学导论［M］．北京：北京大学出版社，2002.

［2］（德）恩斯特·卡西尔．人论［M］．甘阳译．上海：上海译文出版社，1985.

［3］赵剑英，孙正聿．中国化马克思主义哲学新形态［C］．第5卷．北京：社会科学文献出版社，2006.

2. 期刊文章的著录格式：［序号］主要责任者．文献题名［文献类型标识］．期刊名，年，卷（期）：引文起止页码．示例如下：

［1］田克勤．准确理解习近平新时代中国特色社会主义思想的三个基本维度［J］．思想理论教育导刊，2022，284（8）：32—41.

［2］（美）阿林扬格．报酬递增与经济进步［J］．经济社会体制比较，1996，（2）：53-55.

3. 报纸文章的著录格式：［序号］主要责任者．文献题名［文献类型标识］．报纸名称，出版日期（版次）．示例如下：

［1］习近平．弘扬和平共处五项原则 建设合作共赢美好世界——在和平共处五项原则发表 60 周年纪念大会上的讲话［N］．人民日报，2014-06-29（2）．

4. 学位论文的著录格式：［序号］主要责任者．文献题名［文献类型标识］．学校所在地名：学校名，年．示例如下：

［1］吴云芳．面向中文信息处理的现代汉语并列结构研究［D］．北京：北京大学，2003．

5. 论文集析出文献的著录格式：［序号］析出文献主要责任者．析出文献名［文献类型标识］．原文献主要责任者．原文献题名［C］．其他题名信息．出版地：出版者，出版年：起止页码．示例如下：

［1］朱燕，杨静．坚定“四个自信”，助推“中国方案”［A］．中国辩证唯物主义研究会．马克思主义哲学论丛［C］．第 26 辑．北京：社会科学文献出版社，2018（1）：292-301．

6. 古籍的著录格式：［序号］主要责任者．文献题名［文献类型标识］．卷数或篇名．示例如下：

［1］孟子［M］．滕文公上；尽心下．

（三）电子文献著录示例

电子文献的著录格式：［序号］主要责任者．电子文献题名［电子文献及载体类型标识］．电子文献的出处或可获得地址，发表或更新日期/引用日期。示例如下：

［1］王明亮．关于中国学术期刊标准化数据库系统工程的进展［EB/CD］．http：//www.cajcd.edu.cn/ pub/wml.txt./980810-2.html，1998-08-16/1998-10-04．

［2］教育部．普通高等学校师范类专业认证实施办法（暂行）

［EB/OL］. http：//www. moe. gov. cn/srcsite/A10/s7011/201711/t20171106-318535. html，2017-10-16/［2019-12-01］.

［3］光明网. 当代中国海归潮［EB/OL］. http：//www. bda. gov. cn/cms/hwxrgg/74157. htm，［2012-11］.

三、注释示例

注释通常以脚注的方式按正文中出现的先后次序列于该页地脚处。下一页又有注释的需重新编号。注释的序号用带圆圈的阿拉伯数序号标注如①②③。正文里用上角标注，如①。注释中提到的论著保持通常格式。示例如下：

① 关于平城人口数量问题，李凭认为道武帝时期迁入雁北的人口有 150 万，在以后的一个世纪里，"总量并无增长，一直处于动态的平衡状况"（《北魏平城时代》，北京：社会科学文献出版社，2000 年，第 364 页）。

② 本文将社会调查研究活动简称为"社会调查"，而将社会调查研究的书面成果称为"调研报告"。

思想政治理论课实践教学相关表格

思想政治理论课实践教学学生上交材料之一

思想政治理论课调研类实践教学材料

学生姓名及学号＿＿＿＿＿＿＿＿＿＿

学生姓名及学号＿＿＿＿＿＿＿＿＿＿

学生姓名及学号＿＿＿＿＿＿＿＿＿＿

学生姓名及学号＿＿＿＿＿＿＿＿＿＿

学生姓名及学号＿＿＿＿＿＿＿＿＿＿

所　在　系　院＿＿＿＿＿＿＿＿＿＿

年级专业班级＿＿＿＿＿＿＿＿＿＿

指　导　教　师＿＿＿＿＿＿＿＿＿＿

××大学（学院）

马克思主义学院　印制

思想政治理论课调研类实践教学成绩评定表

20＿＿＿—20＿＿＿学年第＿＿＿学期

＿＿＿＿＿＿学院＿＿＿＿＿＿专业＿＿级＿＿班

实践时间	年　月　日— 年　月　日		
社会调查主题			
实践地点/单位			
小组成员	姓名	学号	成绩
	（小组负责人姓名）		
小组分工合作情况（以个人形式开展社会调查的可不填写）：			
指导教师意见			
	指导教师（签名）：　　　　　　　　　　年　月　日		

思想政治理论课调研类实践教学方案

20＿＿＿—20＿＿＿学年第＿＿＿学期

＿＿＿＿＿＿学院＿＿＿＿＿＿专业＿＿级＿＿班

小组成员	姓名	学号
社会调查题目		
社会调查背景简介（指开展本次调查活动的原因、必要性，相关调查活动的状况）		
调查内容（本次调查活动所要调查的要点）		
调查地点与时间（调查的区域和时间）		

续表

拟采用的方法（如问卷调查法、访谈法，包括拟使用的软件工具）
社会调查小组成员分工
社会调查进度安排（何时确定选题、组队、拟制调查方案、问卷调查表等，何时开展社会调查活动等，通常在当学期经培训课后开始至第二学期期中完成）
撰写调研报告进度安排（通常在第二学期开学后第 4 周开始进行至第 14 周完成）
调查经费预算
指导教师意见   　　　　　　　　　　　　　　　指导教师（签名）： 　　　　　　　　　　　　　　　　　年　　月　　日

　　说明：调查方案在教师指导下由学生独立撰写，调查方案通过后方可进入社会调查实施阶段。

思想政治理论课调研类实践教学活动记录表

20＿＿＿—20＿＿＿学年第＿＿＿学期

＿＿＿＿＿＿学院＿＿＿＿＿＿专业＿＿＿级＿＿＿班

填表日期：　　年　　月　　日

实践时间	年　月　日　—　年　月　日
社会调查 主题	
调查地点/单位	
小组分工合作情况（以个人形式开展社会调查活动的可不填写）		
活动记录（包括小组活动的内容、时间、地点以及撰写调研报告或论文的情况） （此栏不够，可加页）		
社会实践单位或个人意见（敬请接待学生实践的单位对该生的实践表现以"优、良、中、合格、不合格"五个等级予以评定，并加盖公章） 　　　　　　　　　　　　签名：（盖章） 　　　　　　　　　　　　年　月　日		

思想政治理论课调研类实践教学教师指导记录表

20____—20____学年第____学期

_____学院_____专业____级____班

指导教师姓名		职称	
指导记录（指导记录包括指导时间、地点、方式、内容。每位教师的指导次数不低于4次）			

指导教师（签名）：

年　　月　　日

思想政治理论课实践教学学生上交材料之二

思想政治理论课观读类实践教学材料

学　生　姓　名＿＿＿＿＿＿＿＿＿＿

学　生　学　号＿＿＿＿＿＿＿＿＿＿

所　在　院　系＿＿＿＿＿＿＿＿＿＿

年级专业班级＿＿＿＿＿＿＿＿＿＿

指　导　教　师＿＿＿＿＿＿＿＿＿＿

××大学（学院）

马克思主义学院　印制

思想政治理论课观读类实践教学成绩评定表

20＿＿＿—20＿＿＿学年第＿＿＿学期

＿＿＿＿＿＿学院＿＿＿＿＿＿专业＿＿＿级＿＿＿班

观读时间	年　月　日—　年　月　日
观读主题	
观读成果名	（某某读书报告或观看某某影视作品的心得体会）
观读成绩	
指 导 教 师 意 见	指导教师（签名）： 　年　月　日

思想政治理论课实践教学之读书计划

20____—20____学年第____学期

_____学院_____专业____级____班

姓名		学号	
阅读书目	（作者、书名、篇名、出版社）		
阅读目的			
该书内容 提要			
阅读时间 安排	（何时选定阅读书目、填写读书计划，何时至何时阅读相关书目，何时提交读书报告。通常为该学期期末开始至下学期期中结束）		
指导教师意见	指导教师（签名）： 年　月　日		

说明：读书计划应在教师指导下由学生独立撰写，通过后方可实施。

思想政治理论课实践教学之观看影视作品计划

20＿＿＿—20＿＿＿学年第＿＿＿学期

＿＿＿＿＿＿＿学院＿＿＿＿＿＿＿专业＿＿＿级＿＿＿班

姓名		学号	
影视作品名称			
观看目的			
影视作品 主要内容			
观看影视作 品时间安排	（何时选定影视作品、填写观看计划，何时至何时观看相关作品，何时提交观看心得报告。通常为该学期期末开始至下学期期中结束）		
指导教师 意见	指导教师（签名）： 　　年　　月　　日		

说明：观看影视作品计划应在教师指导下由学生独立撰写，观看计划通过后方可实施。

思想政治理论课实践教学之参观访问计划

20_____—20_____学年第_____学期

_____学院_____专业_____级_____班

姓名		学号	
参观对象、地点			
参观目的			
参观对象 主要内容			
参观访问 时间安排	（何时选定参观对象、填写参观计划，何时至何时参观访问，何时提交参观访问报告或心得。通常为当学期期末开始至下学期期中结束）		
指导教师意见	指导教师（签名）： 年　月　日		

说明：参观访问计划应在教师指导下由学生独立撰写，参观计划通过后方可实施。

思想政治理论课观读类实践教学教师指导记录表

20＿＿＿—20＿＿＿学年第＿＿＿学期

＿＿＿＿＿＿＿学院＿＿＿＿＿＿＿专业＿＿＿级＿＿＿班

指导教师姓名		职称	
指导记录（指导记录包括指导时间、地点、方式、内容。每位教师的指导次数不低于 2 次）			

指导教师（签名）：

年　　月　　日

思想政治理论课实践教学学生上交材料之三

思想政治理论课文艺创作体育运动类实践教学材料

学 生 姓 名 及 学 号＿＿＿＿＿＿＿＿＿＿＿

学 生 姓 名 及 学 号＿＿＿＿＿＿＿＿＿＿＿

学 生 姓 名 及 学 号＿＿＿＿＿＿＿＿＿＿＿

学 生 姓 名 及 学 号＿＿＿＿＿＿＿＿＿＿＿

学 生 姓 名 及 学 号＿＿＿＿＿＿＿＿＿＿＿

学 生 姓 名 及 学 号＿＿＿＿＿＿＿＿＿＿＿

学 生 姓 名 及 学 号＿＿＿＿＿＿＿＿＿＿＿

学 生 姓 名 及 学 号＿＿＿＿＿＿＿＿＿＿＿

学 生 姓 名 及 学 号＿＿＿＿＿＿＿＿＿＿＿

学 生 姓 名 及 学 号＿＿＿＿＿＿＿＿＿＿＿

所 　在 　系 　院＿＿＿＿＿＿＿＿＿＿＿

年 级 专 业 班 级＿＿＿＿＿＿＿＿＿＿＿

指 　导 　教 　师＿＿＿＿＿＿＿＿＿＿＿

××大学（学院）

马克思主义学院　印制

思想政治理论课文艺创作体育运动类实践教学成绩评定表

20_____—20_____学年第_____学期

_____学院_____专业_____级_____班

实践时间	年　月　日—　年　月　日		
实践类型（任选一）	抗击新冠肺炎疫情、洪水等灾难总结与讴歌（音频、图片、绘画、小说、产品制造等）/音乐作品（主旋律或新时代生活）/舞台剧、话剧、影视作品（主旋律或新时代生活）/创作设计（主旋律或新时代生活）/文史创作（主旋律或新时代生活）/体育活动举办（主旋律或新时代生活）/其他创作		
小组成员	姓名	学号	成绩
	（小组负责人姓名）		
小组分工合作情况（以个人形式开展的可不填写）：			
指导教师意见	指导教师（签名）：　　　　　　　　　　　　　　年　月　日		

思想政治理论课文艺创作体育运动类实践教学活动记录表

20＿＿＿—20＿＿＿学年第＿＿＿学期

＿＿＿＿＿＿学院＿＿＿＿＿＿专业＿＿＿级＿＿＿班

填表日期：　　　　　年　　月　　日

实践时间	年　　月　　日—　年　　月　　日
实践类型（任选一）	抗击新冠肺炎疫情、洪水等灾难总结与讴歌（音频、图片、绘画、小说、产品制造等）/音乐作品（主旋律或新时代生活）/舞台剧、话剧、影视作品（主旋律或新时代生活）/创作设计（主旋律或新时代生活）/文史创作（主旋律或新时代生活）/体育活动举办（主旋律或新时代生活）/其他创作
创作背景	
创作过程（包括小组活动的内容、时间、地点等情况）	
作品描述（包括作品内容、表达思想、创作感受等） （此栏不够，可加页）	

思想政治理论课文艺创作体育运动类实践教学
教师指导记录表

20_____—20_____学年第_____学期

_____学院_____专业_____级_____班

指导教师姓名		职称	
指导记录（指导记录包括指导时间、地点、方式、内容。每位教师的指导次数不低于 4 次）			

指导教师（签名）：

年　　月　　日

思想政治理论课实践教学学生上交材料之四

××大学（学院）思想政治理论课
"实践教学Ⅲ"学分认定申请表

20____—20____学年第____学期

学生姓名		学号		综评成绩	
所在学院		专业年级			
教师姓名		职称			

实践活动类型	学分	实践单位意见及签章
勤工助学（带薪实习）	0.3	该生参加了此项实践活动，成绩_____分，特此证明。 （单位盖章） 年　月　日
"三下乡"	0.4	该生参加了此项实践活动，成绩_____分，特此证明。 （单位盖章） 年　月　日
生产劳动（学工、学农、学商）	0.3	该生参加了此项实践活动，成绩_____分，特此证明。 （单位盖章） 年　月　日
知识竞赛（演讲比赛、辩论赛）	0.2	该生参加了此项实践活动，成绩_____分，特此证明。 （单位盖章） 年　月　日

续表

实践活动类型	学分	实践单位意见及签章
"青马工程"	0.4	该生参加了此项实践活动，成绩_____分，特此证明。 （单位盖章） 年　月　日
创新创业技能赛	0.4	该生参加了此项实践活动，成绩_____分，特此证明。 （单位盖章） 年　月　日
"挑战杯"	0.4	该生参加了此项实践活动，成绩_____分，特此证明。 （单位盖章） 年　月　日
志愿服务	0.3	该生参加了此项实践活动，成绩_____分，特此证明。 （单位盖章） 年　月　日
义工活动	0.3	该生参加了此项实践活动，成绩_____分，特此证明。 （单位盖章） 年　月　日
植树活动	0.3	该生参加了此项实践活动，成绩_____分，特此证明。 （单位盖章） 年　月　日
其他社会实践活动	0.2	该生参加了_____实践活动，成绩_____分，特此证明。 （单位盖章） 年　月　日

参加思想政治理论课"实践教学Ⅲ"证明材料粘贴页

诚信书	本人如实完成了思想政治理论课"实践教学Ⅲ"所要求的社会实践活动，其证明材料是真实的。如有虚开证明等作假行为愿接受"作弊"处理。 承诺人签字： 年　月　日	注： 未签名者扣20%得分

思想政治理论课"实践教学Ⅲ"证明材料粘贴处

第一版后记

　　本教材是集体智慧的成果。教材编著者都是长期奋战在思想政治理论课教育教学第一线的教师们。他们在指导思想政治理论课实践教学过程中，既积累了较丰富的经验，又深感思想政治理论课实践教学还属于尚在发展中的新兴课程，因此就有了集体编著一本集可读性、操作性与规范化于一体的思想政治理论课实践教学教材的想法，以期既满足大学生修读思想政治理论课实践教学课程的需要，也满足思想政治理论课教师指导实践教学的需要。

　　教材主编陈钢进行了认真的组织工作和统稿工作。本教材的执笔分工如下：第一章：田方林；第二章：兰桂萍；第三章：吴涯；第四章：王映莲；第五章：吕振丽；第六章：邵二辉、陈钢；第七章：孔庆茵、陈钢；附录：陈钢、孔庆茵。附录中的两篇优秀调查报告，是从数以千计的学生调查报告中筛选出来的，并由陈钢和吕振丽做了文字方面的完善。本教材编写历时近两年，进行了四次修改完善工作。副主编孔庆茵和吴涯做了初次统稿，最后由陈钢统稿和定稿。

　　本教材在编著过程中，得到了重庆师范大学党委宣传部部长、马克思主义学院院长陈洪教授的大力支持，陈洪教授不仅对书稿进行了仔细的审阅和修改，还为本书撰写了前言。况明安副院长十分关心教材的编写工作，给予了多方帮助。本书也得到重庆师范大学教务处的大力支持，纳入了校级规划教材专项基金资助立项。高等教育出版社文科分社的周亚权先生自始至终都给予了指导和帮助。在此一并表示衷心感谢！

　　编写一本简练、实用、规范、操作性强的高校思想政治理论课实践教学教材是编著者共同的努力目标。但其不完善、不规范之处在所难免，尚祈读者批评指正，提出意见和建议，以便我们进一步完善。

陈　钢

2015 年 9 月

第二版后记

本教材初版于 2015 年 10 月出版。之所以要修订本教材，是基于这样几个方面的考虑。一是及时落实习近平新时代中国特色社会主义思想进教材、进课堂、进头脑的要求。二是近年来，中央就高校思想政治工作，思想政治理论课及其社会实践育人等问题颁发了一系列新文件，提出了更新更高的要求和希望。在中国特色社会主义新时代，高校思想政治理论课及其实践教学需要有新气象、新举措。三是广大师生在思想政治理论课实践教学的改革探索中取得了许多新经验新成果，需要作出新的概括和凝练。四是初版教材里还存在这样那样的不足，需要通过再版得到完善。

本次修订工作由主编陈钢主持。为使修订工作更及时高效地完成，并尽量保持行文风格的统一性，主编邀请了部分作者参加本次修订。其分工如下：陈钢负责第一章的修订，吴涯负责第二、第三章的修订，王映莲负责第四、第五章的修订，孔庆茵负责第六、第七章和附录的修订。最后，由陈钢再次对全书做了修订统稿工作，孔庆茵、吴涯也对全书做了文字校对工作。

本次修订的内容主要有：在中国特色社会主义新时代，对思想政治理论课实践教学当如何做到因事而化，因时而进，因势而新的新思考；增写了课堂实践教学和课外实践教学的新形式；对部分章节的结构做了局部调整；对一些相近相似的术语进行了梳理、规范和统一；对附录内容进行了增删和完善。

在教材修订过程中，得到了重庆师范大学马克思主义学院院长陈洪教授的关心和鼓励，陈洪院长为教材写了再版前言。附录中新增加的一篇学生优秀实践教学成果，是孔宪峰老师从所指导班级的学生的实践教学成果中，精心筛选出来并提供给本教材的，陈钢、孔庆茵做了文字方面的完善工作。参与编写了本教材的其余老师们也提供了多种形式的帮助。主编在此一并表示衷心感谢。

本次修订工作于 2017 年 12 月启动，历时大半年。虽已付出诸多辛劳，不足之处仍然难免，我们恳请读者特别是广大师生批评指正，以便将来进一步完善。

陈　钢

2018 年 8 月

第三版后记

　　《高校思想政治理论课实践教学实用教程》自 2015 年初版、2018 年修订第二版以来，经历了近 8 年的使用和检验，得到较高的社会评价，被多所高校选用为思想政治理论课实践教学的指导用书，其间多次印刷，发行总数约 3.6 万册。2020 年 12 月重庆市教委又将本教材确定为重庆市高等教育的重点建设教材。这是对全体参编老师的一个巨大鼓舞。更重要的是，党的十九大以来，高校思想政治理论课的教育教学及其改革取得了巨大成就，习近平总书记十分关心高校思想政治教育教学建设问题，特别指出"思想政治理论课是落实立德树人根本任务的关键课程"，还强调要"高度重视思政课的实践性，把思政小课堂同社会大课堂结合起来"。为深入学习贯彻习近平总书记相关重要指示批示精神，根据近年来中宣部和教育部一系列文件提出的新要求，我们对本教材做了再次修订。

　　本次修订由主编陈钢主持，撰写了教材初版的全体老师也都参加了此次修订工作。为更好实现教材修订目标，我们邀请重庆师范大学马克思主义学院原院长陈洪教授作为本次修订工作的顾问。本次修订工作的分工如下：田方林负责第一章的修订；兰桂萍负责第二章的修订；吴涯负责第三章的修订；王映莲负责第四章的修订；吕振丽负责第五章的修订，王映莲、孔庆茵、陈钢参加了第五章"文艺创作体育运动类实践教学"部分的修订或增写；邵二辉负责第六章的修订；孔庆茵负责第七章和附录的修订；陈钢增写了附录里的"高校思想政治理论课实践教学大纲"和"参考文献和注释著录规则"两部分。

　　本次修订工作历时一年多,分两个阶段。第一阶段,首先召开教材修订研讨会,对第二版教材进行了系统的多维度的自我审视:在宏观方面,从教材的框架结构、章节间的逻辑理路到需要增补或缩减、需要更新或更替的编写内容,我们均进行了仔细分析。在微观方面,从教材格式的统一性、教材语言的精准性到标点符号、注释的规范性等,也都做了全面的"诊断"。主编在整理了各种意见和建议后,对教材修订问题做了统一的要求和任务布置。在撰写期间,主编又与各章责任老师分别进行沟通并提出具体要求。第二阶段,主编对所提交的修订稿进行合成后,分别交由主编、副主编和顾问进行第一次审稿和修改。副主编吴涯对第一至第四章,副主编孔庆茵对第五至第七章及附录分别进行了审稿和修改,主编陈钢和顾问陈洪则对全书进行了审稿和修改。主编做了初次统稿完善后,再次打印分发给主编、副主编和顾问,要求再次审稿和完善,最后由主编进行统稿和定稿。

　　在教材书稿即将付梓之际,我们对为教材修订工作提供了诸多帮助的专家和工作人员深表谢意。本教材自 2015 年第一版到现在的第三版,8 年间都得到重庆师范大学马克思主义学院历届领导的关心、鼓励和帮助。陈洪教授再次为本教材第三版写了出版前言。高等教育出版社的编辑团队特别是王溪桥老师也为教材出版提供了许多帮助。在此一并再次表示衷心感谢!

　　我们也感谢使用了本教材的广大师生,欢迎大家就教材编著方面的问题提出批评指正,以便将来进一步完善。

陈　钢

2023 年 3 月

郑重声明

高等教育出版社依法对本书享有专有出版权。任何未经许可的复制、销售行为均违反《中华人民共和国著作权法》，其行为人将承担相应的民事责任和行政责任；构成犯罪的，将被依法追究刑事责任。为了维护市场秩序，保护读者的合法权益，避免读者误用盗版书造成不良后果，我社将配合行政执法部门和司法机关对违法犯罪的单位和个人进行严厉打击。社会各界人士如发现上述侵权行为，希望及时举报，我社将奖励举报有功人员。

反盗版举报电话　　（010）58581999　58582371

反盗版举报邮箱　dd@hep.com.cn

通信地址　北京市西城区德外大街 4 号

　　　　　高等教育出版社法律事务部

邮政编码　100120

防伪查询说明

用户购书后刮开封底防伪涂层，使用手机微信等软件扫描二维码，会跳转至防伪查询网页，获得所购图书详细信息。

防伪客服电话　　（010）58582300